U0570473

梁漱溟 全集

（新编增订本）

东西文化及其哲学

中华书局

图书在版编目（CIP）数据

东西文化及其哲学/梁漱溟著. —北京：中华书局，2018.10
（梁漱溟全集：新编增订本）
ISBN 978-7-101-13136-9

Ⅰ.东…　Ⅱ.梁…　Ⅲ.比较哲学-世界　Ⅳ.B1-03

中国版本图书馆 CIP 数据核字（2018）第 056860 号

书　　名	东西文化及其哲学
著　　者	梁漱溟
丛 书 名	梁漱溟全集（新编增订本）
责任编辑	孟庆媛
出版发行	中华书局
	（北京市丰台区太平桥西里 38 号　100073）
	http://www.zhbc.com.cn
	E-mail:zhbc@zhbc.com.cn
印　　刷	北京市白帆印务有限公司
版　　次	2018 年 10 月北京第 1 版
	2018 年 10 月北京第 1 次印刷
规　　格	开本/920×1250 毫米　1/32
	印张 13　插页 3　字数 281 千字
印　　数	1-5000 册
国际书号	ISBN 978-7-101-13136-9
定　　价	68.00 元

1921年与北大友人合影，左起叶麐、朱谦之、梁漱溟、黄庆

此東西文化及其哲學一書，原為一九二〇年我在北
京大學汹講演經同學陳政府筆錄者，九二一
年暑期復以此題應邀講演於濟南，由羅
常培同學任筆錄，臨末以暑假屆滿、羅唐
聘南開中學不克終竟其事，書內臨末論及世界
未來文化之必另五章竟曲我撮寫成之，付印出版
時用陳羅二兄之名，而筆墨實出三人之手也同
首忽、五十八年於茲矣。

一九七八年十二月廿日

作者手迹

梁漱溟全集(新编增订本)

出 版 说 明

梁漱溟先生(1893.10.18—1988.6.23)原名焕鼎,字寿铭,以笔名漱溟行世,祖籍广西桂林,生于北京。我国著名的爱国民主人士,思想家、教育家、社会活动家,"现代新儒家"早期代表人物之一。

梁漱溟先生自称"问题中人",其毕生所重,一是人生问题,二是中国社会问题。对于人生问题的追求,使他出入于西洋哲学、印度宗教、中国宋明诸学派间,而被视为思想家。对于中国社会问题的考索,又促使他参加中国革命,并投身社会活动。二十世纪三十年代,他曾与志同道合的朋友们共同发起乡村建设运动,开一时风气之先;二十世纪四十年代,又参加发起"中国民主同盟",执笔撰写《中国民主政团同盟成立宣言》和《中国民主政团同盟对时局主张纲领》。在思想学术、乡治教育和政治实践等各领域,梁漱溟先生都留下了丰富的著述。

我们此次新编增订《梁漱溟全集》,在原山东人民出版社版的基础上,广为征集,网罗佚文,并将梁先生的著述,按专著、文集、札记、书信、日记、传记等不同体裁,复以时间或主题为序,划分卷帙。各卷之首皆撰有"本卷编校说明",详细介绍该卷所收内容之版本考订与编校流程,以供读者参考。

《梁漱溟全集》(新编增订本)的编辑出版,得到了梁漱溟先生之子梁培宽、梁培恕两位先生的全权委托与鼎力支持,我们对此表示由衷的感谢。书中错误在所难免,敬请读者批评指正。

中华书局编辑部

2018 年 8 月

本卷编校说明

本卷主要收录梁漱溟先生的《东西文化及其哲学》。

此书系根据梁先生1921年8月在山东济南的讲演记录（罗常培笔录），又参酌1920年在北京大学的同题讲演记录（陈政笔录），并由梁先生本人撰写了第五章之后，最终编纂而成。1921年在济南讲演时，曾陆续印发过记录稿，同年10月由北京财政部印刷局印成专书。自1922年1月起，改由上海商务印书馆出版，至1930年先后计发行八版。1987年2月商务印书馆又根据1922年1月本影印出版。

本次编校，以山东人民出版社出版的《梁漱溟全集》（2005年）为工作本，以商务1987年影印本为对校本。

商务1987年影印本在正文之外，另有书前《第八版自序》、《附录人心与人生自序》、《东西文化及其哲学三版自序》序言三篇，书后《补遗》一篇、《时论汇录》十篇及《自序》一篇。其中，《附录人心与人生自序》改入《人心与人生》卷，本卷不再重复收录。其余各篇悉数保留。此外，本卷还收录了《著者告白一》、《著者告白二》及《1980年著者跋记》，并将梁先生著作中与"东西文化及其哲学"主题密切相关的六篇文章合为一"附录"，附于卷末。

目　录

附　录

自　序

这是我今年八月在山东济南省教育会会场的讲演,经罗君莘田替我记录出来,又参酌去年在北京大学讲时陈君仲瑜的记录而编成的。现在拿它出版,我特说几句话在后面。

在别人总以为我是好谈学问,总以为我是在这里著书立说,其实在我并不好谈学问,并没在这里著书立说,我只是说我想要说的话。我这个人本来很笨,很呆,对于事情总爱靠实,总好认真,就从这样沾滞的脾气而有这篇东西出来。我自从会用心思的年龄起,就爱寻求一条准道理,最怕听"无可无不可"这句话,所以对于事事都自己有一点主见,而自己的生活行事都牢牢的把定着一条线去走。因为这样,我虽不讲学问,却是眼睛看到的,耳朵听到的,都被我收来,加过一番心思,成了自己的思想。自己愈认真,从外面收来的东西就愈多,思想就一步一步的变,愈收愈多,愈来愈变,不能自休,就成今日这样子。我自始不晓得什么叫哲学而要去讲他,是待我这样做过后,旁人告诉我说,你讲的这是哲学,然后我才晓得。我的思想的变迁,我很愿意说出来给大家听,不过此次来不及,打算到明年三十岁作一篇"三十自述"再去说。此刻先把变迁到现在的一步发表出来,就是这本书。我要做我自己的生活,我自己的性情不许我没有为我生活作主的思想;有了思想,就喜欢对人家讲;寻得一个生活,就愿意也把他贡献给别人!这便是我不要谈学问而结果谈到学问,我不是著书立说而是说我想要说的话的缘故。大家如果拿学问家的著述来看我,那就错了,因我实不配谈学问;大家如果肯虚心领取我的诚意,就请撇开一切,单就自己所要做的生活下一番酌量。

还有,此刻我自己的态度要就此宣布一下。我从二十岁以后,思想折入佛家一路,一直走下去,万牛莫挽,但现在则已变。这个变是今年三四月间的事,我从那时决定搁置向来要做佛家生活的念头,而来做孔家的生活。何以有此变?也要待"三十自述"里才说得清。此刻先说明所以致变之一端。现在这书里反对大家作佛家生活、主张大家作孔家生活的结论,原是三四年来早经决定,却是我自己生活的改变,只是今年的事,所以我自己不认做思想改变,因为实在是前后一样的,只不过掉换过一个生活。我以前虽反对大家作佛家生活,却是自己还要作佛家生活,因为我反对佛家生活,是我研究东西文化问题替中国人设想应有的结论,而我始终认只有佛家生活是对的,只有佛家生活是我心里愿意做的,我不愿意舍掉他而屈从大家去做旁的生活。到现在我决然舍掉从来的心愿了。**我不容我看着周围种种情形而不顾。——周围种种情形都是叫我不要作佛家生活的。**一出房门,看见街上的情形,会到朋友,听见各处的情形,在在触动了我研究文化问题的结论,让我不能不愤然的反对佛家生活的流行,而联想到我自己,又总没有遇到一个人同意于我的见解,即或有,也没有如我这样的真知灼见,所以反对佛教推行这件事,只有我自己来做。这是迫得我舍掉自己要做的佛家生活的缘故。我又看着西洋人可怜,他们当此物质的疲敝,要想得精神的恢复,而他们所谓精神又不过是希伯来那点东西,左冲右突,不出此圈,真是所谓未闻大道,我不应当导他们于孔子这一条路来吗!我又看见中国人蹈袭西方的浅薄,或乱七八糟,弄那不对的佛学,粗恶的同善社,以及到处流行种种怪秘的东西,东觅西求,都可见其人生的无着落,我不应当导他们于至好至美的孔子路上来吗!无论西洋人从来生活的猥琐狭劣,东方人的荒谬糊涂,都一言以蔽之,可以说他们都未曾尝过人生的真味,我不应当把我看到的孔子人生贡献给他们吗!然而西洋人无从寻得孔子,是不必论的;乃至今天的中国,西学有人提倡,佛学有人提倡,只有谈到孔子羞涩不能出口,也是一样无从为人晓得。孔子之真若非我出头倡导,可有哪个出头?这是迫得我自己来做孔家生活的缘故。

我在这书里因为要说出我自己的意思,不得不批评旁人的话,虽于师友,无所避忌。我虽批评旁人的话,却是除康南海外,其余的人我都极尊重。并且希望指摘我的错误,如我指摘别人那样,因为我自己晓得没有学问,无论哪样都没有深的研究,而要想说话,不能不谈到两句,所以最好是替我指摘出来,免得辗转讹误。我没出国门一步,西文又不好,我只能从我所仅有的求学机会而竭尽了我的能力,对于这个大问题,我所可贡献于世者止此,此外则将希望于大家了。

又我在这书里，关于佛教所说的话，自知偏于一边而有一边没有说。又我好说唯识，而于唯识实未深澈，并且自出意见，改动旧说。所以在我未十分信得过自己的时候，我请大家若求真佛教、真唯识，不必以我的话为准据，最好去问南京的欧阳竟无先生。我只承认欧阳先生的佛教是佛教，欧阳先生的佛学是佛学，别的人我都不承认，还有欧阳先生的弟子吕秋逸先生，欧阳先生的朋友梅撷芸先生也都比我可靠。我并不全信他们的话，但我觉得大家此刻则宁信他们莫信我，这是我要声明的。

古人作书都把序放在书后，我并不要仿照古人，但我因为这些话要在看过全书后才看得明白，所以也把序放在书后。

中华民国十年十月二十二日　漱溟口说　陈政记

第三版自序

我很感谢我这本讲演录发表后,得承许多位师友和未及识面的朋友给我以批评诲示。但惜我很少——自然不是绝没有——能从这许多批评诲示里,领取什么益处或什么启发。我对大家的批评诲示自始至终一概没有作答;这一半是为大家的批评诲示好像没有能引起我作答的兴味。不过我将来会当作一次总答的。

我虽没能从诸师友处得着启发,但我自己则既有许多悔悟。在这许多悔悟中,此时只能提出两个重要地方;在这两个地方也只能消极的表明知悔的意思,不能积极的提出新见解。现在我分叙如后。

头一个重要的悔悟是在本书第四章讲孔家哲学所说"中庸"是走双的路之一段。这一段的大意是补订上文,单明孔家走一任直觉随感而应的路还未是,而实于此一路外更有一理智拣择的路;如所谓"极高明而道中庸"便是要从过与不及里拣择着走。这样便是我所谓双的路;原文表示此双的路云:

(一)似可说是由乎内的,一任直觉的,直对前境的,自

然流行而求中的,只是一往的;

(二)似可说是兼顾外的,兼用理智的,离开前境的,有所拣择而求中的,一往一返的。

我从这个见解所以随后批评宋学明学,就说:

> 宋学虽未参取佛老,却亦不甚得孔家之旨;据我所见,其失似在忽于照看外边而专从事于内里生活;而其从事内里生活又取途穷理于外,于是乃更失矣。……及明代而阳明先生兴,始祛穷理于外之弊而归本直觉——他叫良知;然犹忽于照看外边,所谓格物者实属于照看外边一面,如阳明所说虽救朱子之失,自己亦未为得。

所有前后这许多话我现在都愿意取消。但我尚不能知这些话果有是处,抑全无是处。当初我说这些话时,原自犹疑未有决断,到现在我还是犹疑未有决断;不过当初疑其或是,现在疑其或非罢了。从前疑其或是,现在疑其或非,这自有所悟有所悔;而我兹所痛切悔悟的实在当时不应该以未能自信的话来发表;或者发表,也要作疑词,不应该作决定语。以决定语来发表未能自信的见解,这全出于强撑门面之意,欺弄不学的人。孔学是个"恳切为己"之学;怀强撑门面之意发挥恳切为己之学,这是我现在最痛自悔悟的。所以我头一桩先声明取消这一段话或取消这一段话之决定语气。

又附此声明的,所谓双的路一层意思我暂不能定其是非,但在本书叙释双的路后,所说:"像墨家的兼爱,佛家的慈悲,殆皆任情所至,不知自反,都是所谓贤者过之;而不肖者的纵欲不返,也都是一任直觉的。所以必不可只走前一路,致因性之所偏而益偏,而要以'格物''慎独''毋自欺'为之先为之本,即是走第二路;《中庸》上说过慎独才说到中和者此也。……"今则知其全是错的。墨家的兼爱,不肖者的纵欲都不是一任直觉。我当时所怀抱"格物"的解释,也同许多前人一样,以自己预有的一点意思装入"格物"一名词之下,不是解释格物。"慎独"是怎么一回事,当时并未晓得,所说自无是处;现在可以略晓得,今年在山东讲演"孔家旨趣"曾经讲到。至于格物则至今不能得其的解;我宁阙疑,不愿随便讲。

第二个重要的悔悟是在本书第四章末尾,说"西洋生活是直觉运用理智,中国生活是理智运用直觉,印度生活是理智运用现量"之一段。这一段的意思我虽至今没有改动,但这一段的话不曾说妥当,则我在当时已一再声明:"这话乍看似很不通……但我为表我的意思不得不说这种拙笨不通的话……""读者幸善会其意,而无以词害意。"不料我一再声明的仍未得大家的留意,而由这一段不妥当的说话竟致许多人也跟着把"直觉""理智"一些名词滥用误用,贻误非浅;这是我书出版后,自己最歉疚难安的事。现在更郑重声明,所有这一段话我今愿意一概取消,请大家不要引用他或讨论他。

再本书第一次印于山东,第二次印于北京,第三次第四次均印于上海商务印书馆;今为第五次印,而称为三版者,盖单就商务印书馆之版而说。

十一年十月漱溟记

第八版自序

我这书于民国十年秋间出版后，不久便有几处颇自知悔。所以于十一年付三版时曾为自序一篇特致声明。其后所悔更多，不只是于某处某处晓得有错误，而是觉悟得根本有一种不对。于是在十五年春间即函请商务印书馆停版不印。所以近两三年来外间久已觅不到此书了。

这书的思想差不多是归宗儒家，所以其中关于儒家的说明自属重要；而后来别有新悟，自悔前差的，亦都是在此一方面为多。总说起来，大概不外两个根本点：一是当时所根据以解释儒家思想的心理学见解错误；一是当时解释儒家的话没有方法，或云方法错误。

大凡是一个伦理学派或一个伦理思想家都必有他所据为基础的一种心理学。所有他在伦理学上的思想主张无非从他对于人类心理抱如是见解而来。而我在此书中谈到儒家思想，尤其喜用现在心理学的话为之解释。自今看去，却大半都错了。盖当时于儒家的人类心理观实未曾认得清,便杂取滥引现在一般的心理学作依据,而不以为非;殊不知其适为根本不相容的两样东西。至于所引各派心理学,彼此脉路各异,亦殊不可并为一谈;则又错误中的错误了。十二年以后始于此有悟,知非批评现在的心理学,而阐明儒家的人类心理观,不能谈儒家的人生思想。十三四五年积渐有悟,乃一面将这书停版,一面拟写成《人心与人生》一书;欲待《人心与人生》出版再将这书复版。因为这书所病非是零星差误,要改订直无从下手,只能两书同时出版,以后作救正前作。

其他一点根本不对的,所谓解释儒家的话没有方法,其觉悟更早于此,十一年的三版自序固已露其端。序文所云"……我当时所怀抱'格物'的解释亦同许多前人一样,以自己预有的一点意思装入'格物'一名词之下……"便是。大凡一种为人崇奉的古书,类如宗教中的经典或有其同等权威者,其注解训释都是歧异纷乱不过。不惟是种种不同,直是互相违反,茫无凭准。这一面由古人不可复起,古时社会一切事实背影不复存在,凡其立言之由,出语所指,均不易确定;或且中经作伪篡乱,错简讹夺,一切文字上待考证校订处,益滋纷淆;而一面由后人各就己意发挥,漫无方法准则,有意地或无意地附会牵和,委曲失真。仿佛听说有人考过《大学》格物的解释古今有几百种不同。试问若此,我们将何从置信?所以除史实上文字上应哑作考证校理功夫外,最要紧的便是大家相戒莫再随意讲,而试着谋一个讲解的方法以为准则。庶几不致于无从置信的几百种说外又添多一种;而糊涂有清明之望。我深自觉在这本书中所为儒家的讲说没有方法,实无以别于前人。因有《孔学绎旨》之作，期望着有点新的成功；曾于十二年至十三年间为北大哲学系讲过一个大概。所有这书中讲的不妥处亦是预备以新作来救正。

却不谓十五年以来，心思之用又别有在，两种新作到今十八年了，俱未得完成。而由近年心思所结成的《中国民族之前途》一书，却将次写定出版。是书观察中国民族之前途以中国人与西洋人之不同为主眼，而所谓中西之不同，全本乎这本书人生态度不同之说，所以两书可算相衔接的。因此，这本书现在有复版的必要。我尝于自己所见甚的，不免自赞自许的时候，有两句话说："百世以俟，不易吾言。"这本书中关于东西文化的核论与推测有其不可毁灭之点，纵有许多错误、偏颇、缺欠，而大端已立，后之人可资以作进一步的研究。即上面之所谓根本不对的，其实亦自经过甘苦，不同浮泛；留以示人，正非无谓。不过《人心与人生》《孔学绎旨》既未得一同出版，只好先以此序叙明年来悔悟改作之意，俾读者知所注意而有别择；是亦不得已之一法。改作的内容新义，未获在这里向读者请教。实是有歉于衷！

十八年六月二十一日漱溟于北平清华园

第一章　绪论

漱溟承教育厅之约至此地讲演，是很荣幸的。本来去年教育厅约过我一次，我已从上海首途，适值直皖战争，火车到徐州就不通行，所以我又折回去没有得来。今年复承此约，终究得来，似乎我们今日之会并非偶然！今日在大雨的时候承大家来听，在我对于大家的意思应当声谢！

一般人对这问题的意思

此次预备讲演的题目是："东西文化及其哲学。"这个题目看起来似乎很浮夸，堂皇好看，而我实在很不愿意如此引导大家喜欢说浮夸门面、大而无当的话。或者等我讲完之后，大家可以晓得我不是喜欢说大的堂皇的门面话。大概社会上喜欢说好听的门面话的很多，这实在是我们所不愿意的。去年将放暑假的时候，北京大学的蔡孑民先生还有几位教授都要到欧美去，教职员开欢送会。那时候我记得有几位演说，他们所说的话大半都带一点希望这几位先生将中国的文化带到欧美而将西洋文化带回来的意思。我当时听到他们几位都有此种言论,于是我就问大家:"你们方才对于蔡先生同别位先生的希望是大家所同的,但是我很想知道大家所谓将中国文化带到西方去是带什么东西呢?西方文化我姑且不问——而所谓中国文化究竟何所指呢?"当时的人却都没有话回答,及至散会后,陶孟和先生同胡适之先生笑着对我说:"你所提出的问题很好,但是天气很热,大家不好用思想。"我举此例就是证明大家喜欢说好听、门面、虚伪的话。如果不晓得中国文化是什么,又何必说他呢! 如将"中国文化"当做单单是空空洞洞的名词而毫无意义,那么,他们所说的完全是虚伪,完全是应酬! 非常无味,非常要不得!

大约两三年来,因为所谓文化运动的原故,我们时常可以在口头上听到或在笔墨上看到"东西文化"这类名词。但是虽然人人说得很滥,而大家究竟有没有实在的观念呢?据我们看来,大家实在不晓得东西文化是何物,仅仅顺口去说罢了。大约自从杜威来到北京,常说东西文化应当调和;他对于北京大学勉励的话,也是如此。后来罗素从欧洲来,本来他自己对于西方文化很有反感,所以难免说中国文化如何的好。因此常有东西文化的口头说法在社会上流行。但是对于东西文化这个名词虽说的很滥,而实际上全不留意所谓东方化所谓西方化究竟是何物? 此两种文化是否像大家所想像的有一样的价值,将来会成为一种调和呢? 后来梁任公从欧洲回来,也很听到西洋人对于西洋文化反感的结果,对于中国文化有不知其所以然的一种羡慕。所以梁任公在他所作的《欧游心影录》里面也说到东西文化融合的话。于是大家都传染了一个意思，觉得东西文化一定会要调和的，而所期望的未来文化就是东西文化调和的产物。但是这种事业很大，总须俟诸将来，此刻我们是无从研究起的！

我当初研究这个问题是在民国六七年的时候。那时我很苦于没有人将东西文化并提着说，也没有人着眼到此地，以为如果有人说，就可以引起人研究。但是现在看来，虽然有人说而仍旧并没有人研究。在我研究的时候，很有朋友劝我，说这个问题范围太广，无从着手，如张崧年先生、屠孝实先生都有此意。然而在我觉得上面所述的三个意思都是不对的。第一个意思，没有说出东西文化所以调和之道而断定其结果为调和，是全然不对的。第二个意思，觉得此问题很大，可以俟诸将来，也非常不对；因为这个问题并非很远的事情，虽然我们也晓得这件事的成功要在未来，而问题却是目前很急迫的问题！我们从此开始作起，或者才有解决——他们所说的调和我们现在姑且说作解决——之一日。所以这种事业虽远，而这个问题却不远的。第三个意思，以为问题范围太大，如哲学、政治制度、社会习惯、学术、文艺，以及起居、物质生活，凡是一民族生活的种种方面都在研究的范围之内，恐怕无从着手；这个意思也不对，实在并非没有方法研究。我们上来所述仅仅指出这三个意思的不对，以下再说这三个意思为什么不对。

以为这问题还远的不对

第一，我们先说这个问题是很急迫的问题，并非是很远的问题，可以俟诸将来再解决的。我们现在放开眼去看，所谓东西文化的问题,现在是怎样情形呢? 我们所看见的几乎世界上完全是西方化的世界! 欧美等国完全是西方化的领域,固然不须说了。就是东方各国,凡能领受接纳西方化而又能运用的,方能使他的民族、国家站得住;凡来不及领受接纳西方化的即被西方化的强力所占领。前一种的国家,例如日本,因为领受接纳西方化,故能维持其国家之存在,并且能很强胜的立在世界上;后一种的国家,例如印度、朝鲜、安南、缅甸,都是没有来得及去采用西方化,结果遂为西方化的强力所占领。而唯一东方化发源地的中国也为西方化所压迫,差不多西方化撞进门来已竟好几十年,使秉受东方化很久的中国人,也不能不改变生活,采用西方化! 几乎我们现在的生活,无论精神方面、社会方面和物质方面,都充满了西方化,这是无法否认的。所以这个问题的现状,并非东方化与西方化对垒的战争,完全是西方化对于东方化绝对的胜利,绝对的压服! 这个问题此刻要问:**东方化究竟能否存在**?

再其次,我们来看秉受东方化最久、浸润于东方化最深的中国国民对于西方化的压迫历来是用怎样的方法去对付呢? 西方化对于这块土地发展的步骤是怎样? 据我们所观察,中国自从明朝徐光启翻译《几何原本》,李之藻翻译《谈天》,西方化才输到中国来。这类学问本来完全是理智方面的东西,而中国人对于理智方面很少创造,所以对于这类学问的输入并不发生冲突。直到清康熙时,西方的天文、数学输入亦还是如此。后来到咸同年间,因西方化的输入,大家看见西洋火炮、铁甲、声、光、化、电的奇妙,因为此种是中国所不会的,我们不可不采取他的长处,将此种学来。此时对于西方化的态度亦仅此而已。所以,那时曾文正、李文忠等创办上海制造局,在制造局内译书,在北洋练海军,马尾办船政。这种态度差不多有几十年之久,直到光绪二十几年仍是如此。所以这时代名臣的奏议,通人的著作,书院的文课,考试的闱墨以及所谓时务书一类,都想将西洋这种东西搬到中国来,**这时候全然没有留意西洋这些东西并非凭空来的,却有它们的来源。**它们的来源,就是西方的根本文化。有西方的根本文化,才产生西洋火炮、铁甲、声、光、化、电这些东西;这些东西对于东方从来的文化是不相容的。他们全然没有留意此点,以为西洋这些东西好像一个瓜,我们仅将瓜蔓截断,就可以搬过来! **如此的轻轻一改变,不单这些东西搬不过来,并且使中国旧有文化的步骤也全乱了——我方才说这些东西与东方从来的文化是不相容的。**他们本来没有见到文化的问题,仅只看见外面的结果,以为将此种结果调换改动,中国就可以富强,而不知道全不成功的! 及至甲午之役,海军全体覆没,于是大家始晓得火炮、铁甲、声、光、化、电,不是如此可以拿过来的,这些东西后面还有根本的东西。乃提倡废科举,兴学校,建铁路,办实业。此种思想盛行于当时,于是有戊戌之变法不成而继之以庚子的事变,于是变法的声更盛。这种运动的结果,科举废,学校兴,大家又逐渐着意到政治制度上面,以为西方化之所以为西方化,不单在办实业、兴学校,而在西洋的立宪制度、代议制度。于是大家又群趋于政治制度一方面,所以有立宪论与革命论两派。在主张立宪论的以为假使我们的主张可以实现,则对于西洋文化的规模就完全有了,而可以同日本一样,变成很强盛的国家。——革命论的意思也是如此。这时的态度既着目在政治制度一点,所以革命论家奔走革命,立宪论家请求开国会,设谘议局,预备立宪。后来的结果,立宪论的主张逐渐实现;而革命论的主张也在辛亥年成功。此种政治的改革虽然不能说将西方的政治制度当真采用,而确是一个改变;此时所用的政体决非中国固有的政治制度。但是这种改革的结果,西洋的政治制度实际上仍不能在中国实现,虽然革命有十年之久,而因为中国人不会运用,所以这种政治制度始终没有安设在中国。于是大家乃有更进一步的觉悟,以为政治的改革仍是枝叶,还有更根本的问题在后头。假使不从更根本的地方做起,则所有种种做法都是不中用的,乃至所有西洋文化,都不能领受接纳的。此种觉悟的时期很难显明的划分出来,而稍微显著的一点,不能不算《新青年》陈独秀他们几位先生。**他们的意思要想将种种枝叶抛开,直截了当去求最后的根本。所谓根本就是整个的西方文化——是整个文化不相同的问题。**如果单采用此种政治制度是不成功的,须根本的通盘换过才可。而**最根本的就是伦理思想——人生哲学——**所以陈先生在他所作的《吾人之最后觉悟》一文中以为种种改革通用不着,现在觉得最根本的在伦理思想。**对此种根本所在不能改革,则所有改革皆无效用。**到了这时才发现了西方化的根本的所在,中国不单火炮、铁甲、声、光、化、电、政治制度不及西方,乃至道德都不对的! 这是两问题接触最后不能不问到的一点,我们也不能不叹服陈先生头脑的明利! 因为大家对于两种文化的不同都容易麻糊,而陈先生很能认清其不同,并且见到西方化是整个的东西,不能枝枝节节零碎来看! 这时候因为有此种觉悟,大家提倡此时最应做的莫过于思想之改革——文化运动。经他们几位提倡了四五年,将风气开辟,于是大家都以为现在最要紧的是思想之改革——文化运动——不是政治的问题。我们看见当时最注重政治问题的如梁任公一辈人到此刻大家都弃掉了政治的生涯而趋重学术思想的改革方面。如梁任公、林宗孟等所组织的新学会的宣言书，实在是我们很好的参证的材料，足以证明大家对于西方文化态度的改变！

到了此时，已然问到两文化最后的根本了。现在对于东西文化的问题，差不多是要问：西方化对于东方化，是否要连根拔掉？中国人对于西方化的输入，态度逐渐变迁，**东方化对于西方化步步的退让，西方化对于东方化节节的斩伐！到了最后的问题是已将枝叶去掉，要向咽喉处去着刀！而将中国化根本打倒！我们很欢迎此种问题，因为从前枝枝节节的做去，实在徒劳无功。此时问到根本，正是要下解决的时候，非有此种解决，中国民族不会打出一条活路来！**所以此种问题并非远大事业，是明明对于中国人逼着讨一个解决！中国人是否要将中国化连根的抛弃？本来秉受东方化的民族不只一个，却是日本人很早就采用西方化，所以此刻对此问题并不成问题；而印度、安南、朝鲜、缅甸，皆为西方化之强力所占领，对于此问题也不十分急迫，因为他们国家的生活是由别人指挥着去做。现在中国，无论如何还算是在很困难的境遇里自己可以自谋——对于自己的生活要自己做主。因为要自谋的原故，所以对于政治采用某种、文化采用某种还要自决。所以别的民族不感受东西文化问题的急迫，而单单对中国人逼讨一个解决！可见这个问题在中国不是远的问题而是很急迫的问题了。

照以上所说，东方文化与西方文化之接触，逐渐问到最后的根本;对付的态度起先是枝枝节节的,而此刻晓得要从根本上下解决。此种从根本上下解决的意思,从前很少有人谈及。前三四年只看见我的朋友李守常先生作了一篇《东西文明之根本异点》的文章。他在这篇文章里面,大要以为东方文明之根本精神在静,西方文明之根本精神在动。——而他说:

> 苟不将静止的精神根本的扫荡,或将物质的生活一切屏绝,长此沉延在此矛盾现象中以为生活,其结果必蹈于自杀,盖以半死不活之人驾行飞艇,使发昏带醉之人御摩托车,人固死于艇车之下,车亦毁于其人之手。以英雄政治、贤人政治之理想施行民主政治,以肃静无哗唯诺一致之心理希望代议政治,以万世一系一成不变之观念运用自由宪法,其国之政治固以阢陧不宁,此种政治之妙用亦必毁于若而国中。总之守静的态度持静的观念,以临动的生活,必至人身与器物,国家与制度都归于粉碎,世间最可怖之事莫过于斯矣。

李先生的话说的很痛快!他很觉得东西文化根本之不同,如果做中国式的生活就须完全做中国式的生活;如果做西方式的生活就须完全做西方式的生活;矛盾的现象是不能行,并且非常可怕的。所以这个问题并不是很远而可以俟诸未来的问题,确是很急迫而单单对于中国人逼讨一个解决的问题。我们处在此种形势之下逼迫得很紧,实在无从闪避,应当从速谋应付的方法。应付的方法大约不外三条路:

(一)倘然东方化与西方化果真不并立而又无可通,到今日要绝其根株,那么,我们须要自觉的如何彻底的改革,赶快应付上

去,不要与东方化同归于尽;

　　(二)倘然东方化受西方化的压迫不足虑,东方化确要翻身的,那么,与今日之局面如何求其通,亦须有真实的解决积极的做去,不要做梦发呆卒致倾覆;

　　(三)倘然东方化与西方化果有调和融通之道,那也一定不是现在这种"参用西法"可以算数的,须要赶快有个清楚、明白的解决,好打开一条活路,决不能有疲缓的态度。

　　这三条路究竟哪一条路对,我们不得而知,而无论开辟出哪条路来,我们非有根本的解决不成,决非麻糊含混可以过去的。李君的话我们看去实在很对,我们历年所以不能使所采用的西方化的政治制度实际的安设在我们国家社会的原故,**全然不是某一个人的罪过,全然不是零碎的问题**;虽然前清皇室宣布立宪之无真意,袁项城帝制自为之野心,以及近年来"军阀"之捣乱,不能不算一种梗阻,而却不能算正面的原因。**其正面的原因,在于中国一般国民始终不能克服这梗阻,而所以不能克服梗阻的原故,因为中国人民在此种西方化政治制度之下仍旧保持在东方化的政治制度底下所抱的态度。东方化的态度,根本上与西方化刺谬;此种态度不改,西方化的政治制度绝对不会安设上去!**其或不到将西方化创造此种政治制度的意思全然消没不止!我们这几年的痛苦全在于此,并非零碎的一端,是很大的根本问题。此刻我们非从根本上下解决不可。是怎样可以使根本态度上有采用西方化的精神,能通盘受用西方化? 李君所说虽然很急迫,而其文章之归结还是希望调和融通,而怎样调和融通,他也没有说出来,仍就俟诸未来,此点差不多是李君自己的矛盾。我以为这种事业虽然要在未来成就,而问题却不在未来,实在是目前很急迫的问题啊!

随便持调和论的不对

第二,我们所要说的,就是,我们从如此的情形看出这个问题的真际究竟在什么地方?换言之,就是,东方化还是要连根的拔去,还是可以翻身呢?**此处所谓翻身,不仅说中国人仍旧使用东方化而已,大约假使东方化可以翻身亦是同西方化一样,成一种世界的文化——现在西方化所谓科学(science)和"德谟克拉西"之二物,是无论世界上哪一地方人皆不能自外的。所以,此刻问题直截了当的,就是东方化可否翻身成为一种世界文化?如果不能成为世界文化则根本不能存在;若仍可以存在,当然不能仅只使用于中国,而须成为世界文化。**但是从大概情形来看,仅能看出东方化将绝根株的状况,而看不出翻身之道。照我们以前所说东方化的现状,一般头脑明利的人都觉得东方化不能存留;假如采用西方化,非根本排斥东方化不可。近三四年来如陈仲甫等几位先生全持此种论调,从前的人虽然想采用西方化,而对于自己根本的文化没有下彻底的攻击。陈先生他们几位的见解,实在见的很到,我们可以说是对的;譬如陈先生在他所作的《吾人最后之觉悟》一文里面,主张我们现在应将一切问题撇开,直接的改革伦理思想,因此他将中国伦理思想最根本的孔子教化,痛下攻击!他在另外一篇文章里说道:

> 倘吾人以中国之法,孔子之道,足以组织吾之国家,支配吾之社会,使适于今日世界之生存,则凡十余年来之变法维

新、流血革命、设国会、改法律及一切新政治、新教育无一非
多事,应悉废罢,万一欲建设新国家新社会,则对于此新国家
新社会不可相容之孔教,不可不有彻底之觉悟,勇猛之决心,
否则不塞不流,不止不行。

陈君这段话也可以说是痛快之至,在当时只有他看的如此之
清楚!

东方文化的两大支,是中国化和印度化。以上所说是对于中
国化。对于印度化,如李守常先生说:印度"厌世的人生观不合
于宇宙进化之理",则又是将印度化一笔勾销了!李先生是主张
将"静的精神"根本扫荡的,而他所以诠释东方文化者即此四字,
就是根本不要东方化了!这种主张从根本上不要东方化是很对
的;而不能说出所以然,就胡乱主张两文化将来必能融通,实在
不对。

现在我们进一层替他们两位发挥未尽的意思:据我们看,所
谓一家文化不过是一个民族生活的种种方面。总括起来,不外三
方面:

(一)精神生活方面,如宗教、哲学、科学、艺术等是。宗
教、文艺是偏于情感的,哲学、科学是偏于理智的。

(二)社会生活方面,我们对于周围的人——家族、朋
友、社会、国家、世界——之间的生活方法都属于社会生活一
方面,如社会组织、伦理习惯、政治制度及经济关系是。

(三)物质生活方面,如饮食、起居种种享用,人类对于
自然界求生存的各种是。

我们人类的生活大致不外此三方面,所谓文化亦可从此三方面来下观察。如果就此三方面观察东西文化,我们所得到的结果:第一,精神生活方面,东方人的宗教——虽然中国与印度不同——是很盛的,而西方人的宗教则大受批评打击;东方的哲学还是古代的形而上学,而西洋人对于形而上学差不多弃去不讲;即不然,而前途却是很危险的。此种现象,的确是西洋人比我们多进了一步的结果。西洋人对于宗教和形而上学的批评,我们实在不能否认,中国人比较起来,明明还在未进状态的。第二,社会生活方面,西洋比中国进步更为显然。东方所有的政治制度也是西方古代所有的制度,而西方却早已改变了;至于家庭、社会,中国也的确是古代文化未进的样子,比西洋少走了一步!第三,物质生活方面,东方之不及西方尤不待言。我们只会点极黑暗的油灯,而西洋用电灯;我们的交通上只有很笨的骡车,而西洋人用火车飞艇。可见物质方面的不济更为显著了!由此看来,所谓文化只有此三方面,而此三方面中东方化都不及西方化,那么,东方化明明是未进的文化,而西方化是既进的文化。所谓未进的文化大可以不必提起,单采用既进的文化好了!我记得有一位常乃德先生说西方化与东方化不能相提并论,东方化之与西方化是一古一今的;是一前一后的;一是未进的,一是既进的。照我们从生活三方面观察所得的结果看来,常君这种论调是不错的。我们看东方文化和哲学,都是一成不变的,历久如一的,所有几千年后的文化和哲学,还是几千年前的文化,几千年前的哲学。一切今人所有,都是古人之遗;一切后人所作,都是古人之余;然则东方化即古化。西方化便不然:思想逐日的翻新,文化随时辟创,一切都是后来居上,非复旧有,然则西方化就是新化。一古一今不能平等而观,是很对的。假使说东方化能翻身,即是说古化能大行于今后未来之世界;这话谁敢信呢?一般人或以为东方在政治制度,社会的风俗习惯,以及物质的享用虽不及西方人,而精神方面比西方人要有长处的。这种说法不单旧派人如此,几乎有些新派的人亦有此种意思。**但是我要反问一句:现在对于东西文化的问题既然问到最后的根本,不是已然看出中国人的精神生活方面:宗教、哲学、道德、艺术根本上不对么? 不是要做思想的改革、哲学的更新么?** 怎样又可以说精神方面中国人有长处呢? 所以一般人的意思,全然不对! 而胡适之先生作《中国哲学史大纲》亦持很客套的态度,在《中国哲学史大纲》的导言上说:

> 世界上的哲学,大概可分为东西两支。东支又分印度、中国两系。西支也分希腊、犹太两系。初起的时候,这四系都可算独立发生的。到汉以后犹太系加入希腊系成了欧洲的中古哲学。印度系加入中国系成了中国的中古哲学。到了近代印度系的势力渐衰,儒家复起,遂产生了中国近世的哲学。历宋、元、明、清,直到如今。欧洲思想渐渐脱离犹太系的势力,遂产生了欧洲的近古哲学。到了今日这两大支的哲学互相接触互相影响,五十年后一百年后或竟能发生一种世界的哲学也未可知。

胡先生这样将东方与西洋两派哲学相提并论,同样尊重的说话,实在太客套了! 我们试看中国的哲学,是否已经经过西洋哲学的那样批评呢? 照胡先生所讲的中国古代哲学,在今日哲学界可有什么价值呢？恐怕仅只做古董看着好玩而已！虽然《中国哲学史大纲》的后半部还没有作出来，而胡先生的论调却是略闻一二的。像这种堂皇冠冕的话恐怕还是故相揶揄呢！**所以大家一般人所说精神方面比较西方有长处的说法，实在是很含混不清、极糊涂、无辨别的观念，没有存在的余地！**

论到此处可以看出，大家意思要将东西文化调和融通，另开一种局面作为世界的新文化，只能算是迷离含混的希望，而非明白确切的论断。 像这样糊涂、疲缓、不真切的态度全然不对！既然没有晓得东方文化是什么价值，如何能希望两文化调和融通呢？如要调和融通总须说出可以调和融通之道，若说不出道理来，那么，何所据而知道可以调和融通呢？大概大家的毛病，因为西洋经大战的影响对于他们本有的文化发生反感，所以对于东方文化有不知其所以然的羡慕，譬如杜威、罗素两先生很不看轻中国的文化，而总觉得东西文化将来会调和融通的。大家听了于是就自以为东方化是有价值了。但假使问他们如何调和融通，他们两先生其实也说不出道理来。又梁任公先生到欧洲也受这种影响，在《欧游心影录》上面说，西洋人对他说："西方化已经破产，正要等到中国的文化来救我们，你何必又到我们欧洲来找药方呢！"他偶然对他们谈到中国古代的话，例如孔子的"不患寡而患不均"、"四海之内皆弟兄也"以及墨子的"兼爱"，西洋人都叹服钦佩以为中国文化可宝贵。梁先生又说柏格森、倭铿等人的哲学都为一种翻转的现象，是要走禅宗的路而尚未走通的。如此种种拕扬中国文明。其实任公所说，没有一句话是对的！他所说的中国古话，西洋人也会说，假使中国的东西仅只同西方化一样便算可贵,则仍是不及人家,毫无可贵! 中国化如有可贵,必在其特别之点,必须有特别之点才能见长! 他们总觉得旁人对我称赞的,我们与人家相同的,就是可宝贵的;这样的对于中国人文化的推尊,适见中国文明的不济,完全是糊涂的、不通的! 我们断然不能这样糊糊涂涂的就算了事,非要真下一个比较解决不可!

　　所以照我们看这个问题,**西洋人立在西方化上面看未来的文化是顺转**,因为他们虽然觉得自己的文化很有毛病,但是没有到路绝走不通的地步,所以慢慢的拐弯就会走上另一文化的路去;**至于东方化现在已经撞在墙上无路可走,如果要开辟新局面必须翻转才行。所谓翻转自非努力奋斗不可,不是静等可以成功的。如果对于这问题没有根本的解决,打开一条活路,是没有办法的!因此我们对于第二种意思——调和融通的论调——不知其何所见而云然?**

以为无从研究的不对

　　第三个意思以为这问题太大,范围太宽,无从研究起,也是不对的。但是如何研究法,要到后文再说,此处仅只先说这种意思是不对的。现在且略说我为什么注意此问题,和我研究的经过,同时亦即所以对答第三个意思。他们所说的无法研究,还是由于大家的疲缓、劣钝;如果对于此问题觉得是迫切的,当真要求解决,自然自己会要寻出一条路来!

我研究这问题的经过

　　我对于此问题特别有要求,不肯放松,因为我的生性对于我的生活、行事,非常不肯随便,不肯做一种不十分妥当的生活,未定十分准确的行事。如果做了,就是对的,就没问题的;假使有一个人对于我所做的生活不以为然,我即不能放松,一定要参考对面人的意见,如果他的见解对,我就自己改变;如果他的见解是错误,我才可以放下。**因为我对于生活如此认真,所以我的生活与思想见解是成一整个的,思想见解到哪里就做到哪里。**例如我在当初见得佛家生活是对的,我即刻不食肉不娶妻要做他那样生活,八九年来如一日。而今所见不同,生活亦改。**因此别的很随便度他生活的人可以没有思想见解;而我若是没有确实心安的主见,就不能生活的!**所以旁人对于这个问题自己没有主见并不要紧,而我对于此问题假使没有解决,我就不晓得我做何种的生活才好!

我研究这个问题的经过,是从民国六年蔡子民先生约我到大学去讲印度哲学。但是我的意思,不到大学则已,如果要到大学做学术一方面的事情,就不能随便做个教员便了,一定要对于释迦孔子两家的学术至少负一个讲明的责任。所以我第一日到大学,就问蔡先生他们对于孔子持什么态度?蔡先生沉吟的答道:我们也不反对孔子。我说:我不仅是不反对而已,我此来除去替释迦孔子去发挥外更不做旁的事!而我这种发挥是经过斟酌解决的,非盲目的。后来晤陈仲甫先生时,我也是如此说。但是自任大学讲席之后因编讲义之故,对于此意,亦未得十分发挥。到民国七年,我曾在《北京大学日刊》登了一个广告,征求研究东方学的人,在广告上说:据我的看法,东方化和西方化都是世界的文化,中国为东方文化之发源地;北京大学复为中国最高之学府;故对于东方文化不能不有点贡献，如北京大学不能有贡献，谁则负贡献之责者？但是这种征求的结果，并没有好多的人；虽有几个人，也非常不中用。我仅只在哲学研究所开了一个"孔子哲学研究会"将我的意思略微讲了一个梗概。后来丁父艰遂中途搁置。到民国八年，有一位江苏的何墨君同朋友来访问我对于东西文化问题的意见。当时曾向何君略述；何君都用笔记录，但并未发表。后来我作一篇希望大家对于此问题应加以注意的文章，即发表于《唯识述义》前面的。民国九年即去年夏季经这里教育厅长袁先生约我来鲁讲演，我即预备讲演此问题而因直皖战争没有得来。九年秋季却在大学开始讲演此问题已有记录草稿一本。今年复到此地与大家研究，算是我对于此问题的第二次讲演。我自己对于东西文化问题研究之经历大概如此。

第二章　如何是东方化？如何是西方化？（上）

我们所要求的答案

我们现在平静的对于东西文化下一种观察，究竟什么是东方化，什么是西方化呢？纯以好知的心理去研究他们各自的样子。这其间第一先来考究西方化：如何是西方化？但是我们假如拿此问题问人，大家仓卒之间一定答不出来；或者答的时候列举许多西方的政治制度、社会风尚、学术思想等等。无论此种列举很难周备，即使周备，而所举的愈多，愈没有一个明了正确的"西方化"观念。因为我们所问的，要求把许多说不尽的西方化归缩到一句两句话，可以表的出他来。**使那许多东西成了一个很有意思的一个东西，跃然于我们的心目中**，才算是将我们的问题答对了。像这一种的答对固然很难，但是不如此答对即不能算数。凡是能照这样答对的，我们都可以拿来看；此种答案求其合格很难，但是无论什么人的心目中,总都有他自己的意思。我记得王壬秋先生在《中国学报》的序里批评西方化说:"工商之为耳",我们姑且不论他的话对不对,而在他是用一句话表出以为西方化不过如此。同光之间曾文正、李文忠等对于西方化所看到的,他们虽然没说出口来,而他们心目中的西方化观念,即在坚甲利兵之一点。光宣间的一般人心目中专认得政治制度一点,以为是即西方化。他们这些观察无论眼光对不对,而都算是对于我们问题的答案。大体说来自然不周洽不明白确切,而各人的意思都有一点对,可以供我们参考;**无论如何不对,都是我们最合格、最对的西方化观念的一个影子**。我们不要笑他们的不对,我们试翻过来看的时候,究竟有哪一个人说的对呢? 我实在没有看见哪一个人说的对!照我看来,东西的学者、教授,对于西方化的观察,实在也不见得怎么样高明,也同王壬秋先生差不到哪里去! 我现在将我所看见他们对于西方化的答案一一加以批评;因为我们指明别人的不对,才能看见我们的答案之所以对!

西方化问题的答案一

前两年中国在日本的留学生所组织的丙辰学会,请早稻田哲学教授金子马治来讲演。他讲演的题目就是"东西文明之比较",我们且看他对于此问题的意思是怎样呢? 他有扼要的一句答案:"西洋文明是势能(Power)之文明。"这话怎么讲呢? 原文说:

> 余在十年前有欧洲之行,其时亦得有兴味之经验。欧游以前,予足迹未尝出国门一步,至是登程西航,渐离祖国。途

中小泊香港,登陆游览,乃大惊骇。盖所见之物,几无不与在
祖国所习者异也。据在座之贵国某君言,香港本一硗确之小
岛,贵国人以废物视之,及入英人之手,辛苦经营遂成良港。
予至香港时,所见者已非濯濯之石山,而为人工所成之良港。
予之所惊骇不置者,盖在于是。日本诸港大都因天然之形势
略施人工所成,香港则异是,观其全体几于绝出人工,非复自
然之原物。此余所不得不叹服者。试观某市街所谓石山者
已草木丛生欣欣向荣,皆英人所种也。初虽历次失败,然英
人以不屈不挠之精神利用科学之方法,竭力经营,卒成今日
青青之观。予在国内时所驯习之自然,此处杳不可见,所接
于目者,独有人力之迹。……知所谓欧人征服自然,而东洋
人放任自然之说果不妄也。

他次段又寻这西方文明的来源说:"若谓今日欧洲之文明为
征服自然之文明,而征服自然所用之武器为自然科学者,当知此
自然科学渊源实在于希腊……盖希腊国小山多,土地硗瘠,食物
不丰,故多行商小亚细亚以勤劳求生活。欧式文明之源实肇于
此。"此外还有许多话,无非专明征服自然之一义,又把征服自然
的原因归到地理的关系上去,发明出各科学"以为利用厚生之
资",所以叫他做势能(Power)之文明。金子君这个说法,错是不
错。征服自然诚然是西方化的特色。还有北聆吉教授的议论,差
不多也是这个意思。我留心看去大家说这样的话很多很多,恐怕
早是众人公认的了。英国的历史家巴克尔(Buckle)所作著名的
《英国文明史》(*History of Civilization in England*)上说:"欧洲地理
的形势是适宜于人的控制天然,这是欧洲文明发展的主因。"就

是金子君自己也说这是欧洲人原有的话，他实地看去，相信他果然不妄。可见这原有定论的，在欧美是一种很普遍的见解。民国八年杜威先生到北京，北京大学哲学研究会有一天晚间为杜威先生开欢迎会，杜威先生的演说也只说西方人是征服自然，东方人是与自然融洽，此即两方文化不同之所在。当金子马治持这种见解的时候，曾去请教他的先辈米久博士，米久博士对于他的见解也很同意。所以我们对于这些话不能否认，因为明明是不可掩的事实。只是他们说的太简单了！对于西方化实在有很大的忽略，不配做我们所要求的答案。我们且举最容易看见的那西方社会上特异的采色，如所谓"自由""平等"——"德谟克拉西"的倾向——**也是征服自然可以包括了的么？如果单去看他那物质上的灿烂，而蔑视社会生活的方面，又与同光间"坚甲利兵"的见解有何高下呢？**况且我们要去表明西方化须要表出他那特别精神来，这"征服自然"一件事原是一切文化的通性，把野草乱长的荒地开垦了去种五谷；把树林砍了盖房屋，做桌椅；山没有路走便开山；河不能过去便造船；但有这一点文化已经就是征服自然。何况东方文化又何止此呢？然则东西两方面的征服自然不过是程度之差，这"征服自然"四字，哪里就能表出西方化特别的精神呢？如此种种说来，显见得金子教授的说法不值得采用。我们还须别觅周全正确的答案。至于他议论中错误之点亦尚多。随后再去批评。

西方化问题的答案二

北聆吉氏"东西文化之融合"的说法也是说西方化"征服自

然"，似乎不必再费一番评论。但他实与金子有大不相同的地方不能不说。金子君说"日本诸港略施人工""香港全体几于绝出人工"，显然说这征服自然是程度有等差罢了。北聆吉氏却能说明他们是两异的精神。他的原文录在书后，读者可以去参看。他那文共分五段，段段都表示两异对待的说法。如：

> 第一段"西洋文化——征服自然——不能融和其自我于自然之中以与自然共相游乐。"
>
> 第二段"凡东洋诸民族皆有一共同与西洋民族不同之点，即不欲制御自然征服自然，而欲与自然融合与自然游乐是也。"
>
> 第三段"东西文化之差别可云一为积极的、一为消极的。"
>
> 第四段"自然之制服，境遇之改造，为西洋人努力所向之方。与自然融和，对于所与之境遇之满足，为东洋人优游之境地。此二者皆为人间文化意志所向之标的。"
>
> 第五段"吾人一面努力于境遇之制服与改造，一面亦须……于自己精神之修养。单向前者以为努力，则人类将成一劳动机关，仅以后者为能事，则亦不能自立于生存竞争之场中。"

他这话里虽然也有错误之点，如把东洋民族统归到"与自然融合与游乐"而不留意最重要的印度民族并不如此。然却把两异的精神总算表白的很明了。金子君只说"以言东洋文明欲求其与势能对待之特质则亦曰顺自然爱和平而已"。这"顺自然"

三字哪里表得出"对待之特质"，况且与文化的本义不符，哪里有所谓顺自然的文化呢？北聆吉的眼光很留意到两方思想的不同，谈一谈哲学主义伦理观念，不专去看那物质方面，所以这征服自然说到他手里，果然是西方化的特异处了。只是仍旧有那很大的忽略，还是不周全正确。

西方化问题的答案三

我民国七年（1918）夏间在北京大学提倡研究东方化，就先存了西方化的观察而后才发的。因为不晓得自己的意思对不对，约我的朋友张崧年君一天晚上在茶楼谈谈。张君看西洋书看的很多，故此每事请教他。我当时叙说我的意见，就是我观察西方化有两样特长，所有西方化的特长都尽于此。我对这两样东西完全承认，所以我的提倡东方化与旧头脑的拒绝西方化不同。所谓两样东西是什么呢？**一个便是科学的方法，一个便是人的个性申展，社会性发达。前一个是西方学术上特别的精神，后一个是西方社会上特别的精神**。张君听着似乎不甚注意，但我自信很坚，并且反觉得是独有的见解了。过些日子李君守常借一本《东洋文明论》与我看。是日本人若宫卯之助译的美国人闹克斯（George William Knox）的书，原名 *The Spirit of the Orient*。这书虽说是论东方文明的，却寻不着一句中肯的话。所谓东方的精神（Spirit）全然没有。但最末一章题目是"东西文明之融合"，也是主张融合论的。他那里边有一大段却大谈论西洋的精神，一个是科学，一个是自由。他先说近世文明发达到今天这样，他们欧美人的进步，实在是因为这两样东西。后又说日本人的胜利——指战胜俄国说——也都是因为这两样东西。乃知道我的观察原也是早有人说过的。到民国九年看见《新青年》六卷一号陈独秀君的《本志罪案之答辩书》说他们杂志同人所有的罪案不过是拥护德赛两位先生——Democracy，Science——罢了。西洋能从黑暗到光明世界的，就是这两位先生，他们认定可以救治中国政治、道德、学术、思想一切黑暗的也只有这两位先生。我常说中国讲维新讲西学几十年乃至于革命共和其实都是些不中不西的人，说许多不中不西的话，做许多不中不西的事。他们只有枝枝节节的西方化，零零碎碎的西方东西，并没把这些东西看通窍，领会到那一贯的精神。只有近年《新青年》一班人才算主张西方化主张到家。现在陈君这个话就是把他们看通了的窍指示给大家了。记得过几天的《时事新报》某君，对陈君这话有段批评，仿佛是说以德赛两先生括举西方潮流，所见很对，但是近年的势力还有一位斐先生——斐络索斐（Philosophy）云云。某君这个话不很对，因为这里所说的赛先生是指科学思想，亦可说是科学主义的哲学，正指哲学耳。然则我们如果问如何是西方化？就答作"西方化即是赛恩斯、德谟克拉西两精神的文化"对不对呢？这个答法很对，很好，比那"征服自然"说精彩得多，把征服自然说所忽略的都切实表明出来，毫无遗憾了。但只仍有两个很重要的不称心的地方：

第一个是我们前头证明西方化与东方化对看，"征服自然"实在是他一个特异处，而现在我们这答法没有能表示出来。虽然说到科学，但所表的是科学方法的精神现于学术思想上的，不是表他那征服自然的特采见诸物质生活的。所以很是一个缺点。

　　第二个是我们现在答作"塞恩斯""德谟克拉西"两精神的文化,这两种精神有彼此相属的关系没有呢？把他算作一种精神成不成呢？我们想了许久讲不出那相属的关系,不能算作一种精神。但我们说话时候非双举两种不可,很像没考究到家的样子。究竟这两种东西有他那共同一本的源泉可得没有呢？必要得着他那共同的源泉作一个更深澈更明醒的答案,方始满意。

如此说来我们还得再去寻求圆满的说法。

西方化问题的答案四

我们试看李守常君的说法如何呢？他的说法没有这双举两精神的毛病,却是括举一个精神的。他文内通以西洋文明为动的文明,与东洋静的文明对称,这动的文明就是他的答法了。所以他原文开口头一句就说：

　　东西文明有根本不同之点,即东洋文明主静西洋文明主动是也。

李君这话真可谓"一语破的"了。我们细想去东西文明果然是这个样子。"动的文明"四字当真有笼罩一切的手段。那么,就采用这个答案好么？虽然好,但只看上去未免太浑括了。所以李君于根本异点之外又列举了许多异点去补明：

　　一为自然的,一为人为的;一为安息的,一为战争的;一为消极的,一为积极的;一为依赖的,一为独立的;一为苟安的,一为突进的;一为因袭的,一为创造的;一为保守的,一为进步的;一为直觉的,一为理智的;一为空想的,一为体验的;一为艺术的,一为科学的;一为精神的,一为物质的;一为灵的,一为肉的;一为向天的,一为立地的;一为自然支配人间的,一为人间征服自然的。

李君又于此外枚举许多饮食、嗜好之不同,起居什物之不同,又去观于思想,观于宗教,观于伦理,观于政治,一样一样都数到。**我们统观他的说法,是一种平列的开示,不是一种因果相属的讲明。有显豁的指点,没有深刻的探讨。**这个可以证出"动的文明"的说法,不克当我们所求西方种种精神的共同源泉之任。李君列举那些异点前七样可以说是出于"动"的精神,若如直觉与理智,空想与体验,艺术与科学,精神与物质,灵与肉,向天与立地,似很难以"动""静"两个字作分判,彼此间像没甚联属关系。我们所求贯串统率的共同源泉,一个更深澈更明醒的说法,李君还没能给我们。

我求答案的方法

这时候不必再批评别人了。不批评看不出长短,多批评也浪费笔墨。我以为我们去求一家文化的根本或源泉有个方法。**你且看文化是什么东西呢?不过是那一民族生活的样法罢了。生活又是什么呢?生活就是没尽的意欲**(Will)——此所谓"意欲"与叔本华所谓"意欲"略相近——**和那不断的满足与不满足罢了。**通是个民族通是个生活,何以他那表现出来的生活样法成了两异的采色?不过是他那为生活样法最初本因的意欲分出两异的方向,所以发挥出来的便两样罢了。然则你要去求一家文化的根本或源泉,你只要去看文化的根原的意欲,这家的方向如何与他家的不同。你要去寻这方向怎样不同,你只要他已知的特异采色推他那原出发点,不难一目了然。

我对于西方化问题的答案

以上的话自须加上说明,并辨白我这观察文化的方法为何与人不同,然后再适用到实际上去答我们的问题,才得明白。但现在为行文的方便,且留到次章解说东方化的时候一堆比较着去说。此处只单举一个对于西方化的答案专讲讲西方化。

如何是西方化？**西方化是以意欲向前要求为其根本精神的。**

或说:**西方化是由意欲向前要求的精神产生"塞恩斯"与"德谟克拉西"两大异采的文化。**

一家民族的文化原是有趋往的活东西,不是摆在那里的死东西。所以,我的说法是要表出他那种活形势来,而李君那个"动的""静的"字样却是把没来由没趋向一副呆板的面目加到那种文化上去。——静固是呆面目而动也是,譬如时辰表便是呆面目的动。一家民族的文化不是孤立绝缘的,是处于一个总关系中的。譬如一幅画里面的一山一石,是在全画上占一个位置的,不是四无关系的。从已往到未来,人类全体的文化是一个整东西,现在一家民族的文化,便是这全文化中占一个位置的。所以我的说法在一句很简单的答案中已经把一家文化在文化中的地位、关系、前途、希望统通表定了。而李君那一动一静的说法,只表出东西两家是各别的东西,却没有替他们于总关系中求个位置所在,这些话请看完我的全书自明。

现在且去讲明我的答案。我们可以用四步的讲法。先从西方各种文物抽出他那共同的特异采色,是为一步;复从这些特异的采色寻出他那一本的源泉,这便是二步;然后以这一本的精神揽总去看西方化的来历是不是如此,是为三步;复分别按之各种事物是不是如此,这便是四步。前二步是一往,后两步是一反。

答案讲明的第一步

我们为什么要举出那"精神""异采"来作答呢?因为我们所要知道某家文化是如何的,就是要知道他那异于别家的地方。必要知道他那异处,方是知道某家文化。倘若认不出他那特异处,那何所谓某家文化呢?某家的异点,他自己或不觉,对面人却很容易觉得。所以我们东方人看西方东西,那异点便刺目而来,原是容易知道的。譬如最初惹人注目的枪炮、铁甲舰、望远镜、显微镜、轮船、火车、电报、电话、电灯,同后来的无线电、飞行机以及洋货输入后的日常起居服御的东西,与我们本土的走内河还要翻的民船,一天走上数十里的骡车,以及油灯、蜡烛等等一切旧日东西比较真是异样的很!使我们眼光缭乱不知所云。然沉下心去一看虽然形形色色种种不同,却有个同的所在。

西方化的科学采色

就是样样东西都带着征服自然的威风,为我们所不及。举凡一切物质方面的事物,无不如此。然则这征服自然便是他们的共同异采了。再去看他这些东西是怎样制作的,与我们向来制作东西的法子比比看。我们虽然也会打铁，炼钢，做火药，做木活，做石活，建筑房屋、桥梁，以及种种的制作工程，**但是我们的制作工程都专靠那工匠心心传授的"手艺"。西方却一切要根据科学——用一种方法把许多零碎的经验，不全的知识，经营成学问，往前探讨，与"手艺"全然分开，而应付一切，解决一切的都凭科学，不在"手艺"。**工业如此，农业也如此，不但讲究种地有许多分门别类的学问，不是单靠老农老圃的心传；甚至养鸡牧羊，我们看着极容易做的小事，也要入科学的范围，绝不仅凭个人的智慧去做。总而言之，两方比较，处处是科学与手艺对待。即如讲到医药，中国说是有医学，其实还是手艺。西医处方，一定的病有一定的药，尤大出入；而中医的高手，他那运才施巧的地方都在开单用药上了。十个医生有十样不同的药方，并且可以十分悬殊。因为所治的病同能治的药，都是没有客观的凭准的。究竟病是什么？"病灶"在哪里？并不定要考定，只凭主观的病情观测罢了！（在中国医学书里始终没有讲到"病"这样东西。）某药是如何成分？起如何作用？并不追问。只拿温凉等字样去品定，究竟为温为凉，意见也参差的很。他那看病用药，哪能不十人十样呢？**这种一定要求一个客观共认的确实知识的，便是科学的精神；这种全然蔑视客观准程规矩，而专要崇尚天才的，便是艺术的精神。大约在西方便是艺术也是科学化；而在东方便是科学也是艺术化。**大家试去体验，自不难见，盖彼此各走一条路，极其所至必致如此。

　　科学求公例原则，要大家共认证实的；所以前人所有的今人都有得，其所贵便在新发明，而一步一步脚踏实地，逐步前进，当然今胜于古。艺术在乎天才秘巧，是个人独得的，前人的造诣，后人每觉赶不上，其所贵便在祖传秘诀，而自然要叹今不如古。既由师弟心传，结果必分立门户，学术上总不得建个共认的准则。第一步既没踏实，第二步何从前进，况且即这点师弟心传的东西有时还要失传，今不如古，也是必至的实情了。明白这科学艺术的分途，西方人之所以喜新，而事事日新月异；东方人之所以好古，而事事几千年不见进步，自无足怪。我们前章中说西方的文物须要看他最新的而说为今化，东方的文物要求之往古而说为古化，**也就是因为西方的文明是成就于科学之上；而东方则为艺术式的成就也。**

西方人走上了科学的道，便事事都成了科学的。起首只是自然界的东西，其后种种的人事，上自国家大政，下至社会上琐碎问题，都有许多许多专门的学问，为先事的研究。因为他总要去求客观公认的知识，因果必至的道理，多分可靠的规矩，而绝不听凭个人的聪明小慧到临时去瞎碰。所以拿着一副科学方法，一样一样地都去组织成了学问。那一门一门学问的名目，中国人从来都不曾听见说过。而在中国是无论大事小事，没有专讲他的科学，凡是读过四书五经的人，便什么理财司法都可做得，但凭你个人的心思手腕去对付就是了。虽然书史上边有许多关于某项事情——例如经济——的思想道理，但都是不成片段，没有组织的。而且这些思想道理多是为着应用而发，不谈应用的纯粹知识，简直没有。**这句句都带应用意味的道理，只是术，算不得是学。凡是中国的学问大半是术非学，或说学术不分，**离开园艺没有植物学，离开治病的方书没有病理学，更没有什么生理学解剖学。与西方把学独立于术之外而有学有术的，全然两个样子。**虽直接说中国全然没有学问这样东西亦无不可，因为唯有有方法的乃可为学，虽然不限定必是科学方法而后可为学问的方法，但是说到方法，就是科学之流风而非艺术的味趣。**西方既秉科学的精神，当然产生无数无边的学问。中国既秉艺术的精神，当然产不出一门一样的学问来。而这个结果，学固然是不会有，术也同着不得发达。因为术都是从学产生出来的。生理学、病理学固非直接去治病的方书，而内科书外科书里治病的法子都根据于他而来。单讲治病的法子不讲根本的学理，何从讲出法子来呢？就是临床经验积累些个诀窍道理，无学为本，也是完全不中用的。中国一切的学术都是这样单讲法子的，其结果恰可借用古语是"不学无术"。**既无学术可以准据，所以遇到问题只好取决自己那一时现于心上的见解罢了。**从寻常小事到很大的事，都是如此。中国政治的尚人治，西方政治的尚法治，虽尚有别的来路，也就可以说是从这里流演出来的。申言之还是艺术化与科学化。

我们试再就知识本身去看，西方人的知识是与我们何等的不同。同一个病，在中医说是中风，西医说是脑出血。中医说是伤寒，西医说是肠室扶斯。为什么这样相左？因为他们两家的话来历不同，或说他们同去观察一桩事而所操的方法不同。西医是解剖开脑袋肠子得到病灶所在而后说的，他的方法他的来历，就在检察实验。中医中风伤寒的话，窥其意，大约就是为风所中，为寒所伤之谓。但他操何方法由何来历而知其是为风所中、为寒所伤呢？因从外表望着像是如此。这种方法加以恶谥就是"猜想"，美其名亦可叫"直观"。这种要去检查实验的，便是科学的方法。

这种只是猜想直观的,且就叫他作玄学的方法。(从古来讲玄学的总多是这样,玄学是不是应当用这种方法,另一问题。)这其间很多不同,而头一桩可注意的:**玄学总是不变更现状的看法,囫囵着看,整个着看,就拿那个东西当那个东西看;科学总是变更现状的看法,试换个样子来看,解析了看,不拿那个东西当那个东西看,却拿别的东西来作他看。**譬如那个病人,中国只就着那个现状看。西方以为就着那个样看,看不出什么来的,要变更现状打开来看看,这就是怎样?这就是不拿他当整个人,不可分的人看,却看他是由别的东西——血肉筋骨所成的种种器官——合起来的。**所以中医不要去求病灶,因他是认这整个的人病了。西医定要去求病灶,因他是认合成这人的某器官某部分病了。**这两家不同的态度是无论什么时候总是秉持一贯的。且看中国药品总是自然界的原物,人参、白术、当归、红花……哪一样药的性质怎样、作用怎样,都很难辨认,很难剖说,像是奥秘不测为用无尽的样子。因为他看他是整个的囫囵的一个东西,那性质效用都在那整个的药上。不认他是什么化学成分成功的东西,而去分析有效成分来用。所以性质就难分明,作用就不简单了。西药便多是把天然物分析检定来用,与此恰相反。因为这态度不同的原故,中国人虽然于医药上很用过一番心,讲医药的书比讲别的书——如农工政法——都多。而其间可认为确实知识的依旧很少很少。用心用差了路,即是方法不对。**由玄学的方法去求知识而说出来的话,与由科学的方法去求知识而说出来的话,全然不能做同等看待。科学的方法所得的是知识,玄学的方法天然的不能得到知识,顶多算他是主观的意见而已。**

　　我们再去看中国人无论讲什么总喜欢拿阴阳消长五行生克去说。医家对于病理药性的说明，尤其是这样。这种说法又是玄学的味道。他拿金、木、水、火、土来与五脏相配属，心属火，肝属木，脾属土，肺属金，肾属水。据《灵枢》《素问》还有东西南北中五方，青黄赤白黑五色，酸甘苦辣咸五味，宫商角徵羽五音，以及什么五声、五谷、五数、五畜等等相配合。虽看着是谈资文料，实际似乎用不着，而不料也竟自拿来用。譬如这个人面色白润就说他肺经没病，因为肺属金，金应当是白色，现在肺现他的本色就无病。又姜若炮黑了用，就说可以入肾，因为肾属水其色黑。诸如此类，很多很多。这种奇绝的推理，异样的逻辑，西方绝对不能容，中国偏行之千多年！西方人讲学说理全都要步步踏实，于论理一毫不敢苟。**中国人讲学说理必要讲到神乎其神，诡秘不可以理论，才算能事。若与西方比看，固是论理的缺乏而实在不只是论理的缺乏，竟是"非论理的精神"太发达了。非论理的精神是玄学的精神，而论理者便是科学所由成就。**从论理来的是确实的知识，是科学的知识；从非论理来的全不是知识，且尊称他是玄学的玄谈。**但是他们的根本差异，且莫单看在东拉西扯联想比附与论理乖违。要晓得他所说话里的名辞**（Term），**思想中的观念、概念，本来同西方是全然两个样子的。**西医说血就是循环的血罢了，说气就是呼吸的气罢了，说痰就是气管枝里分泌的痰罢了。老老实实的指那一件东西，不疑不惑。而中医说的血不是血，说的气不是气，说的痰不是痰。乃至他所说的心肝脾肺，你若当他是循环器的心，呼吸器的肺……那就大错了，他都别有所指。**所指的非复具体的东西，乃是某种意义的现象，而且不能给界说的。**

譬如他说这病在痰,其实非真就是痰,而别具一种意义;又如他说肝经有病,也非真是肝病了,乃别指一种现象为肝病耳。**你想他把固定的具体的观念,变化到如此的流动抽象,能够说他只是头脑错乱而不是出乎一种特别精神么?** 因为他是以阴阳消长五行生克为他根本的道理,而"阴""阳""金""木""水""火""土"都是玄学的流动抽象的表号,所以把一切别的观念也都跟着变化了。为什么玄学必要用如此的观念? **因为玄学所讲的,与科学所讲的全非一事。科学所讲的是多而且固定的现象**(科学自以为是讲现象变化,其实不然,科学只讲固定不讲变化),**玄学所讲的是一而变化、变化而一的本体。**我们人素来所用的都是由前一项来的观念,或说观念的本性就是为表前一项用的。照他那样,一就不可以变化,变化就不可以一,所以非破除这种成规,不能挪到玄学上来用。**破除观念的成规,与观念的制作不精纯,极相似而不同。大家却把中国学术,单看成制作不精纯一面了。当知中国人所用的有所指而无定实的观念,是玄学的态度,西方人所用的观念要明白而确定,是科学的方法。**中国人既然无论讲什么,都喜欢拿阴阳等等来讲,其结果一切成了玄学化,有玄学而无科学(其玄学如何,另论。)。西方自自然科学大兴以来,一切都成了科学化,其结果有科学而无玄学,除最近柏格森一流才来大大排斥科学的观念。中西两方在知识上面的不同,大约如此。

我们试再就两方思想上去看看。思想是什么?思想是知识的进一步,就着已知对于所未及知的宇宙或人生大小问题而抱的意见同态度。思想没有不具态度的,并且直以态度为中心。但我们现在所要去看的只在意见上,不在态度上。态度是情感,是意志，现在则要观察理性一面。思想既然跟着知识来，而照前边所说中国人于知识上面特别的无成就，西方人则特别的有成就。他们两方的"已知"很是相差，那所抱的思想自大大两样不待言了。中国人看见打雷就想有"雷公"，刮风就想有"风姨"，山有山神，河有河神，宇宙间一件一件的事物，天、地、日、月……都想有主宰的神祇。婚姻、子嗣、寿夭一切的祸福都想有前定的，冥冥中有主持的。生是投胎来的，死后有鬼，还要投生去。扰乱世界的人是恶魔降生。世乱是应当遭劫。在西方人他晓得风是怎样会起的，雷是怎样会响的，乃至种种，他便不抱这般思想而想是没有神了。长寿是卫生得宜，死是病没治好。无子定是身体有毛病。生非投胎，死亦无鬼。世乱是政治不得法，恶人不过是时会造成。前者因为知识既缺乏不明白这些现象的所以然，不免为初民思想之遗留，又加以他的夙养，总爱于尚未检验得实的予以十分之肯定，于是就进一步而为有神有鬼等等思想了。后者因为知识既有成就，看出因果必至的事理，对于初民思想鄙薄的很，又加以他的习惯，不能与人以共见共闻的通不相信，于是就进一步而为无神无鬼等等思想了。什么叫知识缺乏？就是无科学。不检验得实而就肯定的，是何夙养？就是"非科学"的夙养。然则中国的思想如是，其原因都在无科学与"非科学"了。什么叫知识有成就？就是有科学。不与人以共见就不相信，是何习惯？就是"科学"的习惯。然则西方思想如是，其原因都在有科学与"科学"了。（*此处所说于两方思想尚未加是定，读者幸勿误会*。）

　　所谓宗教，可以说就是思想之具一种特别态度的。什么态度？超越现实世界的信仰。思想而不含一种信仰态度的不能算，信仰而不是超越现实世界的也不能算。宗教既是如此的,则其势在西方人必致为宗教的反抗——不仅反对某一宗教而反对宗教本身——因为从科学的看法,要反对现实世界的超越,于是一面就有宗教终且废灭的推想,一面就有"非宗教"的宗教之创作,例如赫克尔(Haeckel)一元教之类。孔德(Comte)实兼有这两面的意思。可巧他们素来的基督教,又是一个很呆笨的宗教,奉那人格的上帝,如何站的住? 只为人不单是理性,所以事实上不见就倒下来,而从西方人的理性方面去看,上帝却已不容于西方了。在虔诚信奉上帝一神几千年的西方人是如此,而在中国人从来并未奉上帝的。但他何曾有一点不是信奉上帝的意思呢? 你问他为什么长一个鼻子两个眼睛两个耳朵? 他说这是天所给人的。五谷丰熟得有饱饭吃,他感谢这是天赐的。有了大灾变,他说这是"天意"。上帝的思想反在中国了。可见有科学无科学的分别有这么大!

所谓哲学可以说就是思想之首尾衔贯自成一家言的。杜威先生在北京大学哲学研究会演说说:西方哲学家总要想把哲学做到科学的哲学。怎样才是"科学的哲学"自不易说,若宽泛着讲,现在西方无论哪一家哲学简直都是的。纯乎科学性格的罗素(Russell)固然是,即反科学派的柏格森也的的确确从科学来,不能说他不是因科学而成的哲学。我们对于哲学在后面别为一章,此处且不说了。

思想之关于社会生活的(从家人父子到国家世界)即是伦理思想,在西方也受科学影响很大。因其还现露一种别的重要异采,故我们于次段去说。

从上以来因为讲"如何是西方化？"的原故,比对着也把东方化或中国化略讲了些。但是我们现在说到此处,仍于西方化作一小结束道:

西方的学术思想,处处看去,都表现一种特别的采色,与我们截然两样,就是所谓"科学的精神"。

我曾翻到杜威先生的教育哲学讲演,谈到科学进步的影响之大。他就说:"……所以我们可以说东方文化西方文化的区别即在于此。"虽然我还不以为"即在于此",然而亦可见"科学"为区别东西化的重要条件是不错的了。以下再去看西方化之别一种特别采色。

西方化的德谟克拉西精神

这西方学术思想上的特别,固已特别的很了。还有在吾人生活上一种更古怪的样法,叫中国人看了定要惊诧,舌挢不下的,只是最近十多年来已经同他相习,不十分惊怪了。我们试把我们假做个十多年前的"醇正中国人"来看,这大的国家竟可没有皇帝,竟可不要皇帝,这是何等怪事! 假使非现在眼前,他直不相信天地间会有这样事的。就是现在行之好几年了,而真正相信这件事是可能的,还未必有几个。**他总想天下定要有个做主的人才成,否则岂有不闹哄的? 闹哄起来谁能管呢? 怎的竟自可不闹哄,这是他不能想像的,闹哄怎的可不必要有个人管,这也是他末从想像的。**因此他对于这个闹哄无已的中国,总想非仍旧抬出个皇帝来,天下不会太平。中国人始终记念着要复辟,要帝制,复辟帝制并非少数党人的意思,是大家心理所同。**他实在于他向来所走的**

路之外，想不出个别的路来。他向来所走的路是什么路？**是一个人拿主意，并要拿无制限的主意，大家伙都听他的话，并要绝对的听话**，如此的往前走，原也可以安然无事的走去，原也是一条路。所谓别的是什么路？**是大家伙同拿主意，只拿有制限的主意；大家伙同要听话，只听这有制限的话**。如此的往前走，可以从从容容的走去，也是一条路。凡是大家伙一同往前过活，总不外这两路，而这两条路的意向恰相背反。前者便是所谓独裁，所谓专制，而为我们向所走的路；后者便是所谓共和，所谓立宪，而为西方人所走的路，而我们方要学步，一时尚未得走上去的。就为这两方恰相背反的原故，所以看了要惊怪，并且直不得其解，以凤习于此的人，走如彼精神的路，全不合辙，八九年也不曾走得上去。

中国人看见西方的办法没有一个做主的人，是很惊怪了，还有看见个个人一般大小，全没个尊卑上下之分，这也是顶可惊怪的。这固由于他相信天地间自然的秩序是分尊卑上下大小的，人事也当按照着这秩序来，但其实一个人间适用的道理的真根据还在他那切合应用上，不在看着可信。或者说：凡相信是一条道理的，必是用着合用。其所以相信尊卑上下是真理而以无尊卑上下为怪的，**实为疑惑如果没个尊卑上下，这些人怎得安生**？这种疑怪的意思与前头是一贯的。不过前头是疑没一个管人的人，即在上的人不成，后者是疑一切的人不安守等差不成，即是不安于卑下而受管不成。**如果谁也不卑而平等一般起来，那便谁也不能管谁，谁也不管于谁，天下未有不乱的。如此而竟不乱，非他所能想像**。几千年来维持中国社会安宁的就是尊卑大小四字。没有尊卑大小的社会，是他从来所没看见过的。原来照前所说，中国的办法，拿主意的与听话的，全然分开两事，而西方则拿主意的即是听话的，听话的即是拿主意的。因此，中国"治人者"与"治于人者"划然为两阶级，就生出所谓尊卑来了，也必要严尊卑而后那条路才走得下去；西方一个个人通是"治人者"，也通是"治于人者"，自无所谓尊卑上下而平等一般了。于是这严尊卑与尚平等遂为中西间之两异的精神。

尊卑是个名分而以权利不平等为其内容，而所谓平等的也不外权利的平等。所以所争实在权利。权利的有无，若自大家彼此间比对着看，便有平等不平等的问题，若自一个个人本身看，便有自由不自由的问题。照中国所走那条路，其结果是大家不平等，同时在个人也不得自由。因为照那样，**虽然原意只是把大家伙一同往前过活的事，由一个人去做主拿主意，但其势必致一个个人的私生活，也由他做主而不由个个人自主了。**非只公众的事交给他，我们无过问的权，就是个人的言论行动，也无自由处理的权了，这就叫不自由。虽然事实上尽可自由的很，那是他没管，并非我有权。**本来那条路拿主意的若非拿无制限的主意，听话的若非绝对的听话，就要走不下去的，**我们前边说的时候已经缀及。所以大家要注意看的：

第一层**便是有权、无权打成两截；**

第二层**便是有权的无限有权，无权的无限无权。**

这无限两个字很要紧，中国人是全然不理会这"限"的。"权利""自由"这种观念不但是他心目中从来所没有的，并且是至今看了不得其解的。他所谓权的通是威权的权。对于人能怎样怎样的权，正是同"权利"相刺谬的权。西方所谓"权利"、所谓"自由"原是要严"限"的,他却当作出限与不限了。于是他对于西方人的要求自由,总怀两种态度:**一种是淡漠的很,不懂要这个做什么,一种是吃惊的很,以为这岂不乱天下!** 本来他经过的生活不觉有这需要,而这个也实足以破坏他走的路。在西方人那条路便不然了。他那条路本来因要求权利,护持自由,而后才辟出来的,而既走那条路也必可以尊重个人自由。因为这个时候大权本在大家伙自身,即是个个人,个个人不愿人干犯自家,还有什么问题? 所以这可注意的也要分两层:

第一层**便是公众的事大家都有参与做主的权;**

第二层**便是个人的事大家都无过问的权。**

我们前边说的时候,拿主意要缀以只拿有制限的主意,听话要缀以只听这有制限的话,就是为此了。西方人来看中国人**这般的不想要权利,这般的不拿自由当回事,也大诧怪的,**也是不得其解,这也为他的生活离了这个就不成的,故此看得异常亲切要紧。于是这放弃人权与爱重自由又为中西间两异的一端了。

原来中国人所以如此,西方人所以如彼的,都有他的根本,就是他们心里所有的观念。中国人不当他是一个立身天地的人。他当他是皇帝的臣民。他自己一身尚非己有,哪里还有什么自由可说呢? 皇帝有生杀予夺之权,要他死,他不敢不死,要他所有的东西,他不敢不拿出来,民间的女儿,皇帝随意选择成千的关在宫里。他们本不是一个"人",原是皇帝所有的东西,他们是没有"自己"的。**必要有了"人"的观念,必要有了"自己"的观念,才有所谓"自由"的。**而西方人便是有了这个观念的,所以他要求自由,得到自由。**大家彼此通是一个个的人,谁也不是谁所属有的**

东西；大家的事便大家一同来做主办，个人的事便自己来做主办，别人不得妨害。所谓"共和""平等""自由"不过如此而已，别无深解。他们本也同中国人一样屈伏在君主底下的，后来才觉醒，逐渐抬起头来，把君主不要了，或者虽还有，也同没有差不多，成功现在这个样子，而中国也来跟着学了。这种倾向我们叫他："人的个性伸展。"因为以前的人通没有"自己"，不成"个"，现在的人方觉知有自己，渐成一个个的起来。然则两方所以一则如此一则如彼的，其根本是在人的个性伸展没伸展。

人的个性伸展没伸展，前边所说，不过是在社会生活最重要的一面——国家——表现出来的。其实从这一个根本点，种种方面都要表现出来。例如中国人除一面为皇帝的臣民之外，在亲子之间便是他父母的儿女，他父母所属有的东西。他父亲如果打死他，卖掉他都可以的。他的妻子是他父母配给他的，也差不多是他父母所属有的东西，夫妇之间做妻子的又是她丈夫所属有的东西，打她、饿她、卖掉她，很不算事。她自己没有自己的生活，只伺候她丈夫而已。乃至师徒之间学徒也差不多要为他师傅所属有的东西，他师傅都具有很大的权。这都是举其最著的地方，在这地方差不多对他都是无限有权，或无限无权。至其余的地方，也处处是要一方陵过，一方屈伏，只不致像这般无止境罢了。在西方全然不是这个样子。成年的儿子有他自己的志愿，作他自己的生活，不以孝养老子为事业。在法律上权利都是平等的，并不以老子儿子而异。父母不能加儿女以刑罚，至于婆婆打儿媳妇，更是他闻所未闻的了。儿女的婚姻由他们自己做主，因为是他们自己的事。夫妇之间各有各的财产，丈夫用了妻子的钱，要还的。

妻子出门做什么事，丈夫并不能过问。一言不合，就要离婚，哪里可以打得？诸如此类，不须多数。总而言之，处处彼此相遇，总是同等。纵不同等，而个人的自由必不能冒犯的。中国自从接触西化，向在屈伏地位的也一个个伸展起来，老辈人看了惊诧，心里头非常的不得宁帖。这就为这是西方化极特别的地方，或者比科学精神还惹人注意，因为切在我们生活上。

但是我们还要留意：西方的社会不可单看人的个性伸展一面，还有人的社会性发达一面。虽然个性伸展最足刺目而社会性发达的重要也不减。且可以说个性伸展与社会性发达并非两桩事，而要算一桩事的两面。一桩事是说什么？**是说人类之社会生活的变动，这种变动从组织的分子上看便为个性伸展，从分子的组织上看便为社会性发达**。变动的大关键要算在国家政治这层上，——就是指从前的政治是帝制独裁现在变为立宪共和，由此而人的个性伸展，社会性发达起来，至今还在进行未已。我们试来看，从前人都屈伏在一个威权底下，听他指挥的，现在却起来自己出头做主，自然是个性伸展了，但所谓改建"共和"的，岂就是不听指挥，亦岂就是自己出头做主？还要大家来组织国家，共谋往前过活才行。这种组织的能力，共谋的方法，实是从前所没有的，现在有了，我们就谓之人的社会性的发达。粗着说，似可把破坏时期说作个性伸展，把建设时期说作社会性发达，其实是不然的。我们生活不能停顿的，新路能走上去就走新路，新路走不上去必然仍走旧路。不能说不走的。**个性伸展的时候，如果非同时社会性发达，新路就走不上去；新路走不上去，即刻又循旧路走，所谓个性伸展的又不见了。个性、社会性要同时发展才成**，如说个性伸展然后社会性发达，实在没有这样的事。所以谓个性伸展即指社会组织的不失个性，而所谓社会性发达亦即指个性不失的社会组织。怎么讲呢？要知所谓组织不是并合为一，是要虽合而不失掉自己的个性，也非是许多个合拢来，是要虽个性不失而协调若一。从前大家像是并合为一，在大范围里便失掉自己，又像是许多个合拢来，没有意思的协调，只是凑到了一处，实在是没有组织的。必到现在才算是大家来组织国家了。凡要往前走必须一个意向，从前的国家不容人人有他的意思而只就一个意思为意向走下去，那很简易的。现在人人要拿出他的意思来，所向不一，便走不得而要散伙的，所以非大家能来组织不可，由这组织而后各人的意思尽有而协调若一，可以走得下去。故尔，社会性的发达正要从个性不失的社会组织来看的。这时候实在是新滋长了一种能力，新换过了一副性格，不容忽略过去。但是此外还有极昭著的事实可为左证，因为从这么一变，社会上全然改观，就以中国而论：自从西方化进门，所有这些什么会，什么社，什么俱乐部，什么公司，什么团，什么党，东一个，西一个，或常设，或临时，大大小小，随处皆是，可是从前有的么？这一桩一桩都所谓"要大家来组织"的，不是社会性质发达的表现么？现在差不多不论什么目的，但是大家所共的总是集合起来协调着往前作。在今日一个个人彼此相需极切，全然不是从前各自在家里非亲非故不相往来的样子。中国人或者还不甚觉得，正为中国人不过才将开社会性发达的端，还没作到能力的长成性格的换过，所以这种生活总是作不来，一个会成立不几天就散伙，否则就是有名无实，或者内容腐败全不具备这种生活的精神，以致不但不觉相需，有时还深以有团体为痛苦了。这些事都可使我们把"社会性发达"这桩事看得更真切。

但还有一种重要的现象：就是这时候的人固然好集合，而家族反倒有解散的倾向。聚族而居的事要没有了。就是父子昆弟都不同住，所谓家的只是夫妇同他们的未成年的子女。这种现象自有种种因由，但今就目前所要说的去说。原来好多人聚在一起，但凡多少有点共同生活的关系，这其间关系的维持就不容易，若真是不析产更难了，于是有族长家长的制度，把家族很作成一个范围，而个人就埋没消失在里边。那大家作主大家听话的法治，在家人父子之间是行不去的，所以个性伸展起来，只有拆散一途，没法维持。从前实是拿家里行的制度推到国，国就成了大的家，君主就是大家长，可以行得去的；现在回过来拿组织国家的法子推到家，却不行了。虽是拆散而却要算社会性发达的表现。因为非组织的集合都将绝迹，以后凡有集合，总是自己意思组织的了。而且这时候以一个个人直接作组成国家、社会的单位，与从前"积家而成国"的不同，小范围（家）的打破，适以为大组织的密合，所以说为社会性发达应有的现象。现在的人似又倾向到更大之组织，因为国还是个小范围恐怕不免破除呢？虽然这种大组织要算是把近世人的生活样法又掉换过，不是顺着个性伸展走出来的，而像是翻转的样子，其实照我的解释，我还是认为个性伸展社会性发达，所以前边说为还在进行未已。此容后再谈。

因此西方人的伦理思想道德观念就与我们很不同了。最昭著的有两点：一则西方人极重对于社会的道德，就是公德，而中国人差不多不讲，所讲的都是这人对那人的道德，就是私德。譬如西方人所说对于家庭怎样，对社会怎样，对国家怎样，对世界怎样，都为他的生活不单是这人对那人的关系而重在个人对社会大家的关系。中国人讲五伦，君臣怎样，父子怎样，夫妇怎样，兄弟怎样，朋友怎样，都是他的生活单是这人对那人的关系，没有什么个人对社会大家的关系。（例如臣是对君有关系的，臣对国家实在没有直接关系。）这虽看不出冲突来却很重要，中国人只为没有那种的道德所以不会组织国家。一则中国人以服从事奉一个人为道德，臣对君，子对父，妇对夫，都是如此，所谓教忠教孝是也。而西方人简直不讲，并有相反的样子，君竟可不要。大约只有对多数人的服从没有对某个人的服从，去事奉人则更无其事。这便两方大相冲突起来，也还都为他们生活的路径不同的原故。

总而言之，据我看西方社会与我们不同所在，这"个性伸展社会性发达"九字足以尽之，不能复外，这样新异的色采，给他个简单的名称便是"德谟克拉西"（democracy）。我心目中的德谟克拉西就是这般意思，不晓得的有什么出入没有。倘然不差，那么我们就说：

西方人的社会生活处处看去都表现一种特别色采，与我们截然两样的就是所谓"德谟克拉西的精神"。

所有的西方化通是这"德谟克拉西"与前头所说"科学"两精神的结晶。分着说，自然是一则表见于社会生活上，一则表见于学术思想上，但其实学术思想、社会生活何能各别存立呢？所以这两种精神也就不相离的了。西方随便一桩事体常都寓有这两

种精神。他的政治是德谟克拉西的政治,也是科学的政治。他的
法律是德谟克拉西的法律,也是科学的法律。他的教育是德谟克
拉西的教育,也是科学的教育……诸如此类。又譬如宗教这样东
西(指通常的说)固为科学精神所不容,也为德谟克拉西精神所
不容。西方人的反宗教思想是出于科学的精神,还是德谟克拉西
的精神是不能剖别的了。关于这两精神的话,细说起来没有完,
我们就暂止于此。

这两样东西是西方化的特别所在,亦即西方化的长处所在,
是人人看到的,并非我特有的见地。自这两年来新思想家所反复
而道,不厌求详的总不过是这个,也并非我今天才说的。所可惜
的,大家虽然比以前为能寻出条贯,认明面目,而只是在这点东西
上说了又说,讲了又讲,却总不进一步去发问:

**他——西方化——怎么会成功这个样子? 这样东西——塞
恩斯与德谟克拉西——是怎么被他得到的?**

**我们何可以竟不是这个样子? 这样东西为什么中国不能产
出来?**

结果西方化的面目如此

而只是想把这两样东西引进来便了,以致弄得全不得法,贻
误很大(如第五章所说)。**要知道这只是西方化逐渐开发出来的
面目还非他所从来的路向。**我们要去学他,虽然不一定照他原路
走一遍。但却定要持他那路向走才行,否则单学他的面目绝学不
来的。**并且要知道西方化之所以为西方化在彼不在此。不能以
如此的面目为西方化,要以如彼的路向为西方化的。**况也必要探

索到底，把西方化兜根翻出，豁露眼前，明察不惑，然后方好商量怎样取舍。这时候不但学不来，也不能这般模模糊糊就去学的。我们将于次章中试去探索探索看。

第三章　如何是东方化？如何是西方化？（下）

答案讲明的第二步

我们预定讲明西方化的四步,此刻已算把第一步就许多西方文物求其特异采色的事做到了。现在要进而作第二步更求诸特异采色之一本源泉。

若问"科学"与"德谟克拉西"是怎么被西方人得到的？或西方化怎么会成功这个样子？据我所闻大家总是持客观说法的多。例如巴克尔(Buckle)说的:"欧洲地理的形势是适宜于人的控制天然。这是欧洲文明发展的主因。"又金子马治说的:"尝试考之,自然科学独成于欧洲人之手者何故？何以不兴于东方？……据予所见希腊人虽为天才之民族,其发明自然科学应尚别有一原因。盖希腊国小山多,土地硗瘠,食物不丰……以勤劳为生活,欧式文明之源实肇于此。"他又去请问米久博士,米久也说中国地大物博,无发明自然科学之必要,所以卒不能产生自然科学。又如持马克思唯物史观的以为一切文物制度思想道德都随着经济状态而变迁。近来的陈启修、胡汉民几位大唱其说。因此吾友李守常很恳切的忠告我讨论东西文化应当留意他客观的原因,诸如茅原山人的《人间生活史》等书可以去看看,因那书多是客观的说法。他自己的《东西文明之根本异点》便是如此的,后来又作了一篇《由经济上解释中国近代思想变动的原因》。胡适之君也有同样的告诫于我。他们的好意我极心领,只是我已经有成竹在胸。

客观说法的未是

这客观的说法,我们并不是全不承认的,我们固然是释迦慈氏之徒,不认客观,却不像诸君所想像的那种不认客观。只是像巴克尔、金子那种人文地理的说法未免太简易了。陈启修先生所述的那种唯物史观,似亦未妥。**他们都当人类只是被动的,人类的文化只被动于环境的反射,全不认创造的活动,意志的趋往。其实文化这样东西点点俱是天才的创作,偶然的奇想,只有前前后后的"缘",并没有"因"的。**这个话在夙习于科学的人,自然不敢说。他们守着科学讲求因果的夙习,总要求因的,而其所谓因的就是客观的因,如云只有主观的因更无他因,便不合他的意思,所以其结果必定持客观的说法了。但照他们所谓的因,原是没有,岂能硬去派定,恐怕真正的科学还要慎重些,实不如此呢！我们的意思只认主观的因,其余都是缘,就是诸君所指为因的。却是因无可讲,所可讲的只在缘,所以我们求缘的心,正不减于诸君的留意客观,不过把诸君的观念变变罢了。听说后来持唯物史观的人已经变过了,顾孟余先生所作《马克思学说》,其中批评唯物史观道:

> 但是他所说的"旧社会秩序必要自己废除",这"必要"究竟是什么意思呢?马克思自己说这个"必要"是论理的必要。因为社会的冲突是社会全体里头的一个"否认"(negation),这个"否认"一定又要产出另一个"否认"来。这是与黑格尔所说"人类历史之思辨性质"相称的。
>
> 但是马氏以后唯物史观的代表却不用这种黑格尔的名词了,他们也不说"论理的必要"了。他们只说这个必要是一种天然现象的因果关系。
>
> 以上两种意见都未认清社会科学的认识条件。社会科学里所研究的社会现象不是别的,乃是一种秩序之下的共同动作。这种共同动作是有组织的,有纪律的,有意志的。所以"唯物的历史观"所说的"旧社会秩序必要废除"这必要既不是论理的必要,又不是天然现象因果的必要,乃是宗旨的必要,因为社会秩序是方法,社会生活是宗旨。如果社会秩序与社会生活有冲突的时候,他的宗旨全失了。人要达到这个宗旨,所以起来改革社会秩序。**换一句话说改革与否,并如何改革这是视人的意见而定的,并不是机械的被动的。**

(《新青年》第六卷第五号)

这意思不是很同我们相近了么?

在金子教授、米久博士以什么"食物不丰,勤劳为活,所以要发明自然科学，征服自然"去说明科学的产生，觉得很合科学家说话的模样，**其实是不衷于事实、极粗浅的臆说**。我也没去研究科学史，然当初科学兴起并不是什么图谋生活，切在日需的学问，而是几何、天文、算术等抽象科学（Abstract Science），不是人所共见的么？此不独古希腊人为然，就是文艺复兴科学再起，也还是天文、算学、力学等等。这与"食物不丰，勤劳为活"连缀得上么？据文明史专家马尔文（Marvin）说："科学之前进，是由数目形体抽象的概念进到具体的物象，如物理学等的。"王星拱君的《科学方法论》上说："希腊的古科学所以中绝的原故，是因为他们单在他们所叫作理性的（Rational）非功利的（Disinterested）学术上做工夫，于人类生活太不相关（按金子君的说话恰好与此相反）。至于我们现在所享受所研究的科学，是在文艺复兴时代重行出世的。……那个时代的科学，完全以求正确的知识为目的。自文艺复兴算起，一直过好几百年科学在应用方面都没有若何的关系。所以有人说科学之发生原于求知而不原于应用。"照王君的下文所说，大意科学初起，全非为应用，而后来之日益发皇却要应用与理论并进的。王君又有《科学之起源和效果》一文大意不远。后又见某君所作讲科学的一文把这个意思颠倒过来，谓科学初起是为用，其后乃有求知的好尚。现在也无暇细论，但就我的意见简单说两句：**迫促的境遇不是适于产生科学的缘法，倒要从容一点才行，单为用而不含求知的意思，其结果只能产生"手艺""技术"而不能产生"科学"**。——中国即其好例。王君所论科学之起源原是泛论人类心理上之科学的基础，也不能答欧洲人何以独能创出科学的原故。若问这原故，待我后方去答。

若拿唯物史观来说明西方政治上社会上之"德谟克拉西"精神所从来,我并不十分反对,然却不是杜威先生的折衷说第三派(见社会哲学与政治哲学讲演)。我只要问:如中国、如印度有像欧洲那样不断变迁的经济现象么?如承认是没有的,而照经济现象变迁由于生产力发展的理,那么一定是两方面的发展大有钝利的不同了。可见还有个使生产力发展可钝可利的东西,而生产力不是什么最高的动因了。——马克思主义说生产力为最高动因。这所以使生产力发展可钝可利的在哪里呢?还在人类的精神方面。所谓"精神"与所谓"意识"其范围,大小差得很远。意识是很没力量的,精神是很有力量的,并且有完全的力量。**唯物史观家以为意识是被决定的而无力决定别的,是我们承认的,但精神却非意识之比,讲唯物史观的把两名词混同着用,实在不对。**这些话且不去细谈,直接说本题。原来生产力的发展是由于人的物质生活的欲求,而物质生活的欲求是人所不能自已的,由此而生产力的发展,经济现象的变迁,都非人的意识所能自由主张自由指挥的了。而在某种经济现象底下,人的意识倒不由得随着造作某种法律制度道德思想去应付他,于是唯物史观家就说人的意识不能把经济现象怎样,而他却能左右人的意识了。**但其实这物质生活的欲求,难道不是出在精神上么?**只为他像是没有问题———定不易——所以不理会他,不以他为能决定生产力之发展罢了。但其实何尝全没问题呢?**他也可有变动,由这变动至少也能决定生产力发展的钝利,经济现象变迁的缓促。**我敢说:如果欧亚的交通不打开,中国人的精神还照千年来的样子不变,那中国社会的经济现象断不会有什么变迁,欧洲所谓"工业革新"

（Industrial Revolution）的,断不会发生。又如果回族同欧人不去侵入印度,听着印度人去专作他那种精神生活,我们能想象他那经济现象怎样进步么？所以我以为人的精神是能决定经济现象的,但却非意识能去处置他。这个意思于唯物史观家初无冲突,不过加以补订而已。然就因此,我觉得西方社会上"德谟克拉西"精神所从来,还非单纯唯物史观家的说法所能说明,而待要寻他精神方面的原因。据我所见是欧洲人精神上有与我们不同的地方,由这个地方既直接的有产生"德谟克拉西"之道,而间接的使经济现象变迁以产出如彼的制度似更有力。其故待后面去说。

现在我要说明自己的意见了。但且不去答对西方化的特别处所从来,现在先要说明我观察文化的方法（见第二章）,然后再解释适用这方法得的答案（见第二章）,则科学与"德谟克拉西"的所从来自尔答对了。我这个人未尝学问,种种都是妄谈,都不免"强不知以为知",心里所有只是一点佛家的意思,我只是本着一点佛家的意思裁量一切,这观察文化的方法,也别无所本,完全是出于佛家思想。试且说来：

生活的说明

照我的意思——我为慎重起见,还不愿意说就是佛家或唯识家的意思,只说是我所得到的佛家的意思——去说说生活是什么。生活就是"相续",唯识把"有情"——就是现在所谓生物——叫做"相续"。生活与"生活者"并不是两件事,要晓得离开生活没有生活者,或说只有生活没有生活者——生物。再明白的说,只有生活这件事,没有生活这件东西,所谓生物,只是生活。生活、生物非二,所以都可以叫做"相续"。生物或生活实不只以他的"根身"——"正报"——为范围,应统包他的"根身""器界"——"正报""依报"——为一整个的宇宙——唯识上所谓"真异熟果"——而没有范围的。这一个宇宙就是他的宇宙。盖各有各自的宇宙——我宇宙与他宇宙非一。抑此宇宙即是他——他与宇宙非二。照我们的意思,尽宇宙是一生活,只是生活,初无宇宙。由生活相续,故尔宇宙似乎恒在,其实宇宙是多的相续,不似一的宛在。宇宙实成于生活之上,托乎生活而存者也。这样大的生活是生活的真象,生活的真解。但如此解释的生活非几句话说得清的,我们为我们的必需及省事起见,姑说至此处为止。

我们为我们的必需及省事起见,我们缩小了生活的范围,单就着生活的表层去说。那么,生活即是在某范围内的"事的相续"。这个"事"是什么?照我们的意思,一问一答即唯识家所谓一"见分"一"相分"——是为一"事"。一"事",一"事",又"事"……如是涌出不已,是为"相续"。为什么这样连续的涌出不已?因为我们问之不已——追寻不已。一问即有一答——自己所为的答。问不已答不已,所以"事"之涌出不已。因此生活就成了无已的"相续"。这探问或追寻的工具其数有六:即眼、耳、鼻、舌、身、意。凡刹那间之一感觉或一念皆为一问一答的一"事"。在这些工具之后则有为此等工具所自产出而操之以事寻问者,我们叫他大潜力,或大要求、或大意欲——没尽的意欲。当乎这些工具之前的,则有始成定局,在一期内——人的一生——

不变更,虽还是要相续而转,而貌似坚顽重滞之宇宙——"真异熟果"。**现在所谓小范围的生活——表层生活——就是这"大意欲"对于这"殆成定局之宇宙"的努力,用这六样工具居间活动所连续而发一问一答的"事"是也。**所以我们把生活叫作"事的相续"。

这个差不多成定局的宇宙——真异熟果——是由我们前此的自己而成功这样的;这个东西可以叫做"前此的我"或"已成的我",而现在的意欲就是"现在的我"。所以我们所说小范围生活的解释即是"现在的我"对于"前此的我"之一种奋斗努力。所谓"前此的我"或"已成的我"就是物质世界能为我们所得到的,如白色、声响、坚硬等皆感觉对他现出来的影子呈露我们之前者;而这时有一种看不见、听不到、摸不着的非物质的东西,就是所谓"现在的我",这个"现在的我"大家或谓之"心"或"精神",就是当下向前的一活动,是与"已成的我"——物质——相对待的。

从讲生活那段起,似乎偏于叙述及抽象,不像批评具体的问题有趣味,而却是很重要,是我们全书的中心。我们批评的方法即因此对于生活的见解而来。

我们现在将奋斗的意思再解释一下。照我们以前的解释,所谓生活就是用现在的我对于前此的我之奋斗,那么,什么叫做奋斗呢？因为凡是"现在的我"要求向前活动,都有"前此的我"为我当前的"碍",譬如我前面有块石头,挡着我过不去,我须用力将他搬开固然算是碍,就是我要走路,我要喝茶,这时我的肢体,同茶碗都算是碍;因为我的肢体,或茶碗都是所谓"器世间"——"前此的我"——是很笨重的东西,我如果要求如我的愿,使我肢体运动或将茶碗端到嘴边，**必须努力变换这种"前此的我"的局面，否则是绝不会满意的；这种努力去改变"前此的我"的局面而结果有所取得，就是所谓奋斗。**所以凡是一个用力都算是奋斗；我们的生活无时不用力，即是无时不奋斗，**当前为碍的东西是我的一个难题；所谓奋斗就是应付困难，解决问题的。**差不多一切"有情"——生物——的生活都是如此，并不单单是人类为然。即如苍蝇所以长成六个足，许多眼睛，全都因为应付困难，所以逐渐将他已成的我变成这个模样，以求适应环境的。不过这种应付都是在意识以前的，是本能的生活。人的生活大半分也都是本能的生活，譬如小儿生下来就会吃乳、睡觉……这些都是用他"不学而能"的本能，去应付困难解决问题的。虽然具有意识的人类，固然半是用意识来支配自己，但与许多别的生物有的意识很微，有的简直没有意识的，其本能生活仍一般重要。总之无论为本能的或为有意识的向前努力，都谓之奋斗。以上解释生活的话是很亲切真确的说法。但是这话还要有几层的修订才能妥贴；其应修订之点有三层：

（一）为碍的不单是物质世界——已成的我——就是，不仅是我自己的真异熟果，还有另外一个东西——就是其他的有情。譬如我将打猎所得的禽兽食肉剥皮。这时虽是对于其他有情的根身之一种改变局面，其实还是对于"已成的我"的奋斗；因为其他有情的根身实在就是我的器界——已成的我；所以这时为碍的并非另外的有情，仍是我自己的"真异熟果"。**真正为碍的是在其他有情的"他心"而不在其根身。**譬如我要求他人之见爱，或提出一种意见要求旁人同我一致，这时为碍的即是"他心"；这才

是真正的其他有情并非我的"已成的我",而是彼之"现在的我";这时他究竟对我同意与否尚不可知,我如果要求大家与我同意,就须陈诉我意,改造"他心"的局面,始能如我的愿,这亦即是奋斗。此应修订者一。

(二)为碍的不仅物质世界与"他心",还有一种比较很深隐为人所不留意,而却亦时常遇见的,就是宇宙间一定的因果法则。这个法则是必须遵循而不能避免的,有如此的因,一定会有如彼的果;譬如吃砒霜的糖一定要死乃是因果必至之势,我爱吃砒霜糖而不愿意死,这时为碍的就是必至的自然律,是我所不能避免的。又如凡人皆愿生活而不愿老死,这时为碍的即在"凡生活皆须老死"之律也。此应修订者二。

(三)人类的生活细看起来还不能一律视为奋斗。自然由很细微的事情一直到很大的事情——如从抬手动脚一直到改造国家——无一不是奋斗,但有时也有例外。如乐极而歌,兴来而舞,乃至一切游戏、音乐、歌舞、诗文、绘画等等情感的活动,游艺的作品,差不多都是潜力之抒写,全非应付困难或解决问题,所以亦全非奋斗。我们说这些事与奋斗不同,不单单因为他们是自然的流露而非浮现于意识之上的活动——不先浮现于意识之上而去活动的也有算是奋斗的。——也因为其本性和态度上全然不同。此应修订者三。

人生三种问题

这样一个根本的说法,加以三层修订,大体上可以说是妥贴的了。我们对于三方面文化的观察,以及世界未来文化的推测,亦皆出于此。这时我们再来看,虽然每一"事"中的一问都有一答,而所答的不一定使我们的要求满足。大约满足与否可分为下列四条来看:

(一)可满足者此即对于物质世界——已成的我——之奋斗;这时只有知识力量来不及的时候暂不能满足,而本是可以解决的问题。譬如当初的人要求上天,因为当时的知识力量不及所以不能满足,而自发明氢气球、飞行机之后也可以满足,可见这种性质上可以解决的要求终究是有法子想的。

(二)满足与否不可定者:如我意欲向前要求时为碍的在有情的"他心",这全在我的宇宙范围之外,能予我满足与否是没有把握的。例如我要求旁人不要恨我,固然有时因为我表白诚恳可以变更旁人的"他心",而有时无论如何表白,他仍旧恨我,或者口口声声说不恨而心里照旧的恨。这时我的要求能满足与否是毫无一定,不能由我作主的,**因为我只能制服他的身体而不能制服他的"他心"**,只能听他来定这结果。

(三)绝对不能满足者:此即必须遵循的因果必至之势,是完全无法可想的。譬如生活要求永远不老死,花开要求永远不凋谢,这是无论如何做不到的,绝对不可能的,所以这种要求当然不能满足。

(四)此条与以上三条不同,是无所谓满足与否,做到与否的。这种生活是很特异的,如歌舞音乐以及种种自然的情感发挥,全是无所谓满足与否,或做到做不到的。

人类的生活大致如此。而我们现在所研究的问题就是:文化并非别的,乃是人类生活的样法。那么,我们观察这个问题,如果将生活看透,对于生活的样法即文化,自然可以有分晓了。但是在这里还要有一句声明:文化与文明有别。所谓文明是我们在生活中的成绩品——譬如中国所制造的器皿和中国的政治制度等都是中国文明的一部分。**生活中呆实的制作品算是文明,生活上抽象的样法是文化。**不过文化与文明也可以说是一个东西的两方面,如一种政治制度亦可说是一民族的制作品——文明,亦可以说一民族生活的样法——文化。

人生的三路向

以上已将生活的内容解释清楚,那么,生活既是一样的,为什么生活的样法不同呢？这时要晓得文明的不同就是成绩品的不同,而成绩品之不同则由其用力之所在不同,换言之就是某一民族对于某方面成功的多少不同;至于文化的不同纯乎是抽象样法的,**进一步说就是生活中解决问题方法之不同。**此种解决问题的方法——或生活的样法——有下列三种:

（一）本来的路向:就是奋力取得所要求的东西,设法满足他的要求;换一句话说就是奋斗的态度。**遇到问题都是对于前面去下手,这种下手的结果就是改造局面,使其可以满足我们的要求,**这是生活本来的路向。

（二）**遇到问题不去要求解决,改造局面,就在这种境地上求我自己的满足。**譬如屋小而漏,假使照本来的路向一定要求另换一间房屋,而持第二种路向的遇到这种问题,他并不要求另换一间房屋,而就在此种境地之下变换自己的意思而满足,并且一般的有兴趣。这时下手的地方并不在前面,眼睛并不望前看而向旁边看;他并不想奋斗的改造局面,而是回想的随遇而安。他所持应付问题的方法,只是自己意欲的调和罢了。

(三)走这条路向的人,其解决问题的方法与前两条路向都不同。**遇到问题他就想根本取销这种问题或要求。**这时他既不像第一条路向的改造局面,也不像第二条路向的变更自己的意思。只想根本上将此问题取销。这也是应付困难的一个方法,但是最违背生活本性。因为生活的本性是向前要求的。凡对于种种欲望都持禁欲态度的都归于这条路。

所有人类的生活大约不出这三个路径样法:(一)**向前面要求**;(二)**对于自己的意思变换、调和、持中**;(三)**转身向后去要求**;这是三个不同的路向。这三个不同的路向,非常重要,所有我们观察文化的说法都以此为根据。

说到此地,我们当初所说观察文化的方法那些话——见第二章——可以明白了。生活的根本在意欲而文化不过是生活之样法,那么,文化之所以不同由于意欲之所向不同是很明的。要求这个根本的方向,你只要从这一家文化的特异采色,推求他的原出发点,自可一目了然。现在我们从第一步所求得的西方文化的三大特异采色,去推看他所从来之意欲方向,**即可一望而知他们所走是第一条路向——向前的路向:**

(一)征服自然之异采 西方文化之物质生活方面现出征服自然之采色,不就是对于自然向前奋斗的态度吗?所谓灿烂的物质文明,不是对于环境要求改造的结果吗?

(二)科学方法的异采 科学方法要变更现状,打碎、分析来观察;不又是向前面下手克服对面的东西的态度吗?科学精神于种种观念、信仰之怀疑而打破扫荡，不是锐利迈往的结果吗？

（三）德谟克拉西的异采　德谟克拉西不是对于种种威权势力反抗奋斗争持出来的吗？这不是由人们对人们持向前要求的态度吗？

这西方化为向前的路向真是显明的很，我们在第二章里所下的西方化答案："西方化是以意欲向前要求为根本精神的。"

就是由这样观察得到的。我们至此算是将预定四步讲法之第二步做到，点明西方化各种异采之一本源泉是在"向前要求"的态度了。

中国文化问题印度文化问题之答案的提出

我们就此机会，把我们对于"如何是东方化？"的答案提出如下：

中国文化是以意欲自为、调和、持中为其根本精神的。

印度文化是以意欲反身向后要求为其根本精神的。

质而言之，我观察的中国人是走第二条路向；印度人是走第三条路向。写在此处为的是好同西方的路向态度对照着看。至于这两个答案说明，还容说明西方化后再去讲。

答案讲明的第三步

现在我们总揽着西方文化来看他在事实上是不是由如我所观测那一条路向而来的？不错的。**现在的西方文化，谁都知道其开辟来历是在"文艺复兴"，而所谓"文艺复兴"者更无其他解释，即是西方人从那时代采用我们所说"第一条路向"之谓也。**原来西方人的生活,当古希腊罗马时代可以说是走"第一条路向",到中世纪一千多年则转入"第三条路向",比及"文艺复兴"乃又明白确定的归到第一条路上来,继续前人未尽之功,于是产生西洋近代之文明。其关键全在路向态度之明白确定,其改变路向之波折很为重要。我们要叙说一下。

西洋文化的渊源所自,世称"二希"——希腊(Hellenism)、希伯来(Hebrewism)。罗伯特生(Frederick Robertson)论希腊思想有数点甚为重要:(一)无间的奋斗;(二)现世主义;(三)美之崇拜;(四)人神之崇拜。**可见他们是以现世幸福为人类之标的的,所以就努力往前去求他。这不是我们所说的"第一条路向"是什么?**而希伯来思想是出于东方的——窃疑他还与印度有关系。他们与前叙希腊人的态度恰好相反,是不以现实幸福为标的——几乎专反对现世幸福,即所谓禁欲主义。他们是倾向于别一世界的——上帝、天国;**全想出离这个世界而入那个世界。他们不顺着生活的路往前走,而翻身向后了——即是我们所谓"第三条路"。**西方自希腊人走第一条路就有许多科学、哲学、美术、文艺发生出来,成就的真是非常之大!接连着罗马顺此路向往下走,则又于政治、法律有所成就,却是到后来流为利己、肉欲的思想,风俗大敝,简直淫纵、骄奢、残忍、纷乱的不成样子!那么,才借着这种希伯来的宗教——基督教——来收拾挽救。这自然于补偏救弊上也有很好的效果,虽然不能使那个文明进益发展,却是维系保持之功实在也是很大。然而到后来他的流弊又见出来了。一千多年中因为人们都是系心天国不重现世,所以奄奄无生气,一切的文化都归并到宗教里去了。于是哲学成了宗教的奴隶;文艺、美术只须为宗教而存；科学被摈，迷信充塞，乃至也没有政治，也没有法律。这还不要紧，因为教权太盛的原故，教皇教会横恣无忌，腐败不堪，所以历史称为中古之黑暗时代！于是有"文艺复兴"、"宗教改革"的新潮流发生出来。所谓"文艺复兴"便是当时的人因为借着研究古希腊的文艺，引起希腊的思想、人生态度。**把一副向天的面孔又回转到人类世界来了。**而所谓"宗教改革"，虽在当时去改革的人意思或在恢复初时宗教之旧，但其结果不能为希伯来的路向助势，却为第一条路向帮忙，与希腊潮流相表里。**因为他是人们的觉醒，对于无理的教训，他要自己判断；对于腐败的威权，他要反抗不受，这实在是同于第一路向的。**他不知不觉中也把厌绝现世倾向来世的格调改去了不少。譬如在以前布教的人不得婚娶，而现在改了可以婚娶。**差不多后来的耶稣教性质逐渐变化，简直全成了第一路向的好帮手，无复第三路向之意味。**勉励鼓舞人们的生活，使他们将希腊文明的旧绪，往前开展创造起来，成功今日的样子；而一面教权封建权之倒，复开发近世国家政治、社会组织之局面。总而言之，自文艺复兴起，人生之路向态度一变，才产生我们今日所谓西方文化。**考究西方文化的人，不要单看那西方文化的征服自然、科学、德谟克拉西的面目，而须着眼在这人生态度、生活路向。**要引进西方化到中国来，不能单搬运、摹取他的面目，必须根本从他的路向、态度入手。但是四五年来，大家只把科学方法、德谟克拉西的精神说来说去，总少提到此处。只有浙江的二蒋——蒋梦麟、蒋百里——先生先后出来说这个话。蒋梦麟先生在《新教育》第一卷第五号发表《改变人生的态度》一文，盖本于霍夫丁氏（Hoffding）《近代哲学史》

的意思而来。他这篇文章内有几段很警策的话：

> **我生在这个世界，对于我的生活，必有一个态度；我的能力就从那方面用。人类有自觉心后就生这个态度。这个态度变迁，人类用力的方向也变迁。**

罗马帝国灭亡，中古世起一千年中，欧洲在黑暗里边，那时候人民对于生活的态度是在空中求天国，这个世界是忘却了。所以这千年中这世界毫无进步。十五世纪之初文运复兴，这态度大变，中古世人的态度是神学的，是他世界的，文运复兴时代人的态度是这世界的，是承认这活泼泼地个人的，丹麦哲学家霍夫丁氏（Hoffding）著《近世哲学史》对于文运复兴说道："文运复兴是一个时代，在这时代内中古世狭窄生活的观念是打破了。新天新地生出来，新能力发展起来。凡新时代必含两时期：（一）从旧势力里面解放出来；（二）新生活发展起来。……（Vol.1, P.3.）"

"文运复兴的起始是要求人类本性的权利，后来引到发展自然界的新观念和研究的新方法。（P.9.）"

"这个人类的新态度，把做人的方向从基本上改变了成一个新人生观。这新人生观生出一个宇宙观；有这新人生观，所以这许多美术、哲学、文学蓬蓬勃勃的开放出来。有这新宇宙观，所以自然科学就讲究起来。人类生活的态度因为生了基本的变迁，所以酿成文运复兴时代。"

西洋人民自文运复兴时代改变生活的态度以后，一向从那方面走——从发展人类的本性和自然科学的方面走——愈演愈大，酿成十六世纪的"大改革"，十八世纪的"大光明"，十九世纪的"科学时代"，二十世纪的"平民主义"。

　　这回五四运动就是这解放的起点，改变你做人的态度，造成中国的文运复兴；解放感情，解放思想，要求人类本性的权利。这样做去我心目中见那活泼泼的青年，具丰富的红血轮，优美和乐的感情，敏捷锋利的思想，勇往直前把中国委靡不振的社会，糊糊涂涂的思想，畏畏缩缩的感情，都一一扫除。凡此等等若非从基本上改变生活的态度做起，东补烂壁，西糊破窗，愈补愈烂，愈糊愈破，怎样得了？

蒋百里先生的话发表较晚二年，即现在出版的《欧洲文艺复兴史》，其所作导言一篇，在他书中为最精采，我们也采他一段：

　　要之，文艺复兴实为人类精神之春雷。一震之下，万卉齐开。佳谷生矣，莨稗亦随之以出。一方则感情理知极其崇高；一方则嗜欲机诈极其狞恶，此固不必为历史讳者也。惟综合其繁变纷纭之结果，则有二事可以扼其纲：一曰人之发见；一曰世界之发见（"The great achievement of the Renaissance were the discovery of the world and the discovery of man"）。人之发见云者即人类自觉之谓。中世教权时代，则人与世界之间，间之以神；而人与神之间，间之以教会；此即教皇所以藏身之固也！有文艺复兴而人与世界乃直接交涉。有宗教改革，而人与神乃直接交涉。人也者，非神之罪人，尤非教会之奴隶，**我有耳目，不能绝聪明；我有头脑，不能绝思想；我有良心，不能绝判断？** 此当时复古派所以名为人文派（Humanism）也。

　　　世界之发见云者,一为自然之享乐,动诸情者也。中世
教会,以现世之快乐为魔,故有旅行瑞士,以其山水之美,而
不敢仰视者;而不知此不敢仰视之故,即爱好之本能;无论何
时何地,均可发展者也。一为自然之研究,则动诸知者也。
中古宗教教义,以地球为中心,有异说则力破之;然事实不可
诬也! 有歌白尼之太阳学说,有哥伦布美洲之发见,于是世
界之奇迹,在在足以启发人之好奇心;而旧教义之蔽智塞聪
者益无以自存矣。

　　此“人”与“世界”的发现说,真是明醒极了! 然西洋人说这
类话的亦既多矣。

答案讲明的第四步

　　以上算是证明西洋文化的总体,出于第一条路向,适如我们
所观测,即是第三步的讲明做到了。以下去做第四步。

　　征服自然这件事,明明是第一条的态度,直可以不必说,然我
们还不妨说一说。征服自然是借着科学才做到的,尤重于经验科
学。这经验科学是从英岛开发出来的,但是若不先有希腊传到大
陆的抽象科学——为自然科学之母的科学——也不成功的。那
么,希腊人之所以能产生科学是由爱美,爱秩序,以优游现世的态
度,研究自然,来经营这种数理、几何、天文之类,差不多拿他作一
种玩艺的。那么,到文艺复兴的时候,南欧大陆随伴着其他文艺
又来接续弄这种科学,也因其有希腊人同样的态度才得成的。所
以,我们可以说这种科学之创兴与再起而完成,都是基于第一条
态度之上。到英国人——培根他们——一面凭借这个基础,一面

又增进一个新意，不单以知识为一盘静的东西，而以知识为我们一种能力（Knowledge is power），于是制驭自然、利用自然种种的实验科学就兴起来。此其向前改造环境的气派，岂不更是第一条的态度吗？而这征服自然的成功，物质文明的灿烂，其来历又有旁边一绝大力量助成他，就是经济现象的变迁，以"工业革新"为其大关键。所有种种的发现发明、制造创作因此而风涌蓬兴。科学知识与经济状况互为因果，奋汛澎湃以有今日之局。而求其生产力之进，经济现象之变，则又人类要求现世享用物质幸福为其本也。所以从种种方面看，皆适如我们所观测。

科学产生和完成的次第，才已说过，不必再提。这科学的方法和其精神又是从两种科学来的，尤其重要的是在英岛的这种科学。这种经验派实在对于以前的——希腊及大陆——方法，有绝大的补足和修订。所有旧相传习的种种观念、信仰，实借英人——洛克他们——来摧破打翻的。英国人的态度精神刚已说过，所以科学方法、科学精神又是出于第一条的态度，如我们所观测。

"德谟克拉西"又是怎样来的呢？这是由人类的觉醒——觉醒人类的本性——不埋没在宗教教会、罗马法皇、封建诸侯底下而解放出来。这个就是我们所说的"人的个性伸展，社会性发达"。他们是由觉醒人类的本性，来要求人类本性的权利；要做现世人的生活，不梦想他世神的生活。那么，自然在他眼前为他生活之碍的，要反抗排斥，得到他本性的权利而后已。次第逐渐的往前开展，如十七世纪的英国革命，十八世纪的美国的独立运动，法国的大革命。英国的民权自由思想实在开的最早，进步也稳健，在十三世纪就要求得"大宪章"（Magna Charta），到这回十七世纪又跟宗教改革相关,即是清教徒克林威尔率国会军打败王军,威廉三世即位后裁可"权利法案"。英国这种奉新教的人也是为受王家旧教的压迫,才走出到美洲自谋生活的。那么,后来不堪英国的苛敛才起了独立运动卒以奋斗成功。这时候法国因为王权太大,人民的思想虽变,而王与贵族与僧侣的横暴压迫、骄淫苛虐不稍松缓,看见美国的例,革命就骤然勃发起来。所谓在事前思想之变则卢梭、福禄特尔自由平等之说是也。这种思想的说法即近世政法上社会上"德谟克拉西"之源,而他们的大革命,又是实际上使这种精神实现之大事件。这种政治、法律及其他社会生活样法之变迁自然得力于同时经济现象之变迁的很大;像经济史观家所说的很详细,我们不去叙说。**但是这直接的动力、间接的动力,不都是由第一条态度来的么**?

西方人精神的剖看

现在我们的第四步又做到,所有讲明西方化的四步都做完了。我们的观测,我们的答案,总算一点没有错,并且说的很明白清楚。而在最后收束处,还要指点大家去看一回,看什么呢? 就是看这时候的人——开辟产出现在西方化的人——他的精神上心理上是怎样一回事。就是去解剖这重走第一条路的人精神、心理,而认清他:

第一,要注意重新提出这态度的"重"字。这态度原来从前曾经走过的,现在又重新拿出来,实在与从前大有不同了! 头一次是无意中走上去的;而这时——从黑暗觉醒时——是有意选择取舍而走的。他撇弃第三条路而取第一

条路是经过批评判断的心理而来的。在头一次走上去的人因为未经批评判别，可以无意中得之，亦可以无意中失之！而重新采取这条路的人，他是要一直走下去不放手的，除非把这一条路走到尽头不能再走，才可以转弯。本来希腊人——第一次走这条路的人的理性方面就非常发达，头脑明睿清晰，而此刻重新有意走这条路的人于所谓批评、选择更看出他心理方面理智的活动。

第二，要注意这时的人从头起就先认识了"自己"，认识了"我"，而自为肯定；如昏蒙模糊中开眼看看自己站身所在一般，所谓人类觉醒，其根本就在这点地方。这对于"自己"、"我"的认识肯定。这个清醒，又是理智的活动。

第三，要注意这时的人有了"我"就要为"我"而向前要求，向前要求都是由为"我"而来，一面又认识了他眼前面的自然界。所谓向前要求，就是向着自然界要求种种东西以自奉享。这时候他心理方面又是理智的活动。在直觉中"我"与其所处的宇宙自然是混然不分的，而在这时节被他打成两截，再也合拢不来，一直到而今，皆理智的活动为之也。

第四，要注意这时的人因其为"我"，对于自然宇宙固是取对待、利用、要求、征服的态度，而对于对面旁边的人也差不多是如此的态度。虽然"自由"、"平等"、"德谟克拉西"，是从此才得到的，然而在情感中是不分的我与人，此刻又被分别"我"、"他"的理智的活动打断了！

总而言之，近世西方人的心理方面，**理智的活动太强太盛，实为显著之特点**。在他所成就的文明上，辟创科学哲学，为人类其他任何民族于知识、思想二事所不能及其万一者。不但知识思想的量数上无人及他，精细深奥上也无人及他。**然而他们精神上也因此受了伤，生活上吃了苦，这是十九世纪以来暴露不可掩的事实！** 这个话，待末尾批评各方文化时再说。

我们讲西方化讲到此处也就可以止了，如何是西方化其事已明。回过头来一看我们所批评为不对的那些答案，也未尝不各有所见，竟不妨都可以说是对的了。以下我们来说一说东方文化。

我们来看东方文化的时节，第一就先发觉中国文化、印度文化太两样。所谓东方文化的不能混东方诸民族之文化而概括称之，至少，亦是至多，要分中国、印度两文化而各别称之。世以欧洲、中国、印度为文化三大系是不错的。我想我们讲这两支文化，不用各别去作那四步讲法了，只须拿西方化同他们比较着看，又拿他们自己互为比较着看，就也可以看得很明的。

中国文化的略说

我们先来拿西方化的面目同中国化的面目比较着看：第一项，西方化物质生活方面的征服自然，中国是没有的，不及的；第二项，西方化学术思想方面的科学方法，中国又是没有的；第三项，西方化社会生活方面的"德谟克拉西"，中国又是没有的。**几乎就着三方面看去中国都是不济，只露出消极的面目很难寻着积极的面目**。于是我们就要问：中国文化之根本路向，还是与西方化同路，而因走的慢没得西方的成绩呢？还是与西方各走一路，别有成就，非只这消极的面目而自有其积极的面目呢？有人——大多数的人——就以为中国是单纯的不及西方，西方人进化的快,路走出去的远,而中国人迟钝不进化,比人家少走了一大半。我起初看时也是这样想。例如,征服自然一事;在人类未进化时,知识未开,不能征服自然,愈未进化的愈不会征服自然,愈进化的也愈能征服自然;中国人的征服自然远不及西方化,不是中国人在文化的路线上比西方人差一大半是什么？科学方法是人类知识走出个眉目产生的,要既进化后,才从宗教玄学里解放出来的。虽然孔德(Comte)分宗教、玄学、科学三期的话不很对,受人的指摘,而科学之发生在后,是不诬的。中国既尚未出宗教、玄学的圈,显然是比科学大盛的西方又少走一大段路。人的个性伸展又是从各种威权底下解放出来的,那么,又是西方人已走到地点,中国人没有走到。差不多人类文化可以看作一条路线,西方人走了八九十里,中国人只到二三十里,这不是很明的吗？但其实不然。**我可以断言假使西方化不同我们接触,中国是完全闭关与外间不通风的,就是再走三百年、五百年、一千年也断不会有这些轮船、火车、飞行艇、科学方法和"德谟克拉西"精神产生出来。这句话就是说:中国人不是同西方人走一条路线。因为走的慢,比人家慢了几十里路。若是同一路线而少走些路,那么,慢慢的走终究有一天赶的上;若是各自走到别的路线上去,别一方向上去,那么,无论走多久,也不会走到那西方人所达到的地点上去的!** 中国实在是如后一说,质而言之,中国人另有他的路向态度与西方人不同的,就是他所走并非第一条向前要求的路向态度。中国人的思想是安分、知足、寡欲、摄生,而绝没有提倡要求物质享乐的;却亦没有印度的禁欲思想(和尚道士的不娶妻,尚苦行是印度文化的摹仿,非中国原有的)。不论境遇如何他都可以满足安受,并不定要求改造一个局面,像我们第二章里所叙东西人士所观察,东方文化无征服自然态度而为与自然融洽游乐的,实在不差。这就是什么? **即所谓人类生活的第二条路向态度是也。**他持这种态度,当然不能有什么征服自然的魄力,那轮船、火车、飞行艇就无论如何不会产生。他持这种态度,对于积重的威权把持者,要容忍礼让,哪里能奋斗争持而从其中得个解放呢? 那德谟克拉西实在无论如何不会在中国出现! 他持这种态度,对于自然,根本不为解析打碎的观察,而走入玄学直观的路,如我们第二章所说;又不为制驭自然之想,当然无论如何产生不出科学来。凡此种种都是消极的证明中国文化不是西方一路,而确是第二条路向态度。若问中国人走这条路有何成就,这要等待第四五章去说,到那时才能指出中国文化的精神及其优长所在。

印度文化的略说

我们再看印度文化,与中国文化同样的没有西方文化的成就,这是很明的。那么,要问:他是与西方同走一条路而迟钝不及呢,抑另有他的路向态度与西方人不同呢? 又要问:他如果与西方人不同其路向,那么与中国人同其路向不同呢? 我们就来看他一看:其物质文明之无成就,与社会生活之不进化,不但不及西方且直不如中国。他的文化中俱无甚可说,唯一独盛的只有宗教之一物,而哲学、文学、科学、艺术附属之。**于生活三方面成了精神生活的畸形发展,而于精神生活各方面又为宗教的畸形发达,这实在特别古怪之至!** 所以他与西方人非一条线而自有其所趋之方向不待说,而与中国亦绝非一路。世界民族盖未有渴热于宗教如印度人者,世界宗教之奇盛与最进步未有过于印度之土者;而世界民族亦未有冷淡于宗教如中国人者,中国既不自产宗教,而外来宗教也必变其面目,或于精神上不生若何关系(佛教则变其面目,耶教则始终未打入中国精神之中心,与其哲学文学发生影响)。又科学方法在中国简直没有,而在印度,那"因明学"、"唯识学"秉一种严刻的理智态度,走科学的路,这个不同绝不容轻忽看过,所以印度与中国实非一路而是大两样的。原来**印度人既不像西方人的要求幸福,也不像中国人的安遇知足,他是努力于解脱这个生活的;既非向前,又非持中,乃是翻转向后,即我们所谓第三条路向。**这个态度是别地方所没有,或不盛的,而在印度这个地方差不多是好多的家数,不同的派别之所共同一致。从邃古的时候,这种出世的意思,就发生而普遍,其宗计流别多不可数,而从高的佛法一直到下愚的牛狗外道莫不如此。他们要求解脱种种方法都用到了,在印度古代典籍所载的:自饿不食,投入寒渊,赴火炙灼,赤身裸露,学着牛狗,龁草吃粪,在道上等车来轧死,上山去找老虎,如是种种离奇可笑;但也可见他们的那种精神了! 由此看来,印度人的出世人生态度甚为显明实在不容否认的。而中国康长素、谭嗣同、梁任公一班人都只发挥佛教慈悲勇猛的精神而不谈出世,这实在不对。因为印度的人生态度既明明是出世一途,我们现在就不能替古人隐讳,因为自己不愿意,就不承认他! 此外还有现在谈印度文明的人,因为西洋人很崇拜印度的诗人泰谷尔(Tagore),推他为印度文明的代表,于是也随声附和起来;其实泰谷尔的态度虽不能说他无所本,而他实与印度人本来的面目不同,实在不能做印度文明之代表。去年我的朋友许

季上先生到印度去,看见他们还是做那种出世的生活,可见印度
的人生态度不待寻求,明明白白是走第三条路向,我们不可讳言。
我们在这里仅指明印度文化的来历是出于第三条路向;至于印度
人在这方面的成就及其文化之价值所在,也俟第四第五两章再为
讲明。

第四章　西洋中国印度三方哲学之比观

平常人往往喜欢说:西洋文明是物质文明,东方文明是精神文明。这种话自然很浅薄,因为西洋人在精神生活及社会生活方面所成就的很大,绝不止是物质文明而已,而东方人的精神生活也不见得就都好,抑实有不及西洋人之点。然而我们却也没有方法否认大家的意思,**因为假使东方文化有成就,其所成就的还是在精神方面**,所以大家的观察也未尝不对。因此我们对于中国文化及印度文化之积极面目须在本章讲精神方面时才能表白。还有中国文化与孔家,印度文化与佛教,其关系重要密切非同寻常,所以我们要观察两方文化,自不能不观察孔家与佛教,因此也必须从哲学方面来讲。

三方思想情势简表

我们现在要先声明两句话,将本章所讲的范围指定。本章的范围是讲思想。思想是什么? 我们在第二章里已经说过:思想就是知识的进一步——就是从已有的知识,发生添出来的意思。所以思想的范围很广,诸如哲学宗教等等都包括在内。所谓哲学就是有系统的思想,首尾衔贯成一家言的;所谓宗教就是思想含一种特别态度,并且由此态度发生一种行为的。至于哲学所包亦甚宽,如形而上学、认识论、人生哲学皆属之。现在将他序列如下:

$$
\text{思想(广义的哲学)}
\begin{cases}
\text{哲学}
\begin{cases}
\text{形而上之部} \\
\text{知识之部} \\
\text{人生之部}
\end{cases} \\
\text{宗教}
\end{cases}
$$

本章的范围就是讲明我们所观察的西洋、中国、印度三方思想的四项情形而推论其形势。现在为讲说便利起见,将观察所得,列为下表*:

目别		西洋方面	中国方面	印度方面
宗教		初于思想甚有势力,后遭批评失势,自身逐渐变化以应时需。	素淡于此,后模仿他方,关系亦泛。	占思想之全部,势力且始终不坠,亦无变化。
哲学	形而上之部	初盛后遭批评,几至路绝。今犹在失势觅路中。	自成一种,与西洋印度者全非一物,势力甚普,且一成不变。	与西洋为同物,但研究之动机不同,随着宗教甚盛,且不变动。
	知识之部	当其盛时,掩盖一切,为哲学之中心问题。	绝少注意,几可以说没有。	有研究,且颇细,但不盛。
	人生之部	不及前二部之盛,又粗浅。	最盛且微妙,与其形而上学相连,占中国哲学之全部。	归入宗教,几舍宗教别无人生思想,因此伦理念薄。

* 表中标点为编者所加。

　　我们将此表讲明，就可以知道三方精神生活之不同了。但在讲明此表之前，我要说一说我讲这个东西所用的工具——名词。因为这些名词稍微生一点，不加解释，很难明了，所以在这里将所用的名词略为讲明，以便大家对于后文容易了解。

　　我所用的名词就是唯识家研究知识所说的话。我所以要说它的原故，因为本章是讲三方思想的。我们以前曾经说过：思想就是知识的进一步，观察思想首宜观其方法，所以我们要先为知识之研究。我研究知识所用的方法就是根据于唯识学。所以我在讲明三方面的思想以前，不能不先讲明我观察所用的工具——唯识学的知识论；然后我的观察乃能进行。

现量、比量、直觉三作用之说明

　　唯识家讲知识所常用的名词就是"现量"、"比量"、"非量"（参看我著的《印度哲学概论》及《唯识述义》）。我们观察知识，即要晓得知识如何构成的。知识之构成，照我们的意思，即由于此三量。此三量是心理方面的三种作用，一切知识皆成于此三种作用之上。我且将三量分别解说如下：

　　（一）现量　照唯识家原来的讲法，甚为繁难，我现在简单明了的指给大家看。所谓"现量"就是感觉（Sensation）。譬如我喝茶时所尝到的茶味，或我看桌上白布所得到的白色，都是"现量"。却是此处要声明，感觉时并不晓得什么是茶味或白色，只有由味觉或视觉所得到茶或白色的感觉而无茶味或白色所含的意义——知茶味或白色之意义另为一种作用——所以"现量"的作用只是单纯的感觉。此时我们所指的"现量"只是唯识家所谓对"性境"的那一种认识作用,不可超过或不及这个范围。"性境"——某范围的"性境"——是什么? 照唯识家的解释,"性境"的第一条件是有影(亲相分)、有质(本质);第二条件是影要如其质。若以我们普通的话来解释,如看见白布的"白"即是"性境";"白"是我的影像,我所以觉得"白"是由视神经对于外界刺激而反射者;至于白布的自己,唯识家谓之"本质"。其是白非白,我们无从而知,因为无论什么人不能不用眼睛看,用眼睛看时,所得即为我眼识之所变现,而非布之本质。盖吾人之觉官为对外探问之工具;每一感觉即一探问,而所感觉则其所为答或报告也。故白实出主观所造,非布固有。然必有布,始生白觉,故影有质是"性境"第一条件。布的白否固不可知,而实有使我们生白影像之能力;所以我所生之白的影像,要如布之所刺激而变生,才没有错。假如对于能生黑的影像之本质的刺激而变生白的影像,就是误谬,即为影不如其质。影必如质是为"性境"的第二条件。我们现在所谓"现量"就是对"性境"的认识作用,按平常的话讲,就是感觉而加以严格之甄别的——如普通所说盖多以非感觉滥误作感觉,故不得不严别之,其滥误暂不及举。此外还有一种"特殊现量"。"特殊现量"是什么? 我们简单来说:就是看白布时并不变生白的影像,乃至虽有山河大地在前而无所见,此即所谓"特殊现量"。这是怎么一回事将来再讲明。又现量所认识者唯识家又谓之"自相",与后比量所认识之"共相"对称——如后说。我们现在只要知道知识之所以成就赖于感觉——"现量"——者甚多。譬如我所有茶的知识皆由我以前感觉茶的颜色和味道为其端始,而后据以经营成功"茶"的观念。待茶之知识既成,固有别种心理作用而非单此一种作用,然凭藉于感觉——"现量"——者已经是很重大了。

（二）比量　"比量智"即是今所谓"理智",也是我们心理方面去构成知识的一种作用。譬如我对于茶之知识是怎样得来构成的呢? 就是看见、喝过多少次的茶,从所有非茶的东西——白水、菜汤、油、酒……分别开来,而从种种的茶——红茶、绿茶、清茶、浓茶……抽出其共同的意义,见了茶即能认识,这就是对于茶的概念最清晰、明白、确定的时候。如此构成概念之作用可分为简、综——分、合——两种作用。当构成茶的概念时,先将种种不同的茶连贯起来得其究竟共同之点,此为综的作用;同时即将茶与其余的东西分开,并且简别茶的各种颜色知其与茶不相干,此为简的作用;然当简别时,即综合时,实无先后。此种简、综的作用即所谓"比量智"。我们构成知识第一须凭藉现量,但如单凭藉现量——感觉——所得的仍不过杂多零乱的影像,毫没有一点头绪,所以必须还有比量智将种种感觉综合其所同、简别其所异,然后才能构成正确明了的概念。所以知识之成就,都借重于现量、比量的。此种认识作用所认识的是什么呢? 就是意义——概念——即唯识家所谓"共相",而其境则所谓"独影境"也。"独影境"是有影无质的;当我心中作"茶"之一念时,其所缘念亦为一影像。然此影像无质为伴而与"见分"同种生;照直说,就是非藉于客观之物才变生的,而是我心所自生私有的。所以谓之"共相"者,因为这个茶的意义——概念——是多般之茶所共有的,故曰"共相"。然而对同一的白纸每次感觉一白,亦只可说前后相似,未可云同一,因为每次各有他的自相,故现量——感觉——

所得曰"自相"。

（三）直觉——非量　知识是由于现量和比量构成的，这话本来不错。但是在现量与比量之间还应当有一种作用，单靠现量和比量是不成功的。因为照唯识家的说法，现量是无分别、无所得的——除去影像之外，都是全然无所得，毫没有一点意义；如是从头一次见黑无所得，则累若干次仍无所得，这时间比量智岂非无从施其简、综的作用？所以在现量与比量中间，另外有一种作用，就是附于感觉——心王——之"受"、"想"二心所。"受"、"想"二心所是能得到一种不甚清楚而且说不出来的意味的，如此从第一次所得"黑"的意味积至许多次，经比量智之综合作用贯穿起来，同时即从白、黄、红、绿……种种意味简别清楚，如是比量得施其简、综的作用，然后才有抽象的意义出来。"受"、"想"二心所对于意味的认识就是直觉。故从现量的感觉到比量的抽象概念，中间还须有"直觉"之一阶段；单靠现量与比量是不成功的。这个话是我对于唯识家的修订。凡直觉所认识的只是一种意味精神、趋势或倾向。试举例以明之。譬如中国人讲究书法，我们看某人的书法第一次就可以认识得其意味，或精神；甚难以语人；然自己闭目沉想，固跃然也；此即是直觉的作用。**此时感觉所认识的只一横一画之墨色。初不能体会及此意味，而比量当此第一次看时，绝无从施其综简作用，使无直觉则认识此意味者谁乎**？我们平常观览名人的书法或绘画时，实非单靠感觉只认识许多黑的笔画和许多不同的颜色，而在凭直觉以得到这些艺术品的美妙或气象恢宏的意味。**这种意味，既不同乎呆静之感觉，且亦异乎固定之概念，实一种活形势也。**至于直觉所认识的境是什么呢？他所认识的即所谓"带质境"。带质境是有影有质而影不如其质的。譬如我听见一种声音,当时即由直觉认识其妙的意味,这时为耳所不及闻之声音即是质,妙味即是影;但是这种影对于质的关系与现量及比量皆不同。盖现量所认识为性境,影像与见分非同种生,所以影须如其质,并不纯出主观,仍出客观;而比量所认识为独影境,影与见分同种生无质为伴,所以纯由主观生。至于直觉所认识为带质境,其影乃一半出于主观,一半出于客观,有声音为其质,故曰出于客观,然此妙味者实客观所本无而主观之所增,不可曰全出客观,不可曰性境;只得曰带质而已。(唯识家不承认客观,此特为一时便利,暂如此说之。)譬如我们听见声音觉得甚妙,看见绘画觉得甚美,吃糖觉得好吃,其实在声音自身无所谓妙,绘画自身无所谓美,糖的自身无所谓好吃;所有美、妙、好吃等等意味都由人的直觉所妄添的。所以直觉就是"非量",因为现量对于本质是不增不减的;比量亦是将如此种种的感觉加以简、综的作用而不增不减得出的抽象的意义,故此二者所得皆真,虽有时错,然非其本性;**唯直觉横增于其实则本性既妄,故为非量**。但是我们所以不用"非量",而用直觉者,因为唯识家所谓"非量"系包括"似现量"与"似比量"而言,乃是消极的名词,否定的名词,表示不出于现量、比量之外的一种特殊心理作用,故不如用直觉为当。又直觉可分为两种:一是附于感觉的,一是附于理智的。如听见声音而得到妙味等等,为附于感觉上的直觉。若如读诗文所得妙味,其妙味初不附于墨字之上,而附于理解命意之上,于是必藉附于理智之直觉而后能得之。然惟如认识"生活"及"我"时,才能见出第二种直觉的重要来,此待后说。

以上所说是构成知识的三种工具。一切知识都是由这三种作用构成。虽然各种知识所含的三种作用有成分轻重的不同,但是非要具备这三种作用不可,缺少一种就不能成功的。

西洋哲学之情势

我们对于构成知识的三种作用既然讲明,现在乃可来批评三方面的哲学。我们在前面所列的表分为宗教与哲学两类;哲学复分为形而上、知识、人生三部。对于西洋方面所开列者:其宗教起初于思想甚有势力,后遭批评失势,自身逐渐变化以应时需;形而上学起初很盛,后遭批评,几至路绝,今犹在失势觅路中;知识论则甚盛,有掩盖一切之势,为哲学之中心问题。我们就着这个表来说明,西洋的宗教为什么起初在思想界很有势,后来竟自受人批评而站不住呢?形而上学为什么起初很盛,后来几至路绝呢?这个原因就是因为对于知识的研究既盛,所以才将宗教及形而上学打倒。那么,这三方面——宗教、形而上学、知识论——的问题,其实可以说是一桩事情了。

大约一时代一地方,其思想起初发展的时候,实是种种方面并进的,没有一准的轨向;不过后来因为种种的关系,影响结果只向某一方向而发达,而这种思想就成了这一地方这一时代的特异面目。希腊的思想本来各方面全都很发达:有向外的研究,也有向内的研究;有对于自然的研究,也有对于人事的研究;有对于静体的研究,也有对于变化的研究。**但是到了后来西洋只有偏于向外的,对于自然的,对于静体的一方面特别发达,而别种思想渐渐不提,这就因为西洋人所走是第一条路向**。在第一条路向本来是向前看的,所以就作向外的研究;前面所遇就是自然,所以对于自然研究;自然乍看是一块静体,所以成静体的研究。自从希腊哲学的鼻祖泰理斯(Thales)起,就来究问宇宙本体的问题——研究宇宙是由什么材料成的,或说是水,或说是火,或说是气,种种。等到文艺复兴以后,他们既重走第一条路向,所以近世哲学还是一元多元、唯心唯物等等问题,仍旧接续古代的形而上学,总想探讨宇宙之本源、究竟。当时著名的哲学家如笛卡尔、斯宾诺莎、来勃尼兹、巴克莱等等所讨论发挥皆在此。即在今日之罗素所研究者虽方法大异,然其静的、向外的态度与所成就,犹在自然一面,则固不异。所以大家都说东方哲学多为人事的研究,西方哲学多为自然的研究——杜威先生亦曾说过这话——是不错的。并且也就因为西洋人这种研究哲学的态度,根本的使其哲学成功唯物的倾向。"物质"一观念在这种态度上盖不待构于思,出诸口,已先有了。然这都是后话,现在且讲西洋人从这方面研究之变迁梗概。希腊先发明了几何学为他们最时尚的研究,他那种迹先的(Apriori,或译先天的)演绎法仿佛能赅洽六合的样子,所以希腊的哲学家把推理看成万能的了。他们用他们这个方法关起房门来,用不着考察实验,只要心理推究,就能发明许多学理——本来这种空洞的形式关系之研究是能行的。于是他们来研究形而上学的问题,仍旧是那一套法子,什么宇宙的实体本源如何如何,是有,是一,是二,是多,是物质的,是精神的,是真,是善美,是神,是恒久,是圆满无限,是不变,是迥异乎现象,乃至种种奇怪的事情,他们都以为能知道。在中世以宗教的权威无从脱此臼白。而到近世来几个大哲,如适才所说笛卡尔诸人,因为他们都是接续希腊研究数理的大数学家,所以还是一个脾胃,讲这一套形而上学的话。他们是所谓大陆的理性派,以为天地间的理是自明的,是人的理性所本有,自会开发出来,推演出来,所以不觉得自己方法有什么不对。这种人实在太忽略了经验,他们不留意知识的方法和界限,贸然对这些问题下了许多主张,我们都叫他独断论。那时英岛对于知识方法有归纳法的贡献,成了所谓经验派,即如培根、霍布士、洛克、休谟皆属于此。他们才渐渐省察自古以来的错误。所以休谟说:科学是知识,形而上学的说话不是知识。因他的持论,知识来从印象,形而上学哪里有其印象呢? 他这说法有是有不是,还未足服人。到康德出来解经验理性两派之争,认识论遂获大成,近世哲学对于往昔唯一的新形势才算确定如九鼎,而独断论于是绝迹。他的说法很精致,此不及述。他那意思,我们于现象世界以外固然是感觉不到而且判断所不能加,岂但迹后的无所凭据,根本上悟性就不能向那里用。所谓实体连有无都不能说,遑言其他。但他却也承认形而上学,他承认他是理性的观念。人的悟性不应那样用,而总不甘心,总要想去知道知道,这种需要就成了形而上学,这非复悟性的概念,而是理性的观念。这种承认,明明是承认他为臆谈! 等到孔德简直正式的加以否认了,即所谓他的人类知识分三时代说。他说是:神学、形而上学都属过来的东西,以后人的知识全是所谓实证的——即科学的,哲学也是科学的。神学、形而上学虽不同,总要去讲绝对——想像一个整个的宇宙去讲他——这是无从讲的,无可讲的。本来这时期由自然科学的发达,容易使人以科学的所得解释哲学上的问题,所谓唯物思想种种俱兴,直到后来赫克尔一元哲学犹以此鸣一时。然谨慎的科学家,终觉科学之所以为科学在其方法,不在其所得结果,如彼所为,滥以科学中之观念适用到形而上学去,实自乖其根本,而且终究弄不成。所以如马胥(Mach)、皮尔松(Pearson)、潘加勒(Poincare)都不再做这种似是而非的科学的哲学家,而批评他们不对。前者我们谓之素朴的自然主义哲学;后者我们谓之批评的自然主义哲学。至是形而上学既覆,形而上的唯物思想以后亦不会复有,因此我们看西方的哲学形势固必为唯物的倾向,然而唯物的思想惟西洋产生之,亦惟西洋摧破之;在东方唯物论固不见盛,却亦无能铲除之者。此全得力于西洋所走路向之踏实稳妥,逐步寻到知识方法上来,所以才能有此结果。至如美国的实验主义家詹姆士、杜威等,其不要人研究形而上学,固一半是反对那一种方法,而一半是为形而上学的问题多半不成问题,求不出如果舍此说取彼说就要怎样的;两样说法——如唯心、唯物——名义迥异,归到实际并没有两样意味的,所以用不着研究。故詹姆士一面反对一元主义,一面说他的实际主义就是一个息止形而上学无谓纷争的方法。

罗素的意思

本来西洋人自古就研究这一套问题,现在弄的不好再谈,所以晚近数十年的哲学界岑寂的了不得! 成了哲学的大衰歇。有些人就以为哲学只好当艺术看待,随各自的天才去做,不能求问题的定规是非解决。虽然以罗素这样严凝的理性家,到此也不能不持一种活动的态度。他以为古代的一元多元、唯心唯物等问题,现在还可以来讲,不过古人的方法不对,现在要讲哲学必须另外开辟一条方法。他的方法就在他的数理论理。以论理来治形而上学本来也有，像黑格尔（Hegel）同现在的布莱得雷（Bradley）。但罗素与他们大不同，罗素反对他们的论理而改革出一种新论理来。在他们都是由论理推论来取销、否定平常的经验现象，而证明本体是超绝；罗素以为这种消极的做法不对而且用不着，哲学应当试去讲明那些根本问题以为科学之基础，而不当否认现象，取销科学的。他就是要拿他的数理论理来拟构宇宙大概是怎样怎样，自己去建设出一个宇宙来，**使现象得到解释，使科学得个安放**。这个宇宙的"大概是"，你也可以去拟构，我也可以去拟构，不应当让论理束缚我们，而应解放开，像海阔天空的样子容我们放步走去。**他差不多觉得哲学正不要太呆定**，留这地方容我们思想活动倒有趣。他这个方法自然比前人高明妥当的多，但按人类是要求真是真非的，只有这个宇宙的"大概是"我们不能满意。

柏格森的意思

此外当世还有一个人替形而上学开辟一条道路的就是柏格森。他着眼康德对于形而上学的批评，宣言说他的哲学方法是出乎康德对一般形而上学之反对之外的，是要把从康德以来被康德打断了的形而上学与科学再搭一个桥接通。但他怎能如此呢？我们倒要看看他。前已说过形而上学所以没法讲，一则是感觉不到，一则概念作用不能施，这两个难关有一不解除就不成功。他的方法即所谓直觉（Intuition）都曾听说的了，要明了他那意味就在解除这两个难关。顷所谓感觉不到的，不是说感觉中没有宇宙,是说感觉中没有整个宇宙。整个的宇宙就是绝对,而一说到感觉已是能所对立了。整个宇宙当然不许感觉,感觉生来不能得整个宇宙。于是柏格森讲说他的直觉开口就标出能觉的我要加入所觉里头,不在所觉外边转,最后结句就点明可以说为全整的感验(Integral Experience)。同时对于概念大加排斥,说概念不得事物自相,哲学上的两对反论调——如唯心唯物——都由此误生。如他那方法,两对反的意思通通没有了。他说:去讲哲学就是把从来习惯用思的方法翻过来,康德直以为智慧只是概念作用,除概念外更不会别的了,知识只是数学的,想造一大数学的网,把宇宙笼罩了。宇宙的本体不是固定的静体,是"生命",是"绵延",宇宙现象则在生活中之所现,为感觉与理智所认取而有似静体的,要认识本体非感觉理智所能办,**必方生活的直觉才行**,直觉时即生活时,浑融为一个,没有主客观的,可以称绝对。直觉所得自不能不用语音文字表出来,然一纳入理智的形式即全不对,所以讲形而上学要用流动的观念,不要用明晰固定的概念。此概念是诠释现象的。他这话是从来没有人说过的,迈越古人,独辟蹊径,叫人很难批评——罗素的批评很多无当,只是意气。然我们对他实难承认,因他的方法可疑。直觉是主观的,情感的,绝不是无私的,离却主观的,如何能得真呢? 所以直觉实为非量如前已说。我们必要静观无私的才敢信任。

　　大家所加于形而上学之批评,宗教与神学也都不能避免,并且简直还不及形而上学或有方法可寻。所以宗教神学之命运,比形而上学更要到了绝地,不但人格的上帝说不过去,就是那种泛神论也是不通的。然宗教本是人类情志方面的产物,虽为理性所拒绝,并不能就倒下来。而同时宗教自己也就逐渐变化,把种种从前要人相信的道理慢慢都一句不提,只余下一个上帝的观念也化成很抽象的一点意思了。其态度无待孔德主张什么人道教,赫克尔主张什么一元教,倭铿主张什么精神生活,基督教家已竟倡言现世主义,所以为其教训的只是一个"爱"字,亦足以维系一时。只有神学恐怕无法维持。

　　我们讲西方情形至此为一段落。前表中所列宗教及形而上学,受批评失势和知识的研究为哲学中心问题,大抵如上。今后的宗教苟不得其在知识方面之基础,形而上学苟不得其研究途径,即不必求生存发展于人类未来之文化中! 于是我们就此机会,来看东方的宗教和形而上学是如何情况呢? 他是不是同西方宗教、古代形而上学陷于一样的谬误? 他能不能解免大家的批评? 其形而上学倘能解免大家的批评,那么,他所用的方法,是否可以较柏格森、罗素为能满意? 东方文化,印度是以其宗教为中心的,中国是以形而上学为中心的,所以这个问题非常重要吃紧,**倘然是求不出一条路来时,东方文化简直随着宗教、形而上学成了文化的化石了!**

印度哲学的情势

　　我们先来看印度的形而上学,他们所讨究的问题,大半与西洋形而上学的问题一般样子,喜欢讲宇宙本体。他们的家数宗派是很多,其顶著名的,有很丰富的哲学思想的,自为僧佉宗——数论派,吠檀多宗——梵天派;今西洋人研究他们的很不少。然而我们看他们实不能解免于批评,僧佉人所谓"自性"、"神我"差不多就是笛卡尔心物二元的样子,吠檀多人所谓"梵天"差不多就是斯宾诺莎泛神一元的样子,其为独断论是不可讳的。此外如吠世史迦派、尼耶也派、瑜伽派等或见解不同而价值不过如此,如吠世史迦之极微论亦元子论及 Monads 说之流,或思想与前二宗不相远,如瑜伽派之与僧佉,所以都可不必细论。在佛教因为教法种种不一,思想似不一致,其后流传各处,分部开宗,又莫不自认为佛家思想,似乎很难得准据以为论断。然而终究有条理可寻,那么,**我去寻得的结果则佛教固确乎不陷于古形而上学家之错误者也**。试分叙于下:

　　(一)小乘佛教是绝口不谈形而上学的;

　　(二)大乘佛教是谈形而上学而开辟得法的;

　　(三)外国佛教谈形而上学,间或不得法,然佛教固不负其责的。

　　小乘佛教之不谈形而上学,多无人留意,我觉得这实是最大之事! 小乘色、心并举,乍看上去亦可曰物心二元,但其实是不然。从他那色与心彼此不相属,亦无所共属去说,应为物心二元,却是色、心都是所谓"有为法",他们俱目为非真实的,哪里能以他为本体呢? 又印度人之求宇宙本体,都是要解脱了以契合本体的;小乘是要解脱到"无为法"的,他所要解脱以去者正在色心,那么,色心不是他的本体是很明的。他既然解脱在"无为",又说"无为"是真常,那么,很像是本体喽。但他又不说"无为"为万有所自出,并且还说"无为"离色心而定有,那么,"无为"又怎能算他本体呢? **要晓得小乘的说话实在不是在那里答对什么宇宙本**

体的问题,他只是将宇宙万有分门别类来看,至于万有归总一个的观念,他并没有。我们从种种方面看小乘的经论,非不繁博精微,但是绝口不谈形而上学的。这在小乘自己,固然可以免于批评,并且可以帮助大乘佛教,证明佛教于无论东西古时所不免之错误而竟无之。你要看印度当那时节,大家都各鸣一说的竞谈这项问题,而佛教起来插足于此社会,偏偏一句不谈,岂不是很可注意吗?这是什么原故他竟能如此?照我说这是小乘大乘都是佛说的一个证据。如果不是有意不提,以为后来再说之地,怎能恰好小乘预先就替后出的大乘留下地步,怎能单自坚决的不讨论大家讨论的问题?这在以小乘为佛说、以大乘为后出的人未必就信,但我很望他有番解释,莫忽略过去。在我的意思,佛的形而上学在当时不肯拿出来,拿出来不惟于其思想界没有好处,且恐益发糊涂胶固而不得开明。所以先说的小乘教只谈相对,不谈绝对,虽与当时思想问题不相切合而全然不顾;待大乘教才对他们讲说,这时候又只讲绝对,几不讲一句相对的话了。等到唯识学出来——他是从相对讲入绝对的——才把二者沟通,使后人明白佛教是怎么一回事。我不敢说印度大乘佛教都是讲唯识学的,但唯识家的方法也是他们的方法,则其讲形而上学不为独断。惟年代太久,或流至远方,浸失原来根本,那就不敢担保了。例如中国所开之华严宗等,又流到日本,为井上圆了辈所盛谈者,均难逃讥评,则所谓外国佛教,佛教固不负其责也。

佛教的形而上学方法

我们看唯识家所指明给我们的佛家形而上学方法是如何呢?

这要细说就来不及,我只能简单的告诉大家。**他不像罗素舍去经验单走理智一路,也不像柏格森用那可疑的直觉;他依旧用人人信任的感觉——他叫作现量。**他平常讲知识的时节,只信任现量同比量是对的,由这两样东西能给我们确实可靠的知识,此外什么直觉、瞑想等等都排斥,这态度与西方科学家一般无二。科学家经营他的科学,用的感觉和理智,也就是唯识家经营他的学问之所用的工具。你展开因明、唯识的书一看,就可以看见唯识家怎样的不许人超过感觉的说话,他同所谓"批评的自然派哲学"(Critical Naturalism)如皮耳松感觉主义一流绝相似。皮耳松所云:我们离感觉则一无所有,若说有一样东西超越感觉而是实在,那就不成话的,这就是唯识家头一步的议论。从这样态度岂不是形而上学就不能讲了么? 不错的。唯识家原以具体的"宇宙"观念就是非量,再从这个上边去讲许多话,更是非量非量,他早把形而上学根本的不合,批评的很明白。然他却来讲形而上学,这也就可以看出他的讲形而上学与那糊涂乱讲的是不同了!

西洋人与唯识家既都从只认感觉理智,结果推翻形而上学,这时候唯识家又来重建形而上学,岂不是要另辟方法么? 不然的。**他还是牢固守着感觉一点也不变,而结果就可以产生他的形而上学。**不过他说,**我们要把感觉——他所谓现量——从直觉理智等作用分离出来而只留下他一种作用,自然而然就好了。**从我们现在的感觉,到那能认识宇宙本体的现量,约之为两步:

(一)头一步现量　我们所以前边序列三种认识作用必要用现量的名称而不用感觉的名称,实在因为平常我们的感觉固然所对是"性境"不妨说为现量,而已竟牵混到别的作用一起,而不能分,以致一般人所谓感觉的差不多都是指着知觉(Perception)说,所以不可再认同现量。现量是纯静观的;这在实验主义家从生物研究得的心理,必然不承认有什么纯静观的认识作用。这个不承认是很对的,我们的感觉器官本来是生活中之工具,其认识作用皆为一种有所为的活动,安得而为纯静观的。唯识家亦正为此而说日常生活虽无时不有现量而现量不可得,盖现量作用在平常甚暂甚微,但却非竟无。**必须把这牵混入比非量之甚暂甚微的现量分离独立,暂者久之,微者著之——即是将有所为的态度去净而为无私的——纯静观——才好。倘能做到,便是这头一步的现量。以何为做到之验呢？就是看飞鸟,只见鸟(但不知其为鸟)而不见飞;看幡动,只见幡(但不知其为幡)而不见动。**

(二)次一步现量　倘能做到头一步时就会慢慢到了这一步,这还是顺着那个来,不过比前更进一步的无私,更进一步的静观;然而无私静观亦至此不能再进了。这以何为验呢？就是眼前面的人和山河大地都没有了！空无所见！这空无所见就是见本体。在唯识家叫做"**根本智证真如**"。

这上边的话自须加以说明才行。原来照佛家说,我们人或其他生物眼前所对着的宇宙——上天,下地,回头自己的躯体,——只是自己向前要求的一个回答。人或其他生物,你不要看他是安安静静老老实实的,他长的眼睛、鼻子、耳朵,你不要看他很端正文雅的,他实在是像饥饿的一般猛烈往前奔去,他那眼、耳、手、足一切器官实在都是一副家伙,极狞恶贪婪的在那里东寻西找。这自然太骂人,人都不能承认,自己觉得我并没有如此。要晓得这本来是不自知的,不浮现于意识上的,而藏在后边的;就是你躺在那里睡觉,一动不动,不知不识,还是奋勇的在那里活动。**这个往前追求盖基于二执——我执、法执;当其向前求的时候盖即认有前面,认有自己,所谓求即攫来予我之态度。**惟此所说认物认我与攫来云云,都不必果有此意而已经先存在了。我们意中的"我"、"法",是粗暴有间断的,无关重要的,此处所说是指甚深隐细而念念相续永不间断的。**这念念缘我,相续不断的是一最根本的作用叫做"末那识"——第七识。**那东想西想时起时落的心并非根本的,重要的,他不过是往前生活所用工具之一;连同眼、耳、鼻、舌、身五觉官并称前六识。这眼耳等在人自然是六数,其实别的生物不一定这样,也许觉官少一两样,也许巧慧——第六识——不发达,几乎没有,所以最关重要的还是在第七识,**大约有生命无生命是生物非生物之辨,就在此有二执与否。盖生命寄于向前活动,向前活动基于二执故也。**当其运用六工具向前要求时,所碰到的实非别的,还是自己所现:眼见色,色即眼识现;耳闻声,声即耳识现;乃至意缘念,念即意识现。此即前面叙三量时所说无论现、比、非量——感觉、念虑——其影像皆由自己变现是也。影像之后尚有本质,则常人所指为客观的物质世界也。但其实不然。七识执什么以为我呢?七转识——七识并前六识——所变现影像何自来呢?与此之本质皆在阿赖耶识——第八识,照直说,这七识其所以为本质者——无论执我而缘内界或前求而缘外界——皆此阿赖耶识;乃至七识所自变现生者亦皆出于阿赖耶识。唯一的物件只此阿赖耶识,东看西看,上看下看,内看外看,所碰到的都是他。不过不单影像是随时变现,非恒在的东西,就是这内外的本质，你看他死呆呆的物质世界，实在也是迁流不息，相续而转。一块石头不是一块石头，是许多石头的相续。不单影像是随人变现各自不同，你眼识所现的红白属你，我眼识所现的红白属我；就是本质也非客观存在而是随人不同的，你的宇宙是你所现，我的宇宙是我所现。此时最可注意的，内外俱是一阿赖耶识而竟被我们打成两截，中间加了重重隔膜。这就是说在我们生活中——向前要求中——分成物我两事；而七识执我又自现影像，则内里一重隔阻，前六识摄物又自现影像，则外向一重隔阻。所以整个的宇宙，所谓绝对，自为我们感觉念虑所不能得到。当这些工具活动的时候，早已分成对立形势而且隔阻重重了。你要揭开重幕，直认唯一绝对本体，必须解放二执，则妄求自息，重幕自落，一体之义，才可实证。这就是唯识家所贡献于形而上学的方法。所以这头步二步都无非往这面做去：沉静！休歇！解放！所幸感觉器官上还有这一点暂而微的现量是真无私、纯静观的；只要你沉静、休歇、解放，其用自显。譬如头一步的现量就是私利的比非量都不起了，所以看飞动的东西不见飞动。飞动是一种形势、意味、倾向而已，并不是具体的东西，现量无从认识他。因为现量即感觉中只现那东西——或鸟或幡——的影像，这影像只是一张像片。当那东西在我眼前飞动假为一百刹那，我也就一百感觉相续而有一百影片相续现起。在每一影片其东西本是静的，那么，一百影片仍只有静的东西，其飞动始终不可见。必要同时有直觉等作用把这些影片贯串起来，飞动之势乃见，这与活动电影一理。所以不见飞动，为直觉不起独有现量之证。到次一步的现量是解放到家的时候才有的，那时不但虚的飞动形势没了，乃至连实的影片也没了,所以才空无所见。因为影片本是感觉所自现,感觉譬如一问,影片即其所自为之一答,你如不问,自没有答。当我们妄求时,感官为探问之具,遇到八识变的本质就生此影像;乃至得到大解放,无求即无问,什么本质影像也就没了,于是现量直证"真如"——即本体。这唯识上所谓"智与真如,平等平等","无分别智,不变而缘"。再转出"后得智"又来分别诸法自共相等,把无分别智——一名根本智——所证说出告诉我们,便是形而上学了。

大概意思如上已尽。在外人自未必都相信,在佛家的人也恐指摘我种种不对。但我的看法是如此,我认唯识家提出有形而上学的新方法,且比罗素、柏格森的方法为满意,为可信任。形而上学本来不能讲,现在他能来讲,这个大翻案只有他做到了。并且很奇怪,最近哲理的阐发,都予他不少的证明,两个相反对的柏格森、罗素都是他最大的帮忙的人。柏格森所操方法同他固不对,而所得的道理却多密合,这是为两方都是研究一个东西——生命、生物——的原故。罗素所走一路,用理智对外研究似与他不相干,而不料比柏格森还有更契合的地方。柏格森说"生命"、"绵延"是整的不可分的,这实在有点不对,因他堕于"常见"。罗素所主张,得到安斯坦相对论而证明的"事情相续说"却几于非断非常,把唯识家所说,一块石头不是一块石头,而是许多石头相续,和反对静体之义,都加以证明。我们常设想,起古唯识家于地下而一览西洋学说,他反对讲形而上学反对静体的物质在当日为外道小乘所不喻的,乃至种种主张在当日无论如何同人家讲亦不相信的,或自己要说没有说出来的,都有这许多人来帮忙,一定欢喜的不知所云。实在唯识学在今日讲,比古代容易得其解,但我断言唯识学的机运并未到;其故后详。

我们上面只说唯识家对于形而上学不可经验的开出一条经验的路来,至概念判断是否能使用,以及唯识家对于形而上学如何解决,都还不曾说。这话在《印度哲学概论》第三篇第三章讲知识之界限效用问题替他说的很详明,此处不能很多说。简单说:概念判断只用在相对而不能施于绝对,"绝对"不是一个念,昔人所问形而上学的问题都要取销。他在根本智、后得智中所得而告诉于我们的也没有别的,就是"不可说不可念",例如:本体心物一多的问题,那么,就是非心非物,非一非多,乃至非有非无,**乃至本体这句话就不对,凡有所说俱是戏论。若说也不妨,不过说了就不算,所以佛菩萨在大乘经论长篇大套谈他的形而上学,只是你不要当话听罢了**。真正的形而上学如是如是。于是乎唯识家的大翻案文章是翻而不翻,翻过来之意与未翻原案还是相符顺的。

西洋印度两方哲学之动机不同

现在须要说明的有一桩事:何以西洋、印度研究一样的问题而印度人单开辟出这条路来? 请拿我前面所列的表中,西洋同印度的情形一比,便知不同。表云:印度形而上学与西洋为同物但研究之动机不同,随着宗教甚盛且不变动。盖两方唯一之不同只在研究的动机上,此不可不注意者。西洋人是什么动机? 可以说作知识的动机,科学的动机;印度人是什么动机? 可以说作行为的动机,宗教的动机。西洋人无论为希腊时或文艺复兴后,其研究哲学都是出于好知的意思, 他们叫做"爱智"。印度人像是没有那样余闲, 他情志上迫于一类问题而有一种宗教的行为, 就是试着去解脱生活复其清净本体, 因为这个原故, 所以他们没有哲学只有宗教, 全没有想讲什么形而上学, 只是要求他实行的目标。例如吠檀多人讲"梵天", 他就要去实做梵天; 僧佉人讲"自性"、"神我", 他就要实做到神我、自性的各归其位; 都不是在那里谈什么哲理。总而言之, 他们的厌生活, 求出世, 是他们的动机所在。要出世出到哪里去呢? 那么, 自然要想我本来是不如此的, 宇宙本体是清净的, 果如何斯为宇宙本体? 这是他们的问题之所在。于是就各出己见, 这一家以为如何如何, 那一家以为如何如何, 并且把如何可以做到的路子训示人去做。在他自己实宗教而已, 我们则从他的教训中抽取他的道理算做哲学。这与西方情形岂非大大不同! ——一个是出于第一条路向, 一个是走到第三条路向上去。从这不同, 其结果先分出一方形而上学可以失势无人讲, 而这一方则不能, 因他这种行为是不能阻止的, 则求本体讲本体无论如何不能罢手。然此犹结果之小者, 其大结果, 即一方无论如何不能辟得形而上学的方法, 而一方则得以开辟出来也。这个道理并不难懂, 就是我们在前所说的, 你如果不止息要求, **还是拿六个工具去探问什么宇宙的本体, 无论怎样探求总是自己工具上的回报影像, 没有法子得到本体**。必得要像印度人厌弃生活来息止生活庶乎可望摸着息止生活的窍——解放二执——而实证本体, 此则唯识家所以成功于印度也。于是要问: 印度宗派甚多, 皆有息止生活之法, 佛家而外即没有得息止的吗? 诚然如是。印度各宗要求息止生活大抵原相近似, 其方法, 即他们所谓瑜伽者,亦若比同。但所似所同者自外面粗形式看耳，其实内容殊异，而此事差之毫厘，谬以千里，故卒惟佛教一家得之。假若此事不为人类的一种成功则已，苟得为一种成功则不可不知其为走第三条路之结果，而印度文明之所在也。

宗教问题之研究

我们既说到此处，该把宗教来讨论讨论。形而上学之成就，是印度人之小成就，假使印度人要有成就，一定在宗教上，因为印度原只有宗教，而形而上学原是附属于其内的。并且我们上面说他研究形而上学的动机是在宗教、出世，却没有说出宗教、出世的动机在什么地方；此刻正好接续前边来讲宗教的动机，问他为什么要出世。我曾有一篇旧文章在少年中国学会的是宗教问题讲演，在那里面曾指明印度宗教的动机，并从以论定宗教的必要。此刻可以拿来叙说，并将原来要讲明宗教的未尽之意补足之。

宗教是人类文化上很普遍很重要的一桩东西。但是从近代遭许多人批评之后，各人都拿自己的意思来解释宗教，你以为宗教是这样，他以为宗教是那样，以致一般人对宗教都是莫明其妙。所以我们现在对于宗教问题之解决实在是很紧要的。

我们现在要解决宗教的问题，头一句自然要问宗教究竟是何物？知道了这层然后对于宗教的真妄利弊、此后存在不存在的话方好去说，否则无从说起。差不多将"宗教是什么"弄明白了，各种问题便算已经解决了。绝不应明确的宗教观念未得到，便胡乱评断什么宗教的存废！

我们看好多的宗教，形形色色，千奇百怪，什么样子都有，很不一致。但我们要寻出他一致的地方，方能渐渐晓得宗教是怎么一回事，而有一个明白真确的"宗教"观念。这所谓一致的地方，就是所有宗教的共同必要条件。但若非是一致的，就不算宗教的必要条件，不过是某宗教或某项宗教的特殊现象罢了。断不应把这殊象认作"宗教"观念构成的一义。如此研究下去我们得到一个归结是：

所谓宗教的，都是以超绝于知识的事物，谋情志方面之安慰勖勉的。

我们就着众人所认为宗教的去研寻，寻到如此的结果。无论怎样高下不齐，种种的宗教，个个皆然，没有一个例外，除非那聚讼未决的孔教，或那立意辟创、未经公认的赫克尔一元教，倭铿精神生活等等，有些不合而已。这个不合，不但不能证明我们结论之非，反倒看出我们结论之是。孔家是否宗教之所以聚讼未决，正以他不甚合我们所说的，才招致人家疑问。换句话说，如果孔家亦合乎这结论，就不致聚讼不决了。这以见我们所说是深得宗教的本真——本来面目；而那赫克尔、倭铿，都是要变更宗教面目的，当然不会同我们就宗教本来面目寻出的说法相合。他之不合于我们，正为我们之吻合于宗教也。他们的说法都是拿着自己意思去说的，我们纯就客观的事实为材料而综合研寻的，其方法原不同。方法所以不同，因为我们只想知道宗教的真相，而他们则想开辟宗教。凡意在知道宗教真相的，我们的说法大约无疑问的了。至于孔教何以非宗教而似宗教，何以中国独缺乏宗教这样东西，与赫克尔、倭铿之徒何以立意谋宗教之辟创，俱待后面去解说。这结论分析开来可以作为两条——宗教的两条件：

（一）**宗教必以对于人的情志方面之安慰勖勉为他的事务；**

（二）**宗教必以对于人的知识之超外背反立他的根据。**

这两条件虽是从上头一句话分析出来的，也是就客观事实研寻出来如此，无论怎样高下不齐的宗教所共同一致的。我们试去讲明这两个条件，然后再合起来讲那一句总的。

对于人的情志方面加以勖勉，可以说无论高低或如何不同的宗教所作皆此一事，更无二事。例如极幼稚低等拜蛇、拜黄鼠狼乃至供奉火神河神瘟神种种，其仙神的有无，且无从说他，礼拜供奉的后效，能不能如他所期，也不得而知。**却有一件是真的，就是他礼拜供奉了，他的心里便觉得安宁舒帖了，怀着希望可以往下生活了。**这便所谓对情志的勖勉。便是程度高了许多的大宗教，如基督教等其礼拜祈祷，喊上帝，语其真际，也还是如此。乃至基督教所作用于托尔斯泰的，托尔斯泰所受用的基督教的，也还是如此。宗教除与人一勖慰之外，实不做别的事。此即大家所谓得到一个安心立命之处是也。在托尔斯泰固然当真得到一个安心立命之处，得到一个新生命，而其他基督教徒也未尝不可说是如此。在较高的宗教固然能给人一个安心立命之处，即其他若拜蛇拜鼠也何尝不是如此呢？不过各人所怀问题不同，得到的答也不同——情志知识的高下浅深不同，得到的安慰勖勉因之而差异，若其得安慰勖勉则无二致。在当初像是无路可走的样子，走不下去——生活不下去——的样子，现在是替他开出路来，现在走得下去了。质言之，不外使一个人的生活得以维持而不致溃裂横决，这是一切宗教之通点。宗教盖由此而起，由此而得在人类文化中占很重要一个位置，**这个我们可以说是宗教在人类生活上之所以必要**。（是否永远必要，将来占何位置，下文去说。）

对于人的知识作用处于超外背反的地位，可以说无论高低或如何不同的宗教所持皆此态度，更无二致。例如那蛇与鼠，在礼拜他们的，都说他们是大仙，具有特别能力。若照我们知识作用去论断，总说不下去，他便不得立足了。所以他总要求超绝于我们知识作用之外。又如那火神瘟神，我们并不曾看见，而要认他们是有，也是在超乎知识作用地方去立足。基督教的上帝，婆罗门的梵天……没有不是如此的。无论他们的说法怎样近情近理，他那最后根据所在，总若非吾人所与知，或为感觉所未接，或为理智所不喻。由此大家一说到宗教就离不了"超绝"同"神秘"两个意思。这两个意思实在是宗教的特质，最当注意的。我们试略加讲说：

（一）超绝　所谓超绝是怎么讲呢？**我们可以说就是在现有的世界之外。什么是现有的世界呢？就是现在我们知识中的世界。——感觉所及理智所统的世界。宗教为什么定要这样呢？原来所以使他情志不宁的是现有的世界，在现有的世界没有法子想，那么，非求之现有世界之外不可了，只有冲出超离现有的世界才得勖慰了**。那一切宗教所有的种种"神""仙""帝""天"……的观念都应于这个要求而出现的，都是在现有世界之外立足的。因此一切宗教多少总有出世的倾向——舍此（现有世界）就彼（超绝世界）的倾向。因为一切都是于现有世界之外别辟世界，而后藉之而得安慰也。"超绝"与"出世"实一事的两面，从知识方面看则曰超

绝,从情志方面看则曰出世。

（二）神秘　所谓神秘是什么呢？大约一个观念或一个经验不容理智施其作用的都为神秘了。这只从反面去说他，他那积极的意味在各人心目中,不容说。宗教为什么定要这样呢？因为所以使他情志不宁的是理智清楚明了的观察。例如在危险情境的人愈将所处情境看的清,愈震摇不宁。托尔斯泰愈将人生无意义看的清,愈不能生活。**这时候只有掉换一副非理性的心理,才得拯救他出于苦恼**。这便是一切神秘的观念与经验所由兴,而一切宗教上的观念与经验莫非神秘的,也就是为此了。

超绝与神秘二点实为宗教所以异乎其他事物之处。吾人每言宗教时,殆即指此二点而说。**故假使其事而非超绝神秘者即非吾人所谓宗教,毋宁别名以名之之为愈也**。此类特别处:"感觉所未接","理智所不喻","超绝","神秘",可以统谓之"外乎理知"。理智不喻的固是外乎理知,感觉未接而去说具体东西,便也是理智不喻的了。若神秘固是理智不喻的,超绝尤非理智范围（理智中的东西皆非东西,而相关系之一点也,超绝则绝此关系也）。故一言以蔽之曰外乎理智。但理智是人所不能不信任的,宗教盖由此而受疑忌排斥,几乎失其文化上的位置。**这一点我们可以说是宗教在人类生活上之所以难得稳帖和洽**。

分言之,则"对于人的情志方面加以勖勉"与"对于人的知识作用超外"为宗教之二条件,合起来说则固一事也。一事唯何?即前头所标"以超绝于知识的事物谋情志方面之安慰勖勉"是已。此是一事不容分开。为情志方面之安慰勖勉其事尽有,然不走超绝于知识一条路则不算宗教；反之单是于知识为超外而不去谋情志方面之安慰勖勉者亦不是宗教。必"走超绝于知识的一条路以谋情志方面之勖慰"之一事乃为宗教。所有宗教皆此一事。亦特此一事之做法各有不同耳。或者是礼拜，或者是祈祷，或者祝颂，或者讽咏，或者清净，或者苦行，或者禁欲，或者瑜伽……种种数不尽。**然通可谓之一事——对于出世间**（超绝于现有世界之世界。现有的世界则吾人知识中之世界也，具如上说。）**致其归依而有所事为是也。此一事做得一点则得一点之勖慰，而愈做亦愈远现世而趋近现世之超离。故此一事吾名之曰"出世之务"。宗教者出世之谓也。**宗教之为宗教如此如此，我们并不曾有一丝增减于其间。我们既明宗教之为物如此，夫然后乃进问：若此其物者在后此世界其盛衰存废何如呢？我们还是要他好还是不要他好呢？我们试以前问为主，后问为副，而研求解答之。

若问宗教后此之命运，则我们仍宜分为二题以求其解答：（一）人类生活的情志方面果永有宗教的必要乎？（二）人类生活的知识方面果亦有宗教的可能乎？假使不必要，而又不可能，则宗教将无从维持于永久。假使既必要，而又可能，夫谁得而废之。此皆可两言而决者。若其虽必要而不可能，或虽可能而不必要，则其命运亦有可得而言者。

宗教是否必要之研究

人类生活的情志方面果永有宗教的必要乎？我们要看以前曾赖宗教去勖慰的情志都是如何样的情志，以后世界还有没有这些样的情志,这些样的情志是不是定要宗教才得勖慰。倘以后没有这些样情志,则宗教不必要。即有这样的情志,虽以前曾赖宗教勖慰,却非以后定要宗教而不能变更替换者,则宗教仍为不必要。至于以后人类生活迁异,有没有另样须要宗教勖慰的情志,则吾人未曾经验者亦不欲说他。**吾人唯就现有,以后仍要有,又无别种办法者,而后说为宗教的必要。**

我们就着一般宗教徒在他正需要、接受、信奉宗教的时节,看其情志是怎样的?再对着不信教的人在他拒却宗教的时节看其情志是怎样的?结果我们看到前一种情志与后一种情志可以用"弱"、"强"两个字来表别他。所有前种的人他的情志都是弱的,他总自觉无能力,对付不了问题,很不得意的,……所有后种的人他的情志都是强的,他总像气力有余样子,没有什么问题,很得意的……大概教徒的情志方面都是如此"弱"的状态,不过因为问题不同,所以弱的有不同罢了。然则宗教是否即立足于人类情志之弱的一点上呢?不是的。如此状态有时而变的,不过当人类稚弱的时节如此,能力增进态度就改换了。虽改换却非宗教便要倒的。在以前人类文化幼稚的时期,见厄于自然,情志所系,问题所在,只不过图生存而已。而种种自然界的东西,都是他问题中对付不了的东西,于是这些东西几乎就莫不有神祇了。诸如天、地、山、川、风、云、雷、雨……的神是也。而其宗教之所务,自也不外祈年禳灾之类了。一旦文化增高,知识进步,渐渐能征服自然,这种自觉弱小必要仰赖于神的态度,就会改变。因为这是一个错误,或幻觉,人类并不弱小。(同后来征服自然最得意时节之自觉强大尊威一样幻妄,都是一时的不能常久,记得罗素从考算天文而说人类渺小,这虽与前之出于主观情志的"弱小"两样,但也不对,这怕是他们理性派的错误,但却非理性的错误,理性不会错误。)宗教之所以在人类文化初期很盛,到了后来近世就衰微下来,所以在别的地方不受什么排斥而翻在宗教势强的欧洲大遭排斥,都是为人类情志方面转弱为强的原故。有人以为近世宗教的衰败,是受科学的攻击,其实不然。科学是知识,宗教是行为。知识并不能变更我们行为,行为是出于情志的。**由科学进步而人类所获得之"得意"、"高兴"是打倒宗教的东西,却非科学能打倒宗教**。反之,人若情志作用方盛时,无论什么不合理性的东西他都能承受的。如此我们看这样自觉弱小的情志在近世已经改变,日后也不见得有了(即有这类对自然问题因情志变了,也不走这宗教一途),那么,宗教如果其必要只在此,也将为不必要了。但是我们看见只应于这种要求产生的宗教不必要罢了,只这种现在不必要的宗教倒了罢了,宗教并不因之而倒,因为人类情志还有别的问题在。

虽然好多宗教都是为生存问题祸福问题才有的,但这只是低等的动机,还有出于高等动机的。这高等动机的宗教,经过初期文化的印度、西洋都有之(唯中国无之,中国文化虽进而其宗教仍是出于低等动机——祸福之念,长生求仙之念——如文昌、吕祖之类,其较高之问题皆另走他途,不成功宗教)。不过一宗教成立存在绝非一项动机,一项动机也怕不成宗教,所以很难分辨罢了。比较看去似乎还是基督教富于忏悔罪恶迁善爱人的意思,基督教徒颇非以生存祸福问题而生其信仰心者。我曾看见过一位陈先生(陈靖武先生的儿子),他本是讲宋学的,后来竟奉了基

督教。他把他怎样奉教的原故说给我听。话很长,很有味,此时
不及叙。简单扼要的说:他不是自觉弱小,他是自觉罪恶,他不是
怯惧,他是愧恨,他不求生存富贵,他求美善光明。**但是一个人自**
己没有法子没有力量将做过的罪恶湔除,将愧恨之心放下,顿得
光明别开一新生命,登一新途程,成一新人格——这如勇士不能
自举其身的一样——只有哀呼上帝拔我,才得自拔。他说上帝就
在这里,宗教的必要就在此等处。我很信他的话出于真情,大概
各大宗教都能给人以这样的勖慰,不单是基督教。这在宗教以前
所予人类帮助中是最大之一端,在以后也很像是必要。人类自觉
弱小恇怯可以因文化增进而改变,但一个人的自觉罪恶而自恨,
却不能因文化增进而没有了。(人类自觉生来就有罪恶这是会
改变的,但一人做过罪恶而自恨,或且因文化之进而进。)**除非他**
不自恨则已,当真自恨真无法解救。这时他自己固不自恕,即自
恕也若不算数。即他所负罪的人恕他,也都不算数。只有求上帝
恕他一切,才得如释重负,恍若上帝在旁帮他自新,才觉顿得光
明。几乎舍此无他途,或即走他途,也绝无如是伟力神效。然则
宗教的必要是否即在此呢? 还不是的。论起来,这样的情志,后
此既不能没有,而对他的勖慰,舍宗教又无正相当的替代,诚然是
必要了。但这必要是假的,是出于"幻情"。明是自己勖勉自己,
而幻出一个上帝来。假使宗教的必要只在这幻的上边,也就薄弱
的很了(况且还有许多流弊危险,此处不谈)。然而宗教的真必
要,固还别有在。

照上边这一例,已经渐渐感觉说话的人与听话的人所有材
料——宇宙——同不同的问题。因为我亦曾有陈先生那样的材

料，即我亦曾厌恨自己，几于自杀，所以对他所说的话得少分相喻。而大家若没尝过这味道的，就有难得相喻之感。但这还非难的，例如那某时期之托尔斯泰之宇宙便非我们大家一般人所有的了。（如有托尔斯泰的宇宙，其人便一托尔斯泰。）在那时他觉得"人生无意义"。虽然这五字你也认识，他也认识，仿佛没甚难解，其实都并不解。这五字不过是一符号唤起大家的"人生无意义"之感罢了，大家若没有此感，便如与瞎子说花怎的美观，简直不能相喻的。然聪明人、多情多欲的人多有此感，不过有强弱深浅之差。现在不管大家相喻到如何，姑且去说就是了。在托翁感觉人生无意义时节，他陷于非常之忧恼痛苦，不定哪一时就会自杀。却一旦认识了基督寻到了上帝，重复得着人生意义，立时心安情慰而勉于人生。差不多同已死的人复得再生一般。这非宗教之力不及此。然则宗教的必要，就在对付这类问题的么？诚然宗教多能对付这类问题，而且有从这类问题产出的宗教。然还不定要宗教。这类问题——人生空虚无聊，人生究竟有何意义——也可径直走入否定人生一途，也可仍旧折回归还到勉于人生。由前一途径其结果固必为宗教：或长生的出世法如道教及印度几外道，或无生的出世法如佛教及印度几外道。由后一途其结果则不必为宗教如托翁所为者，尽可于人生中为人生之慰勉，如孔家暨后之宋明儒皆具此能力者也（关于孔家者后边去说）。并且我们很可以有法子保我们情志不陷于如此的境地，则宗教尤其用不着了。原来这样人生空虚无意义之感，还是一个错误。这因多情多欲，一味向前追求下去，处处认得太实，事事要有意义，而且要求太强，趣味太浓，计较太盛。**将一个人生活的重心，全挪在外边。**

一旦这误以为实有的找不着了,便骤失其重心,情志大动摇起来,什么心肠都没有了。只是焦惶慌怖,苦恼杂集,一切生活都做不下去。在这茫无着落而争求着落的时候,很容易一误再误,抓着一个似是而非的东西便算把柄,如托翁盖其例也。在生活中的一件一件的事情,我们常辨别他的意义,评算他的价值,这因无意中随便立了个标的在,就着标的去说的。这种辨别评算成了习惯,挪到根本的人生问题,还持那种态度,硬要找他的意义价值结果。却不晓得别的事所以可评算,因他是较大关系之一点,而整个的人生则是一个独绝,更不关系于较大之关系,不应对之究问其价值意义结果之如何。始既恍若其有,继则恍若其无,旋又恍若得之者,其实皆幻觉也。此种辨别计较评算都是理智受了一种"为我的冲动"在那里起作用。一个人如果尽做这样的生活,实是苦极。而其结果必倦于人生,会要有人生空虚之感,竟致生活动摇,例今之罗素辈皆知此义。若于生活中比较的凭直觉而不用理智当可少愈,而尤莫妙于以理智运直觉使人涵泳于一"直觉的宇宙"中。凡倭铿所谓精神生活,罗素所谓灵性生活皆目此也(按两家于英语皆为 the life of spirit 字样而说法不尽同,时下译家对前多译称精神生活,对后多译称灵性生活,有个分别也好)。又若诸提倡艺术的人生态度者,或提倡艺术生活者,或提倡以美育代宗教者(此说之安否另议),其所倾向盖莫不在此也。此其说过长,不能详论。我们且只说此种倾向几为今日大家所同,而且很可看清改造后的社会,那时人确然是这样生活无疑。这样生活做去,宗教当真有措而不用之势。并非这样生活太美满,没有什么使情志不宁的问题,是我与宇宙融合无间,要求计较之念销归

乌有,根本使问题不生也。什么人生有意义无意义,空虚不空虚,短促不短促,他一概不晓得。这时是将倾欹在外边的重心挪了回来,稳如泰山,全无动摇。因此而致情志动摇者既没有,即无待宗教去勖慰,使宗教之必要在此,宗教将为不必要了。然宗教之必要固不在此,而别有在。

　　我们寻绎少年中国学会田汉君、曾慕韩君争论宗教的信,他意思里所隐约指的宗教的必要,是能令我们情感丰富热烈,而生活勇猛奋发。我们看差不多大家都认悲悯爱人的怀抱,牺牲一己的精神,是宗教家的模样。这有没有相连的关系呢? 似乎是有的。这种特殊的怀抱与精神,实出于一种特殊的宇宙观——不由理智的而为非理性的神秘的宇宙观。因他这种宇宙观是宗教式的宇宙观。所以多半是宗教家才得有此了。既然宗教家才得有此,此而必要,亦即宗教的必要了。我们看见有这种怀抱精神的人,他的生活很活泼奋发而安定不摇,可以说于他自己很必要的,而这样人于人群也很必要的。然则宗教的必要是不是在这里呢? 这实非必要。我们觉得单就个人看,人的生活活泼奋发与温爱的态度是必要的,若"悲悯""牺牲"和田君所说的"白热"似无必要。而生活活泼奋发与温爱的态度非必宗教才能给我们,这是很明白的。若就人群来看,虽然在现在我们很提倡悲悯、牺牲、热情,却恐一旦社会用不着。都因社会有病,社会制度不良,或者文化低时人力不能胜天行,才需要这样人。但这非长久如此,故尔救人的人,殊非永远的必要。假使宗教的必要不过如此,则宗教便也不得长久了。然宗教的必要固别有在。

宗教之真必要所在

这一个个必要的鉴定也不能很详尽,我现在可以把宗教的真必要告诉大家了。这个话说出来似也不希奇,却待细细批评过,方晓得只有他是真的。从这真的必要才产出真的宗教,宗教之真,直到此才发现。这便是印度人——尤其是数论和佛教——所问的问题。我们看小乘经(如《佛本行集经》等)上边叙说佛当初是为什么出家,那就是代表本来的佛教是应于那种要求而起的。(所以说做"本来的佛教"是因大乘教便稍不同,但我并不说大乘是后来才有的。)照那经上的话大约可分作两种问题,却有一种是尤常常说的。均略为讲明如下:

经上叙说佛未出家时发见了人生上的问题,使他心动情摇,屏去左右,思维莫释,约计有四次。头一次略叙云:

> 太子出游,看诸耕人,赤体辛勤,被日炙背,尘土坌身,喘呷汗流。牛縻犁端,时时捶掣,犁楅研领,鞅绳勒咽,血出下流,伤破皮肉。犁扬土拨之下皆有虫出,人犁过后,诸鸟雀竞飞吞啄取食。太子见已,生大忧愁,思念诸众生等有如是事。语诸左右悉各远离,我欲私行。即行到一阎浮树下,于草上跏趺而坐,谛心思维,便入禅定。

以后第二次便是于城东门遇老人,第三次是于城南门遇病人,第四次是于城西门遇死人,每次有遇皆屏人默坐,惨切忧思,不能去怀,大约便都是问题所在了。这四次中头一次是一种问题,后三次是一种问题。头一次的问题意思是说"**众生的生活都**

是相残",所以数论和佛教皆持慈悲不杀之义,不肯食肉。(由戒杀故不食肉,并不包在不吃荤范围内,荤谓葱等之属。)并且正在生机活泼欣欣向荣的果蔬也不肯割采,只吃那老败的。(此说偶忘其何出。)差不多是他对着这样残忍的事,他心里便疼一样。他这个疼便是你大家所没有的感觉,所以感觉不到的材料,即便去点明也还不喻的。像这众生相残的世界是他所不能看的,但是我们能想像世界众生会有不相残的一天么?这明明是不可能的。连自己的生活尚不能免于残伤别物,那鸟兽虫豸本能的生活怎得改呢?那么,这样世界他就不能一日居,这样生活他就不能往下做。他对于这样生活世界唯一的要求就是脱离。我们试鉴定剖析他这种痛感或有没有错幻之处?有没有可以安慰之法?后此世界能不能使他不生此感?他实在没有错幻之点可指,他出于吾人所不能否认之真情,顶多说他要求过奢罢了。但这由我们的情有所未至,对于他的情感不相喻,所以拿理智来评算情感,说这种隔膜无当的话。其实他这种的感是无可批评的,只有俯首承认。并且这个是全无安慰之法的,客观的局面固无法改变,主观的情志亦无法掉换转移。对于别种情志不宁时所用的转移方法,如所谓使人涵泳于一"直觉的宇宙"中者,至此全不中用。这个痛感便是直觉(一切情感俱属直觉),正以他出于直觉,而且不搀理智之单纯直觉,所以不可转移不能驳回。若问他于后此世界如何?我们可以很决断不疑的明白告诉你,这种感情顶不能逃的莫过于改造后的世界了!**因为后此人类的生活之尚情尚直觉是不得不然,这对以前固为一种纠正补救,而其结果适以为后来之自杀!**(并且我们很看清楚那时所尚并非浮动、激越、走极端的感情,而是孔家平稳中和的感情,但其结果皆适以自杀。)就是说人类陷于非生此感不可之地步,引入无可解决之问题以自困也。所以吾人对此只有承认其唯一"脱离"之要求不能拒却。宗教自始至终皆为谋现前局面之超脱,然前此皆假超脱,至此乃不能不为真超脱真出世矣。宗教之真于是乃见,盖以宗教之必要至此而后不拔故也。

然上面之一问题不常说,其常说者为后三项老、病、死之问题。所以我们去讲说印度人的问题时节亦常常只说这三项便好。这三项为一种问题,即"**众生的生活都是无常**"是也。他所谓老、病、死,不重在老、病、死的本身。老固然很痛苦的,病固然很痛苦的,死固然很痛苦的,然他所痛苦的是重在别离了少壮的老,别离了盛好的病,别离了生活的死。所痛在别离即无常也。再节经文:

> 太子驾车出游……既又出城西门见一死尸,众人舁行,无量姻亲围绕哭泣,或有散发,或有搥胸,悲咽叫号。太子见已,心怀酸惨。还问驭者,驭者白言,此人舍命,从今以后不复更见父母兄弟妻子眷属,如是恩爱眷属生死别离更无重见,故名死尸。一切众生无常至时,等无差异。太子闻已,命车回宫,默然系念如前。终于城北门更见比丘,须发毕除,著僧伽黎,偏袒右肩,执仗擎钵,威仪肃整,行步徐详,直视一寻,不观左右。太子前问。答言我是比丘,能破结贼,不受后身。太子闻说出家功德,会其宿怀。便自唱言:"善哉!善哉!天人之中此为最胜,我当决定修学是道。"时年十九,二月七日,太子自念出家时至。于是后夜中内外眷属悉皆昏睡,车匿牵马,逾城北门而出。尔时太子作狮子吼:"我若不

断生老病死忧悲苦恼,不得阿耨多罗三藐三菩提,要不还此!"

这是顶能代表他们的问题之一段话,但问题固不止一件。他们觉得好多事情不愿看,不忍看见。比如看见花开得很好看,过天看见残落了,此为最难过最不忍的时候。觉得没法想! 昨天的花再也看不见了! 非常可恼的过不去。又如朋友死了,父母妻子恩爱家庭的人死了,真痛煞人! 觉得不能受,我不能再活着! 或者幼时相聚的人,一旦再见老了,要想恢复以前幼时乐境不可能了! 恨煞人! 或者看着亲爱的人乃至余人,病若宛转,将如何安慰他才好? 急煞人! 尤其是看见别人为其亲爱病苦而着急时候,或看见别人为其亲爱之死而哀痛时候——如佛之所见——觉得实在难过不忍。我如何能叫死者复活以安慰他才好? 我怎么能够将世间的老病死全都除掉,永不看见! 若这样的世界我则不能往下活! 那么唯一的归向只有出世。

我们试来鉴别,像如此的情感要求,有没有错幻之处。大家要留意,**他们印度人这种怕老病死与中国人的怕老病死很不同**。从印度式的怕老病死产出了慈悲勇猛的佛教。从中国式的怕老病死产生了一般放浪淫乐唯恐不遑的骚人达士,同访药求仙的修炼家。都因根本上当初问题大有不同的原故。中国总是想"一个人不过几十年顶多一百年的活头,眼看要老了! 要死了! 还不赶快乐一乐么?"或者"还不想个长生不死的法子么?"你看自古的文艺如所谓诗、歌、词、赋所表的感情何莫非前一种;而自古以来的本土宗教如所谓方士、道家者流,其意向何莫非后一种呢? 像这样的感想,姑无论其可鄙,实在是错谬不合。他的错误始则是误增一个我,继则妄减一个我。**"我"是从直觉认识的**(感觉与理智上均无"我"),**但直觉只认识,无有判断,尤不能区划范围**(感觉亦尔)。**判断区划,理智之所事也**,而凡直觉所认识者只许以直觉的模样表出之,不得著为理智之形式。现在他区划如许空间如许时间为一范围而判立一个"我",又于范围外判"我"不存,实误以直觉上的东西著为理智之形式也。质言之,"我"非所论于存不存,更无范围,而他全弄错了,且从这错的观念上有许多试想,岂不全错了么!(此段话从认识论来,莫轻忽看过。)印度人的感想则全与此不同,中国人是理智的错计误虑,而印度人则直觉的真情实感也。印度人之怕死,非怕死,而痛无常也。于当下所亲爱者之死而痛之,于当下有人哀哭其亲爱之死而痛之,不是于自己未来之死而虑之,当他痛不能忍的时候,他觉得这样世界他不能往下活,**诚得一瞑不顾者,彼早自裁矣。但怕死不了耳,死了仍不得完耳。死不是这样容易的,必灭绝所以生者而后得死,**所以他坚忍辛勤的求出世即求死。**彼非怕死,实怕活也**,与中国之虑死恋生者适得其反焉。故道家之出世,宁名之为恋世。此辈自虑其死者,盖全不怕这些年中会要看见几多他人之死;于朋友之死,于所亲爱者之死,想来都是不动心的了!何其异乎印度人之所为耶? 故一为寡情,一为多情,其不同有如此者,不可不辨也。寡情故运理智而计虑未来,多情故凭直觉而直感当下。此种真情实感,吾人姑不论其可仰。抑亦无从寻摘其知识上之疵斑。还有一层,情志之从理智错计来者可以驳回转易,中国人凡稍得力于孔家者,便可不萌此鄙念。而情志之从直觉的实感来者,全不能拒却转易。质言之,前者是有法可想的,后者乃全无办法也。

而客观一面亦复绝对无能改变。**子无谓科学进步可以征服天行**
也。宇宙不是一个东西而是许多事情，不是恒在而是相续，吾侪
言之久矣。宇宙但是相续，亦无相续者，相续即无常矣。宇宙即
无常，更无一毫别的在。而吾人则欲得宇宙于无常之外，于情乃
安此绝途也。吾固知若今日人类之老病死可以科学进步而变之
也；独若老病死之所以为老病死者绝不变，则老病死固不变也。
若问后此世界此种印度式情感将若何？我们可以很决断不疑的
明白告诉你，那时节要大盛而特盛。我且来不及同你讲人类生活
的步骤，文化的变迁，怎样的必且走到印度人这条路上来。我只
告诉你，这不是印度人独有的癖情怪想，这不过人人皆有的感情
的一个扩充发达罢了。除非你不要情感发达，或许走不到这里
来，但人类自己一天一天定要往感觉敏锐情感充达那边走，是拦
不住的。那么这种感想也是拦不住的，会要临到大家头上来。我
告诉你，莫以为人类所遇到的问题，经人类一天一天去解决，便
一天从容似一天，所谓问题的解决，除掉引入一更难的问题外，没
有他义，最后引到这个无解决的问题为止。除非你莫要去解决问
题，还可以离得这顶困厄的问题远些，但是人类一天一天都在那
里奋力解决问题，那是拦不住的。那么这个问题便眼看到我们前
面了，我们遇到这种不可抗的问题没有别的，只有出世。即是宗
教到这时节成了不可抗的必要了。如此我们研寻许久，只有这一
种和前一种当初佛教人情志上所发的两问题是宗教的真必要所
在，宗教的必要只在此处，更无其他。

　　从上边最末所指出的这种必要，我们可以答第一条的问：宗
教是有他的必要，并且还是永有他的必要，因为我们指出的那个

问题是个永远的问题,不是一时的问题。盖无常是永远的,除非不生活,除非没有宇宙,才能没有无常;如果生活一天,宇宙还有一天,无常就有,这问题也就永远存在。所以我们可说宗教的必要是永远的,我们前头说过,宗教即是出世,**除非是没有世间,才没有出世,否则你就不要想出世是会可以没有的。**

宗教是否可能之研究

人的情志方面,固是常常有出世的这种倾向——宗教的要求——但是因这种倾向要求的原故,必致对于知识方面有叛离之势。前头我们讲"超绝""神秘"的时候,已经说明这个道理。这种叛离之势,知识方面自然是不容许,他是拒绝这种超绝的要求,反对神秘的倾向而要求一切都在知识范围里,没有什么除外。这两种倾向要求既然如此的适相冲突,而人的生活是一个整的,统一的,不能走两个方向的。假使这两个方向都是不应否却的,那么,岂不是要强他分裂为二? 但是两下里只能迭为起伏的争持,却是绝不会分裂为二的。他只有三条道:

(一)情志方面的倾向要求得申,而知识方面的被抑;

(二)知识方面的倾向要求得申,而情志方面的被抑;

(三)于二者之间有个真正的妥协,即是走出一条二者并得申达而不相碍的路。

现在要问的就是第三条路走得出来走不出来。走得出来,宗教就可能;走不出来,而只能走前两条路,宗教就是不可能。第二条宗教的要求被抑,固然不成功宗教;就是第一条虽然成功宗教,却是一时假立的,还要翻下来的;所以这两条路的结果都是宗教不可能。而偏偏现前这许多宗教同一般人的宗教信仰，几乎都是走第一条路而成功的，就是说，情志方面占了上风，知识退避被抑，糊糊涂涂的妥协而来，因这并非是真妥协，一旦感情冷静、知识翻身，宗教就好像要倒下的样子，所以大家就疑虑宗教是不可能的了。我们因此要问：人类生活的知识方面果亦有宗教的可能吗？

这现前大家所看见的同一般人的宗教信仰，使得大家心目中有了一个宗教的格式：一则宗教信仰是不容你以常理推测批评的；二则所信仰的都尊尚绝对，而且能力特别大或无限，人要仰赖他；三则宗教对人都有很大束缚力，不容你同时再信仰别的，你要迁移改变也很难。**这三条总起来，他一致的归结就在诎抑人类的自己个性。**盖都为人有所不知——对外面的宇宙或自己的人生——而宗教家造出个说法来解答他，这个解答在平时不见得就相信的，却是在情志不宁时有那疑问，就很容易的信受了，并且奉行他的教训。宗教家原与信教的人在同一程度的社会，从这种程度的社会生出疑问还不过这个社会自己去答，所以他这个解说原非出于真的知识，**自然要以常理不测为遮拦，这个遮拦的承受就是上边所谓知识方面的倾向要求被抑，也就是人的自己个性被诎抑。**不可单看作知识被抑，实整个的自己被抑；知识方面原无所谓抑不抑，**所抑者是倾向要求，倾向要求实自己也，个性也。**人当情志不宁的时候，总要得所归依，夫然后安，所以宗教都建立一个主宰，他们就一心托命了。这一心托命，自然又是人的自己的一个诎抑。他那不许怀贰，一面也是宗教的自固，一面还是安定人心，而人受他这种束缚，自然又是一个诎抑。这差不多是从许多小宗教一直到基督、天方的一定格式，其间所差的不过在所不知的颇两样罢了：

一种所不知的不是当真不可知，只是他们知识没到而已；那么，他这种的"神秘"、"超绝"、"外乎理知"就算不得什么神秘、超绝、外乎理智。例如那些杂乱崇拜许多神祇的，其神祇的存在和他的性质能力，都有超越世间之外，同非寻常道理所能测的意味，便是这类宗教所要求的"外乎理知"所在。但就事实去看，这类的"外乎理知"都是由于人有所不知而拿他所有的知识去造出来以应他情志方面的需要。譬如当初的人，不知打雷下雨是怎么回事，于是就着他已有的知识去下解释，说是有同人相仿的这么一种东西，就是所谓神者在那里做这件事情。所以你去看他那说法，他那所由造成的材料，总不出原有的知识范围，如说雷响是打鼓……他那关系总在他的正需要上边，如科举时代拜文昌。他为冲开他现有的世界的狭迫，他就辟造这个，使情志有活动的余地。这是很显然的。他不得不拒绝别人本乎知识的批评而倾向于"外乎理知"一面。却又仍旧适用知识的形式，成为一个观念，同一片说辞，**竟还以"外乎理知"这个东西纳于理智范围，自相谬戾，不知其不通**。所以这种的"外乎理知"只是知识的量不丰，理智未曾条达而有一种自相谬戾的现象。既没有他所目为"外乎理知"的事实，而且"外乎理知"也不成其"外乎理知"。等到知识增进，于向所不知者而知道了，那么，当初的所谓"外乎理知"，也随即取销了。像这类的宗教，其为走第一条路而成是不消说的。

一种所不知的是当真有一分不可知的在内，并不能以知识量数的增进而根本取销他的"外乎理知"。例如信仰惟一绝对大神如基督教、天方教之类,其神之超出世间,迥绝关系,全知全能,神秘不测,就是他所要求的"外乎理知"之所在。这实在是比以前那种"外乎理知"大不相同,进步多了。但我们就事实考之,也还是因人有所不知而就着所有的知识去构成的,以应他自己情志方面的需要。不过这所不知者,却是宇宙的、人生的根本究竟普遍问题,与前不同罢了。譬如对于一切生命不知道他从何而来,忽生忽死,遭祸得福,不由自己,不知道何缘致此,便去替他下解释而说为有上帝——造物主——了。缘这类的根本究竟问题,无论知识如何增进,得到许多解答,而始终要余不可知的一分。斯宾塞在他的《第一原理》第一二三四章中讲〔得〕最明白可以拿来参看,此不多说。因为这种问题含有不可知的一分在内,所以在这种问题上辟造一说以为解答而主张其为"外乎理知",以拒绝人之批评时,可以悍然若有所恃,而在旁人也很难下批评似的。故此这类绝对大神教,占的年限很久,不轻容易倒下来,即或知识进步,仍旧不足以颠覆他,不能完全取消他,因为始终余有不可知的一分的缘故。这不是知识的量增加所能革除的,这必待理智条达,认识论出来,把知识本身是怎么一回事弄明白了,方能使他自镜其失。譬如基督教所谓上帝六日造世,圣母玛利亚童贞受胎,等等一些话,知识进步,宗教家自己也收起来不说了。但所取销的只不过宗教中关于上帝的一篇说辞,至于上帝本身尚非容易取销的。而且因为这一层一层把说辞剥掉,和人的心思日巧的原故,这个神的观念由实入虚,由呆入玄,别有所谓神学、形而上学,来作为宗教的声援护符,宗教更不易倒。然而等到哲学上大家来酌问形而上学的方法的时节,虽然对于所不可知的一部分——宇宙之本体,已往的缘起,此后之究竟等等——仍是不能知道,但是宗教、神学、形而上学对于这些问题皆为胡乱去说,却知道了。**于是到此际无论怎样圆滑巧妙,也不能够再作宗教的护符,而途穷路绝了。**此类宗教其当初立足是在第一条路也不消说了。

宗教的真可能所在

大家因为看见宗教如此,就料定宗教无法图存,其实不然。**你们要晓得世界宗教最盛且多又发达最高明的是在印度;你们于印度宗教并不曾加意,而尤于其最高明之佛教还完全隔膜莫名其妙,而所见不出基督、天方之属,则何足以衡论乎?**这个不同所在大约因为印度人的宗教动机是与别的地方两样。别的地方多半情志怯弱,所以其结果必至诎抑个性;印度人多半不是想有所仰赖托命而是堂堂正正要求出世——他们叫做"还灭"——很不容易就信受宗教家的无理解说,而要讨论辩难,其人的个性是很申展的,绝不得以他方为例。从这论难,所以产出哲学和他的论辩术。而哲学所究讨得的他就拿去实行,因他原是为实行而究讨的;所谓实行,即种种苦行瑜伽之类,这些都是因其思想而各不同的;及至修证有得,则又宣诸口,还以影响于思想。他是即宗教即哲学,即哲学即宗教的。这种情形他方哪里有呢?他因此之故,竟可以有持无神论的宗教;这在西方人听了要不得其解的。数论、佛教反对宇宙大神的话很多很明白,详《印度哲学概论》。就是其他如胜论宗、尼耶也宗、瑜伽宗等其有神无神也都难定,即神的观念不废,也不是他哲学中的重要观念。虽然如此,印度的许多宗教还是在人类知识方面说不过去的,惟一无二只佛教是无可批评确乎不拔的。因为这许多宗派无论如何高明，却仍不出古代形而上学模样，对那些问题异论齐兴，各出意见；其无以解于妨难而不能不倒，盖不待细说了。惟佛教大大与他们两样：盖他们都要各有所说，**而佛教在小乘则虽有所说却不说这件事，在大乘则凡有所说悉明空义，且此空义盖从确实方法而得。空义，佛教之所独也，自佛而外，无论印度乃至他方，无不持有见者，则其所见，悉不能安立。**形而上学实应空一切见。此空一切见，在西方人亦稍稍见及之。例如斯宾塞所论"知识之相对性"，布来得雷所论"现象与本体"之类；又后世吠檀多大师商羯罗亦能为此言。然此固犹一见解，于空尚隔万重山也。**佛家之空，殆殊非空，现量所得，宁曰"实相"。**这就是前面所叙唯识家的方法，于不变而缘的根本智中实证真如，待后得智中重现身土，乃为诸有情说出来的。**这时候得到一个巧合，就是"外乎理知"实成其为外乎理知而又不外乎理知：于情志方面外乎理知的倾向要求固然申达，而又于知识方面之不容超外的倾向要求也得申达，互不相碍。何以故？**所论外乎理知原不单是神秘而且重在超绝。在一般人替宗教解除知识方面之批评困难的时候，就想把宗教上和观念和经验都归到直觉，而说宗教是属于直觉范围的，理智不应来批评。这只有相当的是处，好多宗教固是依靠直觉的；但宗教中占最重要的地位的印度几种宗教却与此相反而排斥直觉；而且就是那依靠直觉的宗教，你提出直觉来，也只能圆成他的神秘，不能圆成他的超绝；但宗教实不能离超绝一义的。像那改超神为泛神，改求天国于他世为辟天国于此世，和今日倭铿心中的宗教，自然差不多不外乎直觉，但这不能算数，**因为他们是削去超绝，收回出世，只余**

下现世神秘意味的假宗教。出世倾向是宗教的本来面目，非寻觅出超绝的根据，出世就为不可能，宗教就为不可能。尚用直觉，体会神秘，此宗教与艺术之所同也；宗教所独，实在超绝，然超绝实无论如何不能逃理智之批评而得知识方面之容纳。今佛家此方法乃得其解决之道，而所谓出世，所谓宗教，今日乃得其解。唯识上说根本智云："此智远离所取能取故，说名无得及不思议，是出世间无分别智。断世间故，名出世间。二取随眠，是世间本。唯此能断，独得出名。"盖一个感觉即自现一影像，所谓现前世间即在于此，遂若世间不出现前，以不能超感觉而有故也。欲超现前必超影像，然何有非影像者，于是超绝为妄想。惟此根本智实证真如远离能所取，才没有影像，乃真超出现前了。所以他说什么叫"出世"呢？只此断了世间根本的二取随眠的根本智或名无分别智实证真如的时节，才能叫作"出世"。**世间之所以为世间，在能所对待，出世之所以为出世，在断能所而成一体。此不可不识也。**真如之体不属世间，知识不及，是为超绝，而又现量所得，初亦不妨说为仍在知识范围。真如绝对，概念作用所不能施，是为超绝，而后得智兴，纳之名言，权为人说，又不妨属诸知识范围，虽表诸名言而随表随遮不坏其绝对，如斯善巧，两面俱圆。顷所谓"外乎理知"实成其为外乎理知而又不外乎理知者此也。宗教于是可能，于是安立。

宗教者出世之谓也，方人类文化之萌，而宗教萌焉；方宗教之萌，而出世之倾向萌焉。人类之求生活倾向为正，为主，同时此出世倾向为反，为客。一正一反常相辅以维系生活而促进文化；生活走一步，文化进一步，而其生活中之问题与其人之情志知识所变现于其文化中之宗教亦进一步。宗教实与文化俱进，而出世倾向亦以益著，此不可掩者也。但走至中途亦有变动，譬之近世若无事宗教者。此由知识方面以方法渐明而转利，有可批评之点，悉不能容；又情志方面以征服自然而转强，无须仰赖他方之安慰勖勉也。然此皆一时之现象，不久情志方面之不宁，将日多，日大，日切；因为到后来人类别的问题都解决的时候，就是文化大进步的时候，他就从暗影里现到意识上，成了唯一的问题。我们当奔走竞食的时节，问不到很高的问题，像前面所叙托尔斯泰以及印度人所问的。必要低的问题——生活问题——都解决了，高的问题才到了我们眼前。所谓低的问题都解决的时候非他，即理想的改造后之社会也；到那时候人类文化算是发达的很高了，则其反面的出世倾向也就走到他的高处。我们在第三章中曾列举人类生活有可满足的，不定得满足的，绝对不能满足的，三次第问题。人类是先从对于自然界要求物质生活之低的容易的问题起，慢慢解决移入次一问题，愈问愈高，问到绝对不能解决的第三问题为止。**我们试看印度人——尤其是原来的佛教人——所问的问题，不就是第三问题吗？他要求生活，而不要看见老病死，这是绝对做不到的，别的问题犹可以往前奋斗，此则如何？他从极强的要求碰到这极硬的钉子上，撞到一堵石墙上，就一下翻转过来走入不要生活一途，以自己取消问题为问题之解决。此非他，即我们前面所列人生之第三路向是。**第三路向是违悖生活本性的，平常生活中用不着，凡没有这问题而用他，都是无病呻吟，自为错谬。惟第三问题要用第三路向，惟第二问题要用第二路向，惟第一问题要用第一路向。西洋人盖走第一路向而于第一问题大有

成就者;而印度人则走第三路向而于第三问题大有成就者——成
就了宗教和形而上学。

印度文明之所由产生

但是我们怎么能说印度人是文化发达最高的呢？印度文化
种种方面尚在幼稚,是大家知道的,不能否认;但是他文化虽未发
达到高处,却是和文化发达到高处有同样的境地;这就是说他对
于低的问题虽未解决而像解决一样。大约印度当时因天然赐予
之厚,生活差不多不成问题,他们享有温热的天气,沃腴的土地,
丰富的雨量,果树满山,谷类遍地,不要怎样征服自然才能取得自
己的物质需要,而且天气过热也不宜于操作;因此饱足之余,就要
来问那较高的问题了。大家都以为印度人没法生活才来出世,像
詹姆士所说:印度人胆小不敢奋斗以求生活,实在闭眼瞎说! 印
度人实在是极有勇气的,他们那样坚苦不挠何尝不是奋斗,不过
其心思精力所注都在精神方面,而在深山之中树林之下去做他那
种精神生活罢了。印度文明之产生在此。在今日他这种文明的
价值、成绩,我们因为还隔的远不容易认识估计,却是我们想他们
从古以来那么许多人来走这一条路,走了这么许多年,他所走出
去的一定很远,不过因为我们还不曾有他的问题,更看不到那条
路——出世的路——所以就是睁着眼来看他,也看不见究竟走出
多远。只有那残留的印度典籍如佛教藏经,外道各宗的经书,其
量数之巨是见于外面的一点痕迹!

中国哲学之情势

我们对于印度文化在精神生活方面的成就大概的说过了,现在要来观察中国文化的这一面情形。中国文化在这一面的情形很与印度不同,就是于宗教太微淡,我们曾经说过。因此中国的宗教没有什么好说的,而在他文化里边顶重要的似乎是他那无处不适用的玄学——形而上学。那么我们就来试看他的形而上学如何。我在前边讲过形而上学这个东西自西洋人痛下批评后,几乎无法可讲,如果不于其批评外开辟方法,那么,不论讲得怎样,都是不值一钱。印度的佛家,如我们所观察,似乎算得自己开辟出一条路来的,然则我们就要问:中国的形而上学是否与他方古代形而上学一样陷于西洋人所批评的错误,还是另有好方法呢?他这方法与印度的是一样,还是各别呢? 我们仔细审量后,可以说中国并没有陷于西洋和印度古代形而上学的错误,亦与佛家方法各别不相涉。他是另自成一种形而上学,与西洋印度的全非同物,我已在表内开列明白。有许多人因为不留心的结果,不觉得这三方的形而上学有什么根本的不同,就常常误会牵混在一处来讲。譬如章太炎、马夷初、陈锺凡诸位都很喜欢拿佛家唯识上的话同中国《易经》、庄子来相比附:说什么乾坤就同于阿赖耶识、末那识一类的话。这实在是大大的错误! 大约大家都有一个根本的错误,就是以为人类文化总应该差不多,**无论他是指说彼此的同点,或批评他们的差异,但总以为是可以拿着比的。其实大误! 他们一家一家——西洋、印度、中国——都各自为一新奇的、颖异的东西,初不能相比。三方各走一路,殆不相涉,中国既没有**

走西洋或印度那样的路,就绝对不会产生像西洋或印度的那样东西,除非他也走那路时节。你们如果说中国形而上学的某某话,就是印度佛家唯识的某某话,**那我就请你看中国人可曾有印度人那样奋力齐奔于人生第三路向吗? 如果你承认不曾有,那么印度形而上学在中国何从产生出来!** 即使他们所说的话尽管相似到十分,如果根本不同时,就不得算同,不得相比。据我所观察中国的形而上学与西洋和印度的根本不同,可分两点去说:

(一)问题不同　中国形而上学的问题与西洋、印度全然不同,西洋古代和印度古代所问的问题在中国实是没有的。他们两方的问题原也不尽同,但如对于宇宙本体的追究,确乎一致。他们一致的地方,正是中国同他们截然不同的地方,你可曾听见中国哲学家一方主一元,一方主二元或多元;一方主唯心,一方主唯物的辩论吗? **像这种呆板的静体的问题,中国人并不讨论。中国自极古的时候传下来的形而上学,做一切大小高低学术之根本思想的是一套完全讲变化的——绝非静体的。** 他们只讲些变化上抽象的道理,很没有去过问具体的问题。因为这问题不同的原故,其情形因也不同,他们仅只传习讲说而很少争辩,分开党派,各提主张,互相对峙的。虽然一家文化初起的时候,因路向尚无定,思想向各方面发展种种都有一点萌芽,中国也许间或有些与印度西洋相似的,譬如老子所说的"有物混成,先天地生"似很近于具体。但老子的道理终究不在静体,他原亦出于古代的易理——"归藏"——而讲变化的。况且只萌露这一点总不能算数,若因为这类的相似,就抹煞那大部分的不同,总不应该。你不要把中国的金、木、水、火、土五行，当作印度地、水、火、风四大一样看：一个是表抽象的意味，一个是指具体的物质，并不能牵混为一的。

（二）方法不同　中国形而上学所讲，既为变化的问题，则其所用之方法，也当然与西洋印度不同。因为讲具体的问题所用的都是一些静的、呆板的概念，在讲变化时绝对不能适用，他所用的名词只是抽象的、虚的意味。不但阴阳乾坤只表示意味而非实物，就是具体的东西如"潜龙"、"牝马"之类，到他手里也都成了抽象的意味，若呆板的认为是一条龙，一匹马，那便大大错了。我们认识这种抽象的意味或倾向，是用什么作用呢？**这就是直觉。我们要认识这种抽象的意味或倾向，完全要用直觉去体会玩味，才能得到所谓"阴"、"阳"、"乾"、"坤"。固为感觉所得不到，亦非由理智作用之运施而后得的抽象概念。理智所制成之概念皆明确固定的，而此则活动浑融的也。**

从上面所说看来，可见中国的形而上学，在问题和方法两层，完全同西洋人印度人两样，在西洋古代（合）〔和〕印度的几外道所讲的都是静体问题，而因为方法的不讲求，所以陷于错误。以后再谈那类形而上学，都要提出新方法才行。至于中国的形而上学全然不谈静体，并且所用的方法也与西洋印度不同，**所以近世批评形而上学可讲不可讲与方法适用不适用的问题，都与中国的形而上学完全不相干涉。我们上面所说的两点实在甚关重要，如果不能认清，我们没有法子说中国形而上学可以站得住。如果一个不小心，就错谬得要不得，大约古来弄错的人也很不少，所以我们**

颇看见有人注意加以针砭。我记得陈淳很辨别太极两仪非物之一点；又偶翻到《宋元学案》里边有许白云答人问的话，大概的意思是说，太极两仪都不过是一个意思，周濂溪就虑人不明白要以太极为一物，所以加无极在上边，然至今犹有人以两仪为天地者，这实在大大不可；太极是理，阴阳是气，理与气与形是不能混的，合起来说，固然形禀气而理具气中，分之则形上形下不可以无别也。他这个话非常之对，中国学术所有的错误，就是由于方法的不谨，往往拿这抽象玄学的推理应用到属经验知识的具体问题；如中国医学上讲病理、药性其方法殆多不合。并且除掉认清这些地方之外，还有我们更根本重要应做的事，就是去弄清楚了这种玄学的方法。**他那阴阳等观念固然一切都是直觉的，但直觉也只能认识那些观念而已，他并不会演出那些道理来；这盖必有其特殊逻辑，才能讲明以前所成的玄学而可以继续研究。**在前人颇拿他同数理在一起讲，这或者也值得研究。但我于此实无研究，不敢轻易说话，**不过我们一定可以知道这个方法如果弄不出来，则中国一切学术之得失利弊，就看不分明而终于无法讲求。我们又相信除非中国文明无一丝一毫之价值则已，苟犹能于西洋印度之外自成一派，多少有其价值，则为此一派文明之命根的方法必然是有的，只待有心人去弄出来罢了。此非常之大业，国人不可不勉！**

中国形而上学的大意

此刻我们来讲中国这一套形而上学的大意。中国这一套东西，大约都具于《周易》。《周易》以前的《归藏》、《连山》，和《周易》以后流布到处的阴阳五行思想,自然也不能全一样,然而大致总一样的,足可以《周易》代表他们。又讲《易经》的许多家的说法原也各有不同,然而我们可以说这所有许多的不同,无论如何不同,**却有一个为大家公认的中心意思,就是"调和"**。他们虽然不一定像这样说词,而他们心目中的意思确是如此,**其大意以为宇宙间实没有那绝对的、单的、极端的、一偏的、不调和的事物;如果有这些东西,也一定是隐而不现的。凡是现出来的东西都是相对、双、中庸、平衡、调和**。一切的存在,都是如此。这个话都是观察变化而说的,不是看着呆静的宇宙,而是看宇宙的变化流行。所谓变化就是由调和到不调和,或由不调和到调和。仿佛水流必求平衡,若不平衡,还往下流。所差的,水不是自己的活动,有时得平衡即不流,而这个是不断的往前流,往前变化;又调和与不调和不能分开,无处无时不是调和,亦无处无时不是不调和者。阴阳等字样,都是表示相对待两意味或两势力。在事实上为两势力,在吾人观察上则为两意味。他们说无处无阴阳即无处非调和,而此一阴或一阳者又各为阴阳之和。如是上下左右推之,相对待相关系于无穷。相对待固是相反而即是相成,一切事物都成立于此相反相成之调和的关系之上;纯粹的单是没有的,真正的极端是无其事的。这个意思我认为凡中国式思想的人所共有的;似乎他方也偶有一点,不过我记不清;我只记得从前看到一本书叫做《相对原理》(*Principle of Relativity*)是美国人卡鲁士(Carus)著的,他讲安斯坦的相对论,其间有好多话惹我注意。他所有的话都是根据"宇宙是大流"的意思而说,一切东西都在这大流中彼此互相关系。其最要紧的话就是:**一切都是相对,没有自己在**

那里存在的东西。似乎同我们的意思很相契合,我觉得安斯坦的发明不但使两个相远不相涉之外的静的罗素哲学与内的动的柏格森哲学得一个接触,并且使西洋的、印度的、中国的东西都相接触。又柏格森的哲学固与印度思想大有帮忙,似也有为中国思想开其先路的地方。譬如中国人所用这出于直觉体会之意味的观念,意有所指而非常流动不定,与科学的思路扦格不入;若在科学思路占唯一绝对势力的世界就要被排斥不容存留。而今则有柏格森将科学上明确固定的概念大加指摘,他以为形而上学应当一反科学思路要求一种柔顺、活动的观念来用。这不是很像替中国式思想开其先路吗?

这形而上学之所以为其形而上学的,**有一个根本的地方就是无表示**。凡一切事物的存在为我所意识的都是一个表示。平时我们的说话法,一名一句都是一个表示;不但语法,即所有感觉,也都是一个一个的表示。因吾人是生物,一思一感皆为有所问,而要求一个答,就必须有表示。**无意旨的不表示是与我们不相干的,不是我们所能意识及感觉的**。所谓要求表示就是要求对于他们的实际问题有关,有影响,这是生物的本性。从这本性就发生知识,其精的即为科学。**形而上学则超出利害关系以求真,所以不是这一路**。譬如我们说的变化,都是由调和到不调和,结果又归于调和,我们只是不得不用言语来表他,实在这从调和到不调和的两者中间也未尝不调和,没有法子可以分出从某至某为调和,从某至某为不调和;即求所谓调和不调和实不可得,不过言语表明的力量限于如此罢了。我们直觉所认的一偏不调和,其实还是调和,此下之调和与上之不调和又为一调和,如是之调和为真,盖两相消而无表示也,然无表示亦一表示。**这不惜为两相冲突的说话就是形而上学的说话,凡是形而上学的说话都是全反平时说话法的,若不与平常说话相反就不是形而上学。**盖非翻过这些生物的态度不可。柏格森之形而上学为反科学的,亦可为此种派头开其先。

我们试就易卦讲几句。卦盖即悬象以示人之意,每一个卦都是表示一个不调和,他是拿这些样的不调和来代表宇宙所有的不调和。他的数目或者加演再多也可以,不过姑且定六十四卦来说。这一卦又分个内外上下,还又分六层次去讲;例如,易经头一个卦:

这卦是乾上乾下。又从底下挨着次序一爻一爻也都是一一的表示。最下一阳爻——他们叫做初九——因为阳伏藏在下就用"潜龙"两字表那意味,在这种意味上最好是勿用,勿用其占得的意味也;如是象,如是占,为一调和。我看见《周易折中》引饶鲁的话最明白,他说:"一爻有一爻之中:如初九潜龙勿用,就以潜而勿用为中;九二见龙在田利见大人,就以见为中;九三君子终日乾乾,就以乾惕为中;九四或跃在渊,就以或跃为中;卦有才有时有位不同,圣人使之无不和乎中。"这根本即是调和就好,极端及偏就要失败。还有我仿佛记得王船山讲这乾卦说,有一完全坤卦隐于其后,颇为别家所未及,要算是善于讲调和的。如是之中或调和都只能由直觉去认定,到中的时候就觉俨然真是中,到不调和的时候就俨然确是不调和,**这非理智的判断,不能去追问**

其所以,或认定就用理智顺着往下推;若追问或推理便都破坏牴牾讲不通了。

关于这面的话大约只好以此为止,因为自己没有什么研究也说不出别的话来。不过我很看得明孔子这派的人生哲学完全是从这种形而上学产生出来的。孔子的话没有一句不是说这个的。始终只是这一个意思,并无别的好多意思。大概凡是一个有系统思想的人都只有一个意思,若不只一个,必是他的思想尚无系统,尚未到家。孔子说的"一以贯之"恐怕即在此形而上学的一点意思。胡适之先生以为是讲知识方法,似乎不对。因为不但是孔子,就是所有东方人都不喜欢讲求静的知识,而况儒家尽用直觉,绝少来讲理智。孔子形而上学和其人生的道理都不是知识方法可以去一贯的,胡先生没有把孔子的一贯懂得,所以他底下说了好多的"又一根本观念",其实哪里有这许多的根本观念呢! 不过孔子中心的意思虽只一点,却演为种种方面的道理,我们要去讲他,自然不能不一一分讲,但虽然分讲,合之固一也。我们分讲于下:

孔子对于生之赞美

我们先说孔子的人生哲学出于这种形而上学之初一步,就是以生活为对、为好的态度。这种形而上学本来就是讲"宇宙之生"的,所以说"生生之谓易"。由此孔子赞美叹赏"生"的话很多,像是:"天地之大德曰生";"天何言哉,四时行焉,百物生焉,天何言哉";"致中和天地位焉,万物育焉";"唯天下至诚为能尽其性,能尽其性则能尽人之性,能尽人之性则能尽物之性,能尽物之性则可以赞天地之化育，可以赞天地之化育则可以与天地参矣"；"天地变化，圣人效之"；"大哉圣人之道洋洋乎发育万物，峻极于天"；如此之类总是赞叹不置。**这一个"生"字是最重要的观念，知道这个就可以知道所有孔家的话。孔家没有别的，就是要顺着自然道理，顶活泼顶流畅的去生发。他以为宇宙总是向前生发的，万物欲生，即任其生，不加造作必能与宇宙契合，使全宇宙充满了生意春气**。于是我们可以断言孔家与佛家是不同而且整整相反的了。好多人都爱把两家拉扯到一起讲。自古就有什么儒释同源等论，直到现在还有这等议论。你看这种发育万物的圣人道理，岂是佛家所愿意的吗？他不是以万物发育为妄的吗？他不是要不沦在生死的吗？他所提出的"无生"不是与儒家最根本的"生"是恰好反对的吗？所以我心目中代表儒家道理的是"生"，代表佛家道理的是"无生"。中国人性好调和，所以讲学问总爱将两个相反的东西拉扯附会。又因为佛家传到中国来渐失本来面目，在唐以后盛行的禅宗，差不多可以说为印度原来没有的，他既经中国民族性的变化，从中国人手里出来，而那宋明学家又曾受他的启发，所以两方更容易相混。即使禅学宋明学相类，也不得为佛家孔家之相类，而况他们初不相类呢！大家总有一个错误，在这边看见一句话，在那边看见一句话，觉得两下很相像，就说他们道理可以相通，意思就是契合了。**其实一家思想都是一个整的东西，他那一句话皆于其整的上面有其意思，离开整系统则失其意味，若剖析零碎则质点固无不同者，如果不是合成整的，则各人面目其何从见**？所以部分的相似是不算数的。我中国人又头脑笼统，绝少辨察明利的人，从来讨论这两家异同问题的，多是取资禅家的话,愈没有明确的见解;只有吴检斋先生作过一篇《王学杂论》是从唯识上来批评的,很能够一扫游词浮论,把两家的根本分别之处得到了。他说:"王说生生不息之根,正穷生死蕴,恒转如流,异生所以在缠,智者期于证断,而彼辈方以流行无间为道体之本然,此中庸至诚无息之说所为近于天磨,而彼宗所执之性非无垢净识明矣。"这话是不错的,儒家所奉为道体的,正是佛家所排斥不要的,大家不可以不注意。

孔子之不认定的态度

其次我们看孔子从那形而上学一定先得到其无表示的道理。大家认识了——的象——表示——就以为他果然如此,不晓得他是浮寄于两相反的势力之上而无根的。**根本无表示,大家只晓得那表示,而不晓得这表示乃是无表示上面的一个假象。一个表示都是一个不调和,但所有表示却无不成立于调合之上,所以所有一切,同时都调和,同时都不调和,不认定其表面之所示现为实。寻常人之所以不能不认表示而不理会无表示者,因为他是要求表示的,得到表示好去打量计算的。所以孔子有一个很重要的态度就是一切不认定。**《易经》上说:"易之为书也不可远,为道也屡迁,变动不居,周流六虚,上下无常,刚柔相易不可为典要,唯变所适。"《论语》上就明白指出所持的态度说:"子绝四,毋意,毋必,毋固,毋我。"又说:"我则异于是,无可无不可。"又不但对于其实不如何的而认定其如何,是错,**并且一认定,一计算,在我就失中而倾敧于外了。平常人都是求一条客观呆定的道理而秉持之,孔子全不这样。**制定这个是善那个是恶,这个为是那个为非,这实是大错！我们觉得宋明学家算是能把孔子的人生重新提出的，大体上没有十分的不对，**所有的不对，只在认定外面而成了极端的态度和固执**（明人稍好一点）。他们把一个道理认成天经地义，像孔子那无可无不可的话不敢出口。认定一条道理顺着往下去推就成了极端，就不合乎中。**事实像是圆的，若认定一点，拿理智往下去推，则为一条直线，不能圆，结果就是走不通。**譬如以爱人爱物这个道理顺着往下推去，必至流于墨子兼爱、基督博爱的派头；再推就到了佛教的慈悲不杀；再推不但不杀动物也要不杀害植物才对；乃至一石一木也要不毁坏他才对；那么，那个路你怎么走呢？你如果不能做到最后尽头一步，那么，你的推理何以无端中途不往下推？**你要晓得不但后来不能推，从头原不应判定一理而推也！**所以孔子主张"亲亲而仁民，仁民而爱物"。在我的直觉上对于亲族是情厚些，就厚些；对于旁人略差些，就差些；对于生物又差些，就又差些；对于木石更差了，就更差些。你若判定情厚、多爱为定理而以理智往下推寻，把他作成客观道理而秉持之，反倒成了形式，没有真情，谬戾可笑，何如完全听凭直觉！然而一般人总要推寻定理，若照他那意思看，孔家所谓"钓而不纲，弋不射宿"、"君子远庖厨"未免不通：既要钓何如纲，既不纲也就莫钓；既要弋就射宿，既不射宿也就莫弋；既不忍食肉就不要杀生，既杀生又何必远庖厨。**一般人是要讲理的，孔子是不讲理的；一般人是求其通的，孔子则简直不通！然而结果一般人之通却成不通，而孔子之不通则通之至。**盖孔子总任他的直觉，倒没有自己打架，而一般人念念讲理，事实上只讲一半，要用理智推理，结果仍得凭直觉。我们的行为动作，实际上都是直觉支配我们的，理智支配他不动;一边自己要用理智,一边自己实不听他,临时直觉叫我们往那边去,我们就往那边去。这种自己矛盾打架,不过人自己不觉罢了,其实是无时无刻不这样的,留心细省就知道了。调和折衷是宇宙的法则,你不遵守,其实已竟无时不遵守了。极端的事,一偏的事,那里是极端? 那里是一偏? 他对于真的极端还是折衷,他对于真的一偏还是调和。其实无论何人自认为彻底往下推的,也都是不讲理——**就是说没有一人不是不往下推的**。所以一般人心里总是有许多道理、见解、主张的,而孔子则无成心,他是空洞无丝毫主张的。他因此就无常师,就述而不作。孔子的这种不认定,有似佛家的"不着有",但全非一事,不过孔子这种空洞无主张,只是述而不作,则与佛陀一般一样。我只看见世上仅此两人是此态度,外此无有已;我只看见他两人仅此一点相同,外此无有已。盖愈是看得周全,愈是看得通,也必愈无主张;惟其那只见一隅的,东一点,西一点,倒有很多主张。既不认定,既无主张,那么,我们何所适从呢? 认定、主张就偏,那么我们折衷好吗? 极端不对,那么我们调和对罢? 也不对,也不好,因为你又认定折衷、调和去走了。然则叫我们怎么样呢?

孔子之一任直觉

于是我们再来看孔子从那形而上学所得的另一道理。他对这个问题就是告诉你最好不要操心。你根本错误就在找个道理打量计算着去走。若是打量计算着去走,就调和也不对,不调和也不对,无论怎样都不对;你不打算计量着去走,就通通对了。人自然会走对的路,原不须你操心打量的。**遇事他便当下随感而**

应,这随感而应,通是对的,要于外求对,是没有的。我们人的生活便是流行之体,他自然走他那最对,最妥帖最适当的路。他那遇事而感而应,就是个变化,这个变化自要得中,自要调和,所以其所应无不恰好。所以儒家说:"天命之谓性,率性之谓道。"只要你率性就好了,所以就又说这是夫妇之愚可以与知与能的。这个知和能,也就是孟子所说的不虑而知的良知,不学而能的良能,在今日我们谓之直觉。这种求对求善的本能、直觉,是人人都有的;故孟子说:"人皆有不忍人之心……所以谓人皆有不忍人之心者;今人乍见孺子将入于井,皆有怵惕恻隐之心,非所以内交于孺子之父母也,非所以要誉于乡党朋友也,非恶其声而然也。"又说:"恻隐之心人皆有之,羞恶之心人皆有之,恭敬之心人皆有之,是非之心人皆有之。恻隐之心仁也;羞恶之心义也;恭敬之心礼也;是非之心智也;仁义礼智非由外铄我也,我固有之也。"这种好善的直觉同好美的直觉是一个直觉,非二;好德,好色,是一个好,非二,所以孟子说:"口之于味也有同嗜焉,耳之于声也有同听焉,目之于色也有同美焉。至于心独无所同然乎?心之所同然者何也?谓礼也,义也,圣人先得我心之所同然耳;故礼义之悦我心,犹刍豢之悦我口。"这种直觉人所本有,并且原非常敏锐,除非有了杂染习惯的时节。你怎样能复他本然敏锐,他就可以活动自如,不失规矩。

孔子所谓仁是什么?

此敏锐的直觉,就是孔子所谓仁。胡适之先生在《中国哲学史大纲》上说:"仁就是理想的人道,尽人道即是仁。蔡孑民《中国伦理学史》说，孔子所说的仁乃是"统摄诸德完成人格之名"，这话甚是；《论语》记子路问成人，孔子答道："若臧武仲之知，公绰之不欲，卞庄子之勇，冉求之艺，文之以礼乐，亦可以为人矣。"成人即是尽人道，即是完成人格，即是仁。我亦不能说"统摄诸德完成人格"是不仁，胡君的话我亦无从非议。但是这样笼统空荡荡的说法，虽然表面上无可非议，然他的价值也只可到无可非议而止，并不能让我们心里明白，我们听了仍旧莫名其妙。这因为他根本就不明白孔子的道理，所以他就不能说出使我们明白。**他若明白时就晓得这个"仁"是跃然可见确乎可指的。**胡先生又说："后人如朱熹之流说'仁者无私心而合天理之谓'乃是宋儒的臆说，不是孔子的本意。"不晓得胡先生有什么真知灼见，说这样一笔抹煞的话！朱子实不如今人的逞臆见，他的话全从那一个根本点出来，与孔子本意一丝不差，只要一讲清楚就明白了。我们现在先来讲明仁即是敏锐直（解）〔觉〕的话。你看《论语》上宰我问三年丧似太久，孔子对他讲："食夫稻，衣夫锦，于汝安乎？"他说"安"。孔子就说："汝安则为之。夫君子之居丧，食旨不甘，闻乐不乐，居处不安，故不为也。今汝安则为之。"宰我出去，孔子就叹息道："予之不仁也！"这个"仁"就完全要在那"安"字上求之。宰我他于这桩事心安，孔子就说他不仁，那么，不安就是仁喽。**所谓安，不是情感薄直觉钝吗？而所谓不安，不是情感厚直觉敏锐是什么？**像所谓恻隐、羞恶之心，其为直觉是很明的；为什么对于一桩事情，有人就恻隐，有人就不恻隐，有人就羞恶，有人就不羞恶？不过都是一个安然不觉、一个就觉得不安的分别罢了。这个安不安，不又是直觉锐钝的分别吗？**儒家完全要听凭直**

觉,所以唯一重要的就在直觉敏锐明利;而唯一怕的就在直觉迟钝麻疲。所有的恶,都由于直觉麻疲,更无别的原故,所以孔子教人就是"求仁"。人类所有的一切诸德,本无不出自此直觉,即无不出自孔子所谓"仁",所以一个"仁"就将种种美德都可代表了。而对于"仁"的说法,可以种种不一,此孔子答弟子问"仁"各个不同之所由来也。大家见他没有一定的说法,就以为是一个空荡荡理想的好名称了。我们再来解释朱子的话:**大家要看这个不安是那里来的? 不安者要求安的表示也,要求得一平衡也,要求得一调和也。直觉敏锐且强的人其要求安,要求平衡,要求调和就强,而得发诸行为,如其所求而安,于是旁人就说他是仁人,认其行为为美德,其实他不过顺着自然流行求中的法则走而已。**《易经》上说:"一阴一阳之谓道,继之者善也,成之者性也。仁者见之谓之仁,知者见之谓之知,百姓日用而不知,故君子之道鲜矣。"道在调和求中,你能继此而走就是善,却是成此善者,固由本性然也。仁就在这一点上,知也在这一点上,你怎样说他都好,寻常人人都在这里头度他的生活,而自己不晓得。这自然流行日用不知的法则就是"天理",完全听凭直觉,活动自如,他自能不失规矩,就谓之"合天理";于这个之外自己要打量计算,就通通谓之"私心"、"私欲"。王心斋说的好:"天理者,天然自有之理也,才欲安排如何,便是人欲。"大家要晓得,天理不是认定的一个客观道理,如臣当忠、子当孝之类;是我自己生命自然变化流行之理,私心人欲不一定是声、色、名、利的欲望之类,是理智的一切打量、计较、安排,不由直觉去随感而应。孔家本是赞美生活的,所有饮食男女本能的情欲,都出于自然流行,并不排斥。若能顺理得中,生机活泼,更非常之好的;所怕理智出来分别一个物我,而打量、计较,以致直觉退位,成了不仁。所以朱子以"无私心""合天理"释"仁",原从儒家根本的那形而上学而来,实在大有来历,胡先生不曾懂得,就指为臆说了。我们再来讲讲这个"仁"。"仁"就是本能、情感、直觉,是已竟说过的了。在直觉、情感作用盛的时候,理智就退伏;理智起了的时候,总是直觉、情感平下去;所以二者很有相违的倾向。孔子说:"刚毅木讷近仁。"又说:"巧言令色鲜矣仁。"我们都可以看出这"仁"与"不仁"的分别:一个是通身充满了真实情感,而理智少畅达的样子;一个是脸上嘴头露出了理智的慧巧伶俐,而情感不真实的样子。大约理智是给人作一个计算的工具,而计算实始于为我,所以理智虽然是无私的,静观的,并非坏的,却每随占有冲动而来。因为妨碍情感和连带自私之两点,所以孔家很排斥理智。但仁虽然是情感,却情感不足以言仁。仁是一个很难形容的心理状态,我且说为极有活气而稳静平衡的一个状态,似乎可以分为两条件:

（一）寂——像是顶平静而默默生息的样子;

（二）感——最敏锐而易感且很强。

能使人所行的都对,都恰好,全仗直觉敏锐,而最能发生敏锐直觉的则仁也。仁是体,而敏锐易感则其用;若以仁兼赅体用,则寂其体而感其用。若单以情感言仁,则只说到用,而且未必是恰好的用,故言仁者不可不知寂之义。这个寂与印度思想全不相涉,浅言之,不过是为心乱则直觉钝,而敏锐直觉都生于心静时也。平常说的教那人半夜里扪心自问,正为半夜里心静,有点内愧，就可以发露不安起来。孟子说的很明白："虽存乎人者岂无仁义之心哉？其所以放其良心者亦犹斧斤之于木也，旦旦而伐之，可以为美乎？其日夜之所息，平旦之气其好恶与人相近也几希；则其旦昼之所为有梏亡之矣。梏之反覆则其夜气不足以存，夜气不足以存，则其违禽兽不远矣。"宋明人都有点讲静坐，大家只看形迹，总指为受佛老的影响而不是孔家原样，其实冤屈了他。陈白沙所谓"静中养出端倪"实在很对的。而聂双江在王门中不避同学朋友的攻击，一力主张"归寂以通天下之感"，尤为确有所见。虽阳明已故，无从取决，然罗念庵独识其意。在古代孔家怎样修养，现在无从晓得，然而孔家全副的东西都归结重在此点，则其必以全力从事于此，盖可知也。胡适之先生说："最早的那些儒家只注重实际的伦理和政治，只注重礼乐仪节，不讲究心理的内观。到了《大学》《中庸》时代，才从外务的儒学，近入内观的儒学。"这话未必是。你不看孔子说的："回也其心三月不违仁，其余则日月至焉而已矣"；那"仁"不是明指一种内心生活吗？只要能像孔子说的"君子无终食之间违仁，造次必于是，颠沛必于是"，就都好了，并不要一样一样去学着做那种种道德善行，盖其根本在此。若说以前孔子时为外务的儒学恐其不然。不过这种内心修养实不像道家佛家于生活正路外有什么别的意思；他只要一个"生活的恰好"，"生活的恰好"不在拘定客观一理去循守，而在自然的无不中节。拘定必不恰好，而最大的尤在妨碍生机，不合天理。他相信恰好的生活在最自然，最合宇宙自己的变化——他谓之"天理流行"。在这自然变化中，时时是一个"中"，时时是一个"调和"——由"中"而变化，变化又得一"中"，如是流行不息。孔家想照这样去生活，所以就先得"有未发之中而后发无不中节"了。"仁"与"中"异名同实，都是指那心理的平衡状态。中即**平衡、归寂，即以求平衡，惟其平衡则有不合此平衡者就不安，而求其安，于是又得一平衡。**此不安在直觉，既已说过，而我们所说敏锐直觉即双江所谓通天下之感之感也。世人有一种俗见，以为仁就是慈惠，这固然不能说不是仁，**但仁之重要意味则为宋明家所最喜说而我们所最难懂的"无欲"**。从前我总觉以此为仁，似不合理，是宋儒偏处。其实或者有弊，却不尽错，是有所得的。其意即以欲念兴，直觉即钝，无欲非以枯寂为事，还是求感通，要感通就先须平静。平静是体，感通是用，用在体上。欲念多动一分，直觉就多钝一分；乱动的时候，直觉就钝得到了极点，这个人就要不得了。**因此宋儒无欲确是有故的，并非出于严酷的制裁，倒是顺自然，把力量松开，使其自然的自己去流行。**后人多误解宋人意思，而宋人亦实不免支离偏激，以至孔家本旨遂无人晓得，此可惜也！修养不过复其本，然此本即不修养，在一般人也并不失，故曰"百姓日用而不知"；仁初非甚高不可攀企之物也。然而仁又高不可穷，故虽颜子之贤，只能三月不违，其余只能日月至，而人以诸弟子之仁否为问，孔子皆不许其仁；乃至孔子亦自云："若圣与仁则吾岂敢。"曾子说："士不可以不弘毅，仁以为己任不亦重乎？死而后已不亦远乎？"可见仁是顶大的工程，所有的事没有大过他的了；而儒家教人亦惟要做此一事，一事而无不事矣。

孔家性善的理

我们再来看孔家性善的道理。孔子虽然没有明白说出性善，而荀子又有性恶的话,然从孔子所本的形而上学看去其结果必如是。那《易经》上继之者善,成之者性,百姓日用而不知的话,原已明白;如我们前面讲仁的话内,也已将此理叙明。胡适之先生说:"孔子的人生哲学依我看来可算得是注重道德习惯一方面的。"又引孔子未见好德如好色的话而说:"可见他(指孔子)不信好德之心是天然有的;好德之心虽不是天然生就的,却可以培养得成,培养得纯熟了自然流露;《大学》上说的:'如恶恶臭,如好好色,'便是道德习惯已成时的状态。"他这话危险的很!人类社会如果不假这种善的本能,试问是怎样成功的?胡先生不但不解孔子的道理而臆说,并且也不留意近来关于这个的意见之变迁,才说这样话。(此变迁详第五章)要晓得孔了的"性相近也,习相远也",其性近就是说人的心理原差不多,这差不多的心理就是善,孟子所谓人心之所同然者是也。本来都是好恶与人同的,只有后来习惯渐偏,才乖违,才支离杂乱,俱不得其正了。所以最好始终不失其本然,最怕是成了习惯——不论大家所谓好习惯坏习惯,一有习惯就偏,固所排斥,而尤怕一有习惯就成了定型,直觉全钝了。大家认为好习惯的也未必好,因为根本不能认定。就假设为好习惯,然而从习惯里出来的只是一种形式,不算美德。美德要真自内发的直觉而来才算。非完全自由活动则直觉不能敏锐而强有力,故一入习惯就呆定麻疲,而根本把道德摧残了。而况习惯是害人的东西,用习惯只能对付那一种时势局面,新的问题一来就对付不了,而顽循旧习,危险不堪!若直觉敏锐则无所不能对付。一个是活动自如,日新不已;一个是拘碍流行,淹滞生机。害莫大于滞生机,故习惯为孔家所必排。胡先生以注重道德习惯来讲孔子人生哲学，我们是不能承认的。

孔子之不计较利害的态度

我们再来讲孔子的唯一重要的态度，就是不计较利害。这是儒家最显著与人不同的态度，直到后来不失，并且演成中国人的风尚，为中国文化之特异采色的。这个道理仍不外由前边那些意思来，所谓违仁、失中、伤害生机等是也。胡适之先生又不晓得孔子这个态度，他以为孔子的"放于利而行多怨"、"君子喻于义，小人喻于利"，不过是孔子恨那般谋利政策，所以把义利两桩说得太分明了。他又引孔子对冉有所说"庶矣，富之"的话，而认孔子并不主张"正其谊不谋其利"说："……可见他所反对的利，乃是个人自营的私利，不过他不曾把利字说的明白，《论语》又有夫子罕言利的话，又把义利分作两个绝对相反的物事，故容易被后人误解了。"但胡先生虽于讲孔子时不曾认清孔子的态度，却到讲墨子的时候，又无意中找出来了。他看见《墨子·公孟篇》上说"子墨子问于儒者曰：'何故为乐？'曰：'乐以为乐也。'子墨子曰：'子未我应也，今我问曰：何故为室？曰：冬避寒焉，夏避暑焉，室以为男女之别也。则子告我为室矣。今我问曰：何故为乐？曰：乐以为乐也。是犹曰：何故为室？曰：室以为室。'"他就说："儒家只说一个'什么'，墨子则说一个'为什么'，提出一个极高的理想的标准，如人生哲学高悬一个止于至善的目的，其细目'为人君，止于仁；为人臣，止于敬；为人父，止于慈；为人子，止于孝；与国人交，止于信。'全不问为什么为人子的要孝？为什么为人臣的要敬？只说理想中的父子君臣朋友是该如此如此的。"他从此

推论儒墨的区别道：

儒家只注意行为的动机，不注意行为的效果。推到了极端，便成董仲舒所说的"正其谊不谋其利，明其道不计其功"。只说这事应该如此做，不问为什么应该如此做。墨子的方法，恰与此相反。墨子处处要问一个"为什么"。例如造一所房子，先要问为什么要造房子。知道了"为什么"，方才可以知道"怎样做"。知道房子的用处是"冬避寒焉，夏避暑焉，室以为男女之别"，方才可以知道怎样构造布置，始能避风雨寒暑，始能分别男女内外。人生一切行为都如此……墨子以为无论何种事物、制度、学说、观念，都有一个"为什么"。换言之，事事物物都有一个用处。知道那事物的用处，方才可以知道他的是非善恶。为什么呢？因为事事物物既是为应用的，若不能应用，便失了那事物的原意了，便应该改良了。例如墨子讲"兼爱"便说："用而不可，虽我亦将非之。且焉有善而不可用者？"这是说能应"用"的便是"善"的；善的便是能应"用"的。譬如我说这笔"好"，为什么"好"呢？因为能中写，所以"好"。又如我说这会场"好"，为什么好呢？因为他能最合开会讲演的用，所以"好"。这便是墨子的"应用主义"。应用主义又可叫做"实利主义"。儒家说"义也者，宜也"。宜即是"应该"。凡是应该如此做的，便是"义"。墨家说"义利也"。便进一层说，说凡事如此做去便可有利的即是"义"的。因为如此做才有利，所以"应该"如此做。义所以为"宜"，正因其为"利"。

他在这以下又讲明墨子的应用主义如何不要看浅解错。他对于墨子的态度觉得很合脾胃，因他自己是讲实验主义的。他于是对于孔子的态度就不得其解，觉无甚意味。大约这个态度问题不单是孔墨的不同，并且是中国西洋的不同所在——孔子代表中国，而墨子则西洋适例。我们于这里要细说一说。当我们作生活的中间，常常分一个目的手段：譬如避寒、避暑、男女之别这是目的；造房子，这是手段。如是类推，大半皆这样。这是我们生活中的工具——理智——为其分配、打量之便利，而假为分别的；**若当做真的分别，那么就错误而且危险了。什么错误危险？就是将整个的人生生活打成两断截；把这一截完全附属于那一截，而自身无其意味。**如我们原来生活是一个整的，时时处处都有意味；若一分，则当造房中那段生活就全成了住房时那一段生活的附属，而自身无复意味。若处处持这样态度，**那么就把时时的生活都化成手段——例如化住房为食息之手段，化食息为生殖之手段——**而全一人生生活都倾欹在外了。**不以生活之意味在生活，而把生活算作为别的事而生活了。**其实生活是无所为的，不但全整人生无所为，就是那一时一时的生活亦非为别一时生活而生活的。平常人盖多有这种错分别——尤以聪明多欲人为甚——以致生活趣味枯干，追究人生的意义、目的、价值等等，甚而情志动摇，溃裂横决。孔子非复常人，所见全不如此，而且教人莫如此；墨子犹是常人，所见遂不出此，而且变本加厉。墨子事事都问一个"为什么"，事事都求其用处。其理智计较算帐用到极处，就把葬也节了，因为他没用处；把丧也短了，因为他有害处；把乐也不要了，因为他不知其何所为。**这彻底的理智把直觉、情趣斩杀得干干净**

净；其实我们生活中处处受直觉的支配，实在说不上来"为什么"
的。你一笑、一哭，都有一个"为什么"，都有一个"用处"吗？这
都是随感而应的直觉而已。那孝也不过是儿女对其父母所有的
一直觉而已，胡先生一定要责孔家说出"为什么"，这实在难得
很！**我们人的行为动作实在多无所为，而且最好是无所为。"无
所为而为"是儒家最注重用力去主张去教人的。**或者后儒也有
偏处，然而要知其根本所从来则不致误解了。我们已竟说过孔家
是要做仁的生活了，最与仁相违的生活就是算帐的生活。所谓不
仁的人，不是别的，就是算帐的人。仁只是生趣盎然，才一算帐则
生趣丧矣！即此生趣，是爱人敬人种种美行所油然而发者；生趣
丧，情绪恶，则贪诈、暴戾种种劣行由此其兴。算计不必为恶，然
算计实惟一妨害仁的，妨害仁的更无其他；不算帐未必善，然仁的
心理却不致妨害。美恶行为都是发于外之用，不必着重去看；要
着重他根本所在的体，则仁与不仁两种不同之心理是也。要着重
这两种心理，则算计以为生活、不算计以为生活不可不审也！这
是说明孔家不计较利害之由于违仁的一个意思。计算始于认定
前面，认定已失中，进而算计更失中；甚至像前面所说：计算到极
处则整个人生都倾欹于外。孔家为保持其中又不能不排斥计算。
旁人之生活时不免动摇，以其重心在外；而孔家情志安定都为其
生活之重心在内故也。这是说明孔家不计较利害由于失中的一
个意思。违仁、失中都是伤害生机。**不但像墨子那样办法使人完
全成了机械，要窒息而死，稍加计算，心理就不活泼有趣，就不合
自然；孔家是要自然活泼去流行的，所以排斥计算。**这是说明孔
家不计较利害由于伤害生机的一个意思。大约儒家所谓王霸之

辨,就在一个非功利的,一个是功利的。而在王道有不尚刑罚之一义,在霸术则以法家为之代表,这也是一个可注意的地方。孔子有言:"道之以政,齐之以刑,民免而无耻;道之以德,齐之以礼,有耻且格。"**盖刑罚实利用众人趋利避害之计较的心理而成立者,此必至率天下而为不仁之人,**大悖孔子之意,所以要反对的。王道虽不行,然中国究鲜功利之习,此中国化之采色。西洋虽以功利为尚,与墨子为一态度,而同时又尚艺术,其态度适得一调剂,故墨子之道不数十年而绝,而西洋终有今日。(附注:艺术用直觉而富情趣,其态度为不计较的。)

礼运大同说之可疑

说到此处我想起一件事来。我在民国五年夏天的时候,曾把孔家经籍都翻一遍,自觉颇得其意,按之于书,似无不合;只有《礼运·大同》一篇话看着刺眼,觉得大不对。他说什么大同小康,分别这个不如那个好,言之津津有味,实在太鄙!这还是认定外面有所希望计较的态度,决不合孔子之意。所有孔子的话,我们都可以贯串为一线,只有这里就冲突了。不过我也疏于考证,无法证明他是假的,只怀疑在心而已。后来才看见吴虞先生给陈仲甫先生一封信说及此事:

> 前著儒家大同之义本于老子说。今又得三证:吕东莱与朱元晦书曰:"蜡宾之叹,自昔前辈共疑之,以为非孔子语。盖不独亲其亲,子其子,而以尧舜禹汤为小康,其真是老聃墨翟之论。"东莱以为老聃之论,直不认为孔子语。一证也。《朱子语类》云:"《礼运》言三王不及上古事,人皆谓其说似

庄老。先生曰,《礼运》之说有理,三王自是不及上古。又问《礼运》似与老子同,曰不是圣人书。胡明仲云:《礼运》是子游作,《乐记》是子贡作,计子游亦不至如此之浅。"朱元晦认《礼运》非孔子书,且非子游作;而或以为庄老,或以为与老子同。二证也。李邦直《礼论》云:"《礼运》虽有夫子之言,然其冠篇言大道与三代之治,其语尤杂而不伦。其言曰:大道之行也,天下为公:人不独亲其亲,子其子,而谓之大同。又大道既隐,天下为家:各亲其亲,各子其子,如是而谓之薄俗。又,礼仪以为纪,以正君臣,以笃父子,以睦兄弟,以和夫妇,如是而谓之起兵作谋贼乱之本。以禹汤文武周公之治而谓之小康。郑氏称之,又以老子之言为证。故不道小康之说。果夫子之遗言,是圣人之道有二也。"李氏此论见《圣宋文选》,其意以为圣人所以持万世与天地长久不变者,君臣父子而已,不认大同。三证也。

吴先生和他所举诸家的话,其意思不必与我们同,然大家虽各有各的看法,都是觉得这个东西不对是同的。这篇东西其气味太与孔家不对,殆无可辩。晚世所谓今文家者如康长素之流,其思想乃全在此。他所作的《大同书》替未来世界作种种打算,去想象一个美满的境界;他们一班人奉为至宝,艳称不胜,我只觉其鄙而已矣! 他们根本不曾得到孔家意思,满腹贪羡之私情,而见解与墨子、西洋同其浅薄。所以全不留意孔子是怎样大与释迦、墨子、耶稣不同,而一例称道,搅乱一团;而西洋思想进来,脾胃投合,所以能首先承受,竞谈富强,直到后来还提倡什么物质救国论,数十年来冒孔子之名,而将孔子精神丧失干净! 其弟子陈焕章办孔教会,我们一看所谓孔教者,直使人莫名其妙。而尤使我心里难过的,则其所为建筑教堂募捐启,细细开列:捐二十万的,怎样铸全身铜像;捐十万的,怎样铸半身铜像;捐五万的,怎样建碑;捐几千的怎样;捐几百的怎样;煞费计算之精心,引逗世人计量我出多少钱买多大的名好呢? 我看了只有呕吐,说不上话来。哀哉! 人之不仁也!

孔子生活之乐

我们再看孔子从这种不打量计算的态度是得到怎样一个生活。**我们可以说他这个生活是乐的,是绝对乐的生活**。旁人生活多半是不乐的;就是乐,也是相对的。何谓相对的乐? 他这个乐是系于物的,非绝关系的,所以为相对;他这个乐是与苦对待的,所以为相对。若绝关系而超对待,斯为绝对之乐。平常人走计算的路,总要由手段取得目的,于是必有所取得而后乐,取不得就苦了。其乐全系于其目的物,而藉待于外;所以说是关系的而非绝对的。又其乐去苦来,苦去乐来,显为相对待的;所以说是对待的而非绝对的。孔子则不然。他原不认定计算而致情志系于外,所以他毫无所谓得失的;而**生趣盎然,天机活泼,无入而不自得,决没有哪一刻是他心里不高兴的时候,所以他这种乐不是一种关系的乐,而是自得的乐,是绝对的乐**。所谓烦恼这个东西在他是踪影皆无,而心里无时不乐。你看他说:“仁者不忧,知者不惑,勇者不惧。”智是惑的反面,勇是惧的反面,这是大家晓得的;**你还要晓得仁是忧的反面! 你几时懂得这乐,几时懂得这个仁**。宋明人常说“寻孔颜乐处”,那是不差的。**他只是顺天理而无私欲,所**

以乐，所以无苦而只有乐。所有的忧苦烦恼——忧国忧民都在内——通是私欲。私欲不是别的，就是认定前面而计虑。没有哪件事情值得计虑——不但名利，乃至国家世界。秋毫泰山原无分别，分别秋毫泰山，是不懂孔子形而上学的。《大学》上说："心有所忿懥，则不得其正；有所恐惧，则不得其正；有所好乐，则不得其正；有所忧患，则不得其正。"胡适之先生看见不得其解，以为这岂不成了木石了？**其实不是不许忿懥，只是不许有所忿懥；不是不许恐惧，只是不许有所恐惧；不是不许好乐，只是不许有所好乐；不是不许忧患，只是不许有所忧患；随感而应则无所不可，系情于物则无一而可；所谓得其正者，不倾欹于外也。**念念计虑，系情于物，即使有乐，其乐不真，若孔了则啼笑不必异人，只是过而不留，中心通畅，则何时不可以谓之乐乎？《论语》上说："君子坦荡荡，小人常戚戚。"美哉乎，坦荡也！孔家因为有意打量安排，便碍流行之理而罣于物，所以要立意做桩事情，就是善的也不对。所以《论语》上叙诸弟子侍坐，孔子问他们各人要怎样：一个便说要这样，一个便说要那样，都是要有所作为的，孔子都不甚许可；只有曾点说："莫春者，春服既成，冠者五六人，童子六七人，浴乎沂，风乎舞雩，咏而归"；孔子喟然叹道："吾与点也。"那么，孔子就不要作为了吗？不是的。他很勇猛的做事，只是不出于打量罢了。所以他自己说："其为人也，发愤忘食，乐以忘忧，不知老之将至"，旁人就说他是"知其不可而为之者"。据我所见，宋明学者虽都想求孔子的人生，亦各有所得；然惟晚明泰州王氏父子心斋先生、东崖先生为最合我意。心斋先生以乐为教，而做事出处甚有圣人的样子，皆可注意处也。

我们这时候就连带说到天命一层。天命是孔子和儒家所常常说的,如所谓"五十而知天命","不知命无以为君子","乐天知命故不忧","道之将行也欤？命也;道之将废也欤？命也"。虽然有孔子罕言命的话,其故盖别有在;而命实孔子说话中很着重的。所谓天命原很难讲,大概说去就是指那造化流行而言。这个宇宙大的流行,他的来路非常之远;惟其远,其力量亦非常之大,一直贯注下来,成功这个局面,很难转的。除了我当下这一动是未定的,其余周围种种方面情形都在我之外而属于已成。这周围已成的局面都可以叫做机会,或机缘——不拘他对于我这一动为顺为逆。这最多而有力的机会变化方向,殆足以决定我那一动的能否发出,接续表现成功,故曰有命;初不如平常人所谓命定者。**乐天者,乐夫天机而动;知命者即是乐天,而无立意强求之私也;无私故不忧**。墨家非命,而孔家知命,**其对待之根本在用理智与用直觉之不同**。在墨子以理智计算,则非非命不能鼓天下之动;然如此之动不能长久不疲,有时而堕矣! 孔家一任直觉,不待鼓而活动不息;其动原非诱于外,则不管得失成败利钝,而无时或倦。所谓知其不可而为之,在以理智计算者知其不可则不为矣;知其不可而为之,直觉使然也。此时不虑其不动,而转恐任情所至,有失乎中,故又不可以不知命也。知命而仍旧奋发,其奋发为自然的不容已,完全不管得失成败,永远活泼,不厌不倦,盖悉得力于刚。**刚者无私欲之谓,私欲本即阴滞,而私欲不遂,活力馁竭,颓丧疲倦有必然者,无私欲本即阳发,又不以所遇而生阻,内源充畅,挺拔有力,亦必然者**。《易》所谓"天行健君子以自强不息";又孟子说浩然之气:"其为气也至大至刚,以直养而无害,则塞于天地之间";皆表其刚健的态度。故孔子说知命在他原无弊病,而人之以此怠于作为者,斯由计算态度而然,孔子不任其咎也。

孔子之宗教

孔子的道理大概是这样了,我们看他怎样做法可以使社会上人都得一个仁的生活呢? 在这个地方孔子差不多有他的一副宗教。我们不要把宗教看成古怪东西,他只是一种情志生活。人类生活的三方面,精神一面总算很重,而精神生活中情志又重于知识;情志所表现的两种生活就是宗教与艺术,而宗教力量又常大于艺术。不过一般宗教所有的一二条件,在孔子又不具有,本不宜唤作宗教;因为我们见他与其他大宗教对于人生有同样伟大作用,所以姑且这样说。我们可以把他分作两条:**一是孝弟的提倡,一是礼乐的实施;二者合起来就是他的宗教。孝弟实在是孔教唯一重要的提倡。他这也没有别的意思,不过他要让人作他那种富情感的生活,自然要从情感发端的地方下手罢了。人当孩提时最初有情自然是对他父母,和他的哥哥姊姊;这时候的一点情,是长大以后一切用情的源泉;绝不能对于他父母家人无情而反先同旁的人有情。**《论语》上"孝弟也者其为仁之本欤"一句话,已把孔家的意思说出。**只须培养得这一点孝弟的本能,则其对于社会、世界、人类,都不必教他什么规矩,自然没有不好的了。**要想使社会没有那种暴慢乖戾之气,人人有一种温情的态度,自不能不先从家庭做起,所以说:"君子笃于亲,则民兴于仁。"《孝经》那书虽然不像真的,却是"夫孝,德之本也,教之所由生也"则固不错。

儒家对于丧葬的注重,在墨子看去,以为对于死人何必瞎费许多事,不知这都大有道理,所谓"慎终追远,民德归厚矣"。节葬短丧所省者都是看得见的利益,而人情一薄,其害不可计量,墨子固不见也。父母在可以尽孝,父母死则送死为大事;既死之后则又有祭祀,使这种宗教的作用还是不断;于是有祭礼,为礼之最重大者。那么,我们其次来说礼乐。礼乐是孔教唯一重要的做法,礼乐一亡,就没有孔教了。**墨子两眼只看外面物质,孔子两眼只看人的情感。**因为孔子着重之点完全在此,他不得不就这上头想法子。虽然提倡孝弟亦其一端,而只是这样提倡,是没有效的。我们人原是受本能、直觉的支配,你只同他絮絮聒聒说许多好话,**对他的情感冲动没给一种根本的变化,不但无益,恐怕生厌,更不得了。**那惟一奇效的神方就是礼乐,礼乐不是别的,是专门作用于情感的;他从"直觉"作用于我们的真生命。**要晓得感觉与我们内里的生命是无干的,相干的是附于感觉的直觉;理智与我们内里的生命是无干的,相干的是附于理智的直觉。我们内里的生命与外面通气的,只是这直觉的窗户。**一切色、声、香、味、触、法,所附直觉皆能有大力量作用于我们。譬如我们闻某一种香味,即刻可以使浮动之心,入于静谧;又换某一种香味,又即刻可以使人心荡;乃至饮食滋味,也可有很多影响,平和的是一样,刺激的又是一样;而声觉变化之多,作用之大,尤为其最。一切宗教家都晓得利用直觉施设他的宗教,即不妨说各教皆有其礼乐。但孔子的礼乐,却是特异于一切他人之礼乐,因为他有其特殊的形而上学为之张本。他不但使人富于情感,尤特别使人情感调和得中。你看《乐记》上说的多么好,教你读了心里都是和乐悦美的! 有如:

"夫民有血气心知之性,而无哀乐之常,应感起物而动,然后心术形焉。是故微志噍杀之音作,而民思忧;啴谐慢易繁文简节之音作,而民康乐;粗厉猛起奋末广贲之音作,而民刚毅;廉直劲正庄诚之音作,而民肃敬;宽裕肉好顺成和动之音作,而民慈爱;流辟邪散狄成涤滥之音作,而民淫乱;是故先生本之情性,稽之度数,制之礼义,合生气之和,道五常之行;使之阳而不散,阴而不密,刚气不怒,柔气不慑,四畅交于中而发作于外,皆安其位而不相夺也。"又:"……故乐行而伦清,耳目聪明,血气和平,移风易俗,天下皆宁。"又:"礼乐不可斯须去身;致乐以治心,则易直子谅之心油然生矣;易直子谅之心生,则乐;乐则安;安则久;久则天;天则神:天则不言而信,神则不怒而威,致乐以治心者也。致礼以治躬,则庄敬;庄敬则严威。**心中斯须不和不乐,而鄙诈之心入之矣;外貌斯须不庄不敬,而易慢之心入之矣。**……故曰致礼乐之道,举而错之,天下无难矣。"这几段话皆其最美的,**而到了那没有斯须不和不乐的地步,便是孔子的"中"与"仁"了。**若在别人的礼乐,盖未有不陷于偏激者矣。而在礼之中又特别着重于祭礼,亦其特异之点;所谓"治人之道莫急于礼,礼有五经,莫重于祭";"君子之教也必由其本,顺之至也,祭其是欤? 故曰祭者教之本也已"是也。大约情欲要分界限是没有的,然大概可以说情感是对已过与现在;欲望是对现在与未来;所以启诱情感,要在追念往事;提倡欲望,便在希慕未来。祭礼之所以重,无非永人念旧之情。《祭统》篇:"夫祭者非物自外至者也,自中出于心也",表示启诱情感,何等真切!《祭义》篇:"斋之日,思其居处,思其笑语,思其志意,思其所乐,思其所嗜。斋三日,乃见其所为斋者。

祭之日,入室,偒然必有见乎其位;周还出户,肃然必有闻乎其容声;出户而听,忾然必有闻乎其叹息之声。"又表示念旧何等真切! 他把别的宗教之拜神变成祭祖,这样郑重的做去,**使轻浮虚飘的人生,凭空添了千钧的重量,意味绵绵,维系得十分牢韧! 凡宗教效用,他无不具有,而一般宗教荒谬不通种种毛病,他都没有,此其高明过人远矣。**

我曾以孔家是否宗教问屠孝实先生——他是讲宗教哲学的;他说似乎不算宗教。我的意见也是如此,并且还须知道孔子实在是很反对宗教的。宗教多少必带出世意味,由此倾向总要有许多古怪神秘;而孔子由他的道理非反对这出世意味、古怪地方不可。**孔子第一不要人胡思乱想,而一般宗教皆是胡思乱想。宗教总要问什么人生以前怎样,人死以后怎样,世界以外怎样……思前虑后,在孔子通通谓之出位之思**;与孔子那仁的生活——只认当下的直觉生活,大大不合。所以子路以鬼神生死为问,孔子说"未能事人焉能事鬼……未知生焉知死";这是孔子的态度,不可不注意。**人必情志不宁而后计虑及此;情志不宁总由私欲,而殷殷计虑又是私欲**(惟佛教不然,参看前叙佛教动机便知);种种荒渺之谈由是而兴,虽有所信奉,赖以即安,则又态度倾欹不得其正。《论语》说"子不语怪力乱神",《中庸》说"子曰:索隐行怪后世有述焉,吾弗为之矣",其排斥之情,不既明耶? 其实还不但如此,大约孔子是极平实的一个人,于高深玄远之理似都不肯说的。所以《论语》上一则曰"子罕言利与命与仁",再则曰"夫子之言性与天道不可得而闻也"。罕言利是不肯言利;罕言命与仁,以及性与天道不可得闻,不是不去说,只是平实切近的说法——如对于诸弟子所说的仁——而不及其幽玄处。荀子去孔子未远,而言性恶,又说"惟圣人不求知天",似皆可为孔子不甚谈的证据。后来宋明人竞言性命之学不为无失,而世人更有扯入神秘古怪一团者,则尤为乖谬!

与此相连有中庸之一义,我们略加说明以为讲孔家之结束。这与开头所叙不认定的态度也是相连的,因为都是对外面看的一个回省。我们在以前专发挥孔子尚直觉之一义。这也应有一个补订——非常重要的补订。譬如纯任直觉则——所得俱是表示,初无无表示之一义;无表示之义,盖离开当下之表示,有一回省而后得之者;**此离开当下而回省者,是有意识的、理智的活动**。孔子差不多常常如此,不直接任一个直觉,而为一往一返的两个直觉;此一返为回省时附于理智的直觉。又如好恶皆为一个直觉,若直接任这一个直觉而走下去,很容易偏,有时且非常危险,**于是最好自己有一个回省,回省时仍不外诉之直觉**,这样便有个救济。**《大学》所谓"毋自欺"实为孔家方法所在**,但此处不及细讲;又如孔子之作礼乐,其非任听情感,而为回省的用理智调理情感,既甚明了。然孔子尚有最著明说出用理智之处,则此中庸之说是也。你看他说:"道之不行也,我知之矣,贤者过之,不肖者不及也;道之不明也,我知之矣,智者过之,愚者不及也";又说舜执其两端而用中;又说"极高明而道中庸";**这明明于直觉的自然求中之外,更以理智有一种拣择的求中**。双、调和、平衡、中,都是孔家的根本思想;所以他的办法始终着眼在这上头,他不走单的路,而走双的路;**单就怕偏了,双则得一调和平衡**。这双的路可以表示如下:

（一）似可说是由乎内的，一任直觉的，直对前境的，自然流行而求中的，只是一往的；

（二）似可说是兼顾外的，兼用理智的，离开前境的，有所拣择而求中的，一往一返的。

像墨家的兼爱，佛家的慈悲，殆皆任情所至，不知自返，都是所谓贤者过之；而不肖者的纵欲不返，也都是一任直觉的。所以必不可只走前一路，致因性之所偏而益偏；而要以"格物"、"慎独"、"毋自欺"为之先为之本，即是第二路；《中庸》上说过慎独，才说到中和者此也。更须时时有一个执两用中，极高明而道中庸的意思，照看外边以自省，免致为"贤者之过"。《中庸》之说，实专对贤者与高明人而发者也。此走第二路之尤为显著者矣。亦唯如此走双路而后合乎他的根本道理；看似与前冲突而其实不然。胡适之先生以为孔子不见得不言利。这我们也有相当的承认；盖孔子虽一面有其根本态度，而做起事来固无所不可，所谓中行是也。"不认定"与"道中庸"皆为照看外边时所持的态度，宋明大儒似均不分清此双条的路，而尤忽于照看外边，于是种种流弊毛病，遂由此生；容到后面去说。

以上都是叙孔子的人生哲学；此可为中国文明最重要之一部，却非即中国人所适用之文化。中国人所适用之文化，就历史上看来，数千年间，盖鲜能采用孔子意思者。所谓礼乐不兴，则孔子的人生固已无从安措，而况并出来提倡孔子人生者亦不数见乎！然即由其所遗的糟粕形式与呆板训条以成之文化，维系数千年以迄于今，加赐于吾人者，固已大矣。我们试来看中国的文化。

中国文化自很古时候到后来，自然也有几个重要的变动——

如封建郡县之变,然而总可以说自始至终没有大变。这前后差不
多的文化,似乎中间以孔子作个枢纽:孔子以前的中国文化差不
多都收在孔子手里,孔子以后的中国文化又差不多都由孔子那里
出来。孔子的六艺:《诗》《书》《易》《礼》《乐》《春秋》——后谓
之六经——都是古帝王经世出治之迹。原来古代设官,官各有
史,天子也是一官,也有其史,就是太史;张孟劬先生在他所作的
《史微》上说,中国一切文化学术都出于这些史,如孔子六艺和诸
子百家道术,便是由太史,和其他各官之史而来的;我颇相信。学
术总先是经验积起来的,各官分掌各事,各有其经验,其史便是保
存经验所得的地方。据张先生说,孔子本是儒家,出于司徒之官,
却是把太史的东西又都拿了过来,于是前圣的遗文都归孔氏了。
诸子百家都是六艺之支与流裔,六艺在孔子,则孔子不是与诸子
平列的,而是孔子为全为主,诸子为分为宾。周秦之际,诸子争
鸣,各思以其道易天下;这时候中国文化也许开一不因袭古代的
新局面。却是汉兴而孔家定于一尊,诸子的思想仍都没有打动中
国人的心而变更局面。这因为诸子都只各就一事去讲,并没有全
整的人生思想;其中道家虽有的,却又与孔家同一个源头——太
史——不大扞格;墨家虽有的,又过偏而站不住;所以结果还弄成
儒家的天下。这似乎孔家的文化要实施了,但其实不然。一则我
们认定的孔家在其人生思想方面;六经并非孔子创作,皆古代传
留下来之陈迹,**若用孔子之精神贯注起来便通是活的,否则都是
死物;而当时传经者实不得孔子精神。他们汉人治经只算研究古
物,于孔子的人生生活并不着意,只有外面的研究而没有内心的
研究。**据汪容甫考订汉时所传之经,其来路几乎都出于荀卿。荀

卿虽为儒家,但得于外面者多,得于内心者少。他之说性恶,于儒家为独异,此固由孔子不谈性与天道,所以他不妨与孟子两样;但实由其未得孔子根本意思,而其所传在礼——外面——所致也。所谓"礼主其减,乐主其盈",大概礼是起于肃静收敛人的暴慢浮动种种不好脾气,而乐则主于启发导诱人的美善心理;传礼的自容易看人的不好一面。你看荀卿说性恶的原故,不外举些好利之心,耳目之欲,若不以礼去节制,就不能好,即可见矣。其实我们看好利之心,耳目之欲,并不足为成立性恶论之根据;好利之心,耳目之欲,是我们本来生活,无所谓善,无所谓恶;待好礼以自节乃为善,其不好礼以自节者乃为恶;今吾人固好礼,而能制礼以自节矣,则何由断其为恶乎? 从孔子那形而上学而来之人生观察,彻头彻尾有性善的意思在内;纵然孔子不言,而荀卿苟得孔子之意者,亦必不为性恶之言矣。汉人传荀卿之经,孔子人生思想之不发达固宜;而所谓通经者所得悉糟粕而已。即此糟粕形式,在那时也不能都用。其政治非王非霸,而思想中又见黄老之活动;实在是一个混合的文化。当时的人生与其谓为孔家的,宁谓多黄老之意味,**此不但两汉为然,中国数千年以儒家治天下,而实际上人生一般态度皆有黄老气**。本来孔家道家其最后根本皆在易理,不过孔家则讲《周易》,道家则远本《归藏》,都是相仿佛的一套形而上学。其所差似只在一个阴柔为坤静之道,一个阳刚为乾动之道;而中国人总是偏阴这一面的。两汉孔家思想既未实现,再往下到三国魏晋,愈看见其时人思想之浅薄而无着落。却是这时与孔家不同的人生态度,也得公然显著的表示出来;不像以前蒙着孔家面目沉闷不动。我们看魏晋人所发表的文艺著作都是看得出来的；其思想之烦闷已极，人生问题大为活动，如《列子·杨朱篇》的放纵思想可以代表一斑。（好多人考订《列子》是此时人假作的，大约不错。）似乎一面是老庄与输入的佛家启发打动他们的影响很大；**一面是形式的儒家愈到后来愈干干净净剩一点形式，他们人人心里空漠无主；所以才现出这样**。假使这时有个懂得孔子思想的人，一定出来讲话，然而我们看简直没有人提及。但此思想烦乱实为好现象，盖此烦乱都是要求人生思想得一个解决的表现，从此乃能产生后来的宋人之学。此魏晋迄南北朝都可以说是孔子思想不但不实现、并且将其形式冲破了的时代，到唐时佛家甚盛，禅宗遍天下。以佛家态度与孔子如彼其异，而不见生一种抵抗，可见孔家思想，澌灭殆绝。虽有一个韩退之，略事争持，而自以为可以上继孔孟，其实直不算数的。他的人生思想实并未得一解决，看他文集里读墨子一篇，有什么"孔子必用墨子，墨子必用孔子"的话，可见他心里毫无所得。而诗集中有七古一篇云：

> 忽忽乎余未知生之为乐也，愿脱去而无因。安得长翮大翼如云生我身，乘风振奋出六合，绝浮尘。死生哀乐两相弃，是非得失付闲人。

这那里有点儒家的样子！若稍能得力于儒家何至说这种话！然自退之而外更无人矣。以拥护孔子之人尚且如此，可见其时孔家的精神，简直没有人理会了。五代乱世更无可说，经过此非常沉寂时代，到了宋朝慢慢产生所谓宋学。宋学虽不必为孔学，**然我们总可以说，宋人对于孔家的人生确是想法去寻的，所寻得者且不论他是与不是，即此想法去寻，也已经是千年来未有的创举**

了！况且我们看去,他们对于孔子的人生生活,还颇能寻得出几分呢!在旁人从形迹上看他们,总喜说不是孔子本来的东西,而参取道家佛家的思想为多。例如宋学要以周濂溪开头,而周濂溪之太极图,据他们考证,即受自释老者。《宋元学案》黄晦木《太极图辨》云:"考河上公本图名无极图,魏伯阳得之以著《参同契》;钟离权得之以授吕洞宾;洞宾后与陈图南同隐华山,而以授陈,陈刻之华山石壁;陈又得先天图于麻衣道者,皆以授种放;种放以授穆修,与僧寿涯,修以先天图授李挺之,挺之以授邵天叟;天叟以授子尧夫;修以无极图授周子;周子又得先天地之偈于寿涯。"这似乎证据确凿,很难为讳,**其实我看即使如此也不甚要紧**。因为孔子的人生出于那一套形而上学是很明的;此种形而上学原不可以呆讲,且与道家的形而上学本就相似相通,**在道家或孔家均不得独自据为己有;即使其果受自道家,正亦不妨由是而生出孔家的人生思想**。不但受自与孔家一个源头之道家不足为异;即使与孔老俱不相干而能有见于此道——此种形而上学——也未尝不可产出孔子的人生。此种形而上的道理与此种人生的道理,是天下之公物。岂能禁人之探讨,又岂能不许人之探讨有得者与古人有合耶!如西洋古希腊之黑列克立塔斯(Heraclitus)其道理颇有与孔家接近处,我们试考所以能如此者,不外由其讲变化的形而上学与此相通故耳。若实际果同,断不容以东西形迹之隔而不许其同。**大家不于实际上——生活上——求宋学孔学之差异,而只沾沾于其形迹,何其浅薄错谬!**宋初诸家殆莫不先有其讲变化的形而上学者,周濂溪、邵康节固然,而前乎此者范魏公人称其泛通六经,尤长于《易》,司马温公则作《潜虚》,人各有其学,殊未必同,但所研究对象——变化——同,即为此种人生哲学开辟出来之机矣。又或批评他们与佛家有关系,陆象山、杨慈湖被嫌尤重;这也是拘泥形迹的看法。当时受佛的影响只是引起反动,并非正面有所承受。其语录的话有甚似禅家者,亦只是社会风气使然。所说内容仍不相干。然亦竟有徘徊儒释者,此则又有别的原故在。盖佛教为印度民族之产物,与中国之民族性甚多不合;故佛教入中国之后殆无不经过中国人之变化。除唯识为印度之旧,余若禅宗、净土、华严、天台,殆悉为中国产。禅宗号称不立语言文字,机锋话头无所凭准,故形迹上与他家更少扞格。又则宋学虽慕孔家,却是所走亦复入偏,**于是竟使绝相反对之孔子释迦后来流裔上迷混难辨。此当时徘徊儒释者所以纷纷也**。故宋学即使有近禅学,不必执为参和佛家;而况宋学禅学真实内容初非一事,所近似者仍在外面一点形式耳。但宋学虽未参取佛老,却是亦不甚得孔家之旨。**据我所见,其失似在忽于照看外边而专从事于内里生活;而其从事内里生活,又取途穷理于外,于是乃更失矣。**将来做孔家哲学时将专论之,此不多说。元代似只宋人之遗,无甚特色。**及明代而阳明先生兴,始祛穷理于外之弊,而归本直觉——他叫良知。然犹忽于照看外边;所谓格物者实属于照看外边一面,如阳明所说,虽救朱子之失,自己亦未为得**。阳明之门尽多高明之士,而泰州一脉尤觉气象非凡;孔家的人生态度,颇可见矣。如我之意,诚于此一派补其照看外边一路,其庶几乎!明末出了不少大人物如黎洲、船山……诸先生乃至其他殉难抗清的许多志士,其精神无论如何不能说不是由于此种人生态度的提倡。到清代实只有讲经的一派,这未始于孔学无好处,然孔家的人生无人讲究，则不能否认。讲经家两眼都是向外，又只就着书本做古物看，内里生活原自抛却，书上思想便也不管。惟一戴东原乃谈人生——人说他谈性理，我不喜欢用性理的名词，在孔子只有所谓人生无所谓性理，性理乃宋人之言，孔子所不甚谈者。戴氏之思想对于宋人为反抗，我们承认确是纠正宋人支离偏激之失。**其以仁、义、礼、智不离乎血气心知，于孔孟之怀盖无不欣合。**自宋以来，种种偏激之思想，固执之教条，辗转相传而益厉，所加于社会人生的无理压迫，盖已多矣；有此反动，实为好现象。所以我们对于戴氏亦认为一种孔家人生的萌动，惜乎其竟不引起影响也。此后讲经家中有所谓今文家者出，到康长素、梁任公益呈特彩。盖于治经家向无人生态度可见者，而到了他们却表出一种人生态度。他们这种人生态度自己也很模糊，不知其不合孔子；而假借孔经，将孔子精神丧失干净，欢迎了反乎孔子的人生态度思想进来。他们把孔子、墨子、释迦、耶稣、西洋道理，乱讲一气；结果始终没有认清哪个是哪个！**然非其杂引搅扰之功，亦不能使中国人数千年来成了人生态度混乱的时代，不有此活动混乱的时代，亦不能开此后之新局——如我所测，或者中国人三数年间其不能不求得一新人生路向耶！**

试说从来的中国人生活

孔子的人生，既未实现，于是我们要看中国人生大概是怎样呢？大概言之，却都还是我们所谓人生第二路向。盖其间虽有印度态度输入，却未引起中国人生的变动，而转为中国民族性所化，及最近变法维新以后虽西洋态度输入而为时甚暂，均可不计外；

大体上中国人生无论是孔是老,非孔非老,要皆属于第二路者。
试从生活三方面略说一说:

（一）物质生活方面　中国人虽不能像孔子所谓"自
得",却是很少向前要求有所取得的意思。他很安分知足,
享受他眼前所有的那一点,而不作新的奢望,所以其物质生
活始终是简单朴素,没有那种种发明创造。此在其结果之不
好的一面看,则为物质文明之不发达,乃至有时且受自然界
之压迫——如水旱种种天灾。盖此种知足的、容忍的态度,
在人类初期文化——前所谓第一项问题(见第三章)还未曾
解决时,实在不甚相宜,因为在此时是先要图生存的,当然不
能不抗天行;又且物质上的不进步并不单是一个物质的不进
步,一切的文物制度也都因此不得开发出来。此其弊害,诚
不胜说。然在其结果之好的一面看,则吾人虽有此许多失
败,而却有莫大之大幸。因为从此种态度即不会产生西洋近
世的经济状况。西洋近百年来的经济变迁,表面非常富丽,
而骨子里其人苦痛甚深;中国人就没有受着。(**西洋人所受
的苦痛,后面去说**)虽然中国人的车不如西洋人的车,中国
人的船不如西洋人的船……中国人的一切起居享用都不如
西洋人,而中国人在物质上所享受的幸福,实在倒比西洋人
多。盖我们的幸福乐趣,在我们能享受的一面,而不在所享
受的东西上——穿锦绣的未必便愉快,穿破布的或许很乐;
中国人以其与自然融洽游乐的态度,有一点就享受一点,而
西洋人风驰电掣的向前追求,以致精神沦丧苦闷,所得虽多,
实在未曾从容享受。

（二）社会生活方面　　孔子的伦理，实寓有他所谓絜矩之道在内，父慈、子孝、兄友、弟恭，总使两方面调和而相济，并不是专压迫一方面的——若偏欹一方就与他从形而上学来的根本道理不合，却是结果必不能如孔子之意，全成了一方面的压迫。这一半由于古代相传的礼法，自然难免此种倾向。而此种礼法因孔家承受古代文明之故，与孔家融混而不能分。儒家地位既常藉此种礼法以为维持，而此种礼法亦藉儒家而得维系长久不倒；一半由中国人总是持容让的态度，对自然如此，对人亦然，绝无西洋对待抗争的态度；所以使古代的制度始终没有改革。似乎宋以前这种束缚压迫还不十分利害，宋以后所谓礼教名教者又变本加厉，此亦不能为之曲讳。数千年以来使吾人不能从种种在上的威权解放出来而得自由；个性不得申展，社会性亦不得发达，**这是我们人生上一个最大的不及西洋之处**。然虽在这一面有如此之失败不利，却是自他一面看去又很有胜利。我们前曾说过西洋人是先有我的观念，才要求本性权利，才得到个性申展的。但从此各个人间的彼此界限要划得很清，开口就是权利义务、法律关系，谁同谁都是要算帐，甚至于父子夫妇之间也都如此；**这样生活实在不合理，实在太苦**。中国人态度恰好与此相反：西洋人是要用理智的，中国人是要用直觉的——情感的；西洋人是有我的，**中国人是不要我的**。在母亲之于儿子，则其情若有儿子而无自己；在儿子之于母亲，则其情若有母亲而无自己；兄之于弟，弟之于兄，朋友之相与，都是为人可以不计自己的，屈己以从人的。他不分什么人我界限，不讲什么权利义务,所谓孝弟礼让之训,**处处尚情而无我**。虽因孔子的精神理想没有实现,而只是些古代礼法,呆板教条以致偏欹一方,黑暗冤抑,苦痛不少,**然而家庭里,社会上,处处都能得到一种情趣,不是冷漠、敌对、算帐的样子,于人生的活气有不少的培养,不能不算一种优长与胜利。**

　　(三)精神生活方面　人多以为中国人在这一面是可以比西洋人见长的地方,其实大大不然;中国人在这一面实在是失败的。中国人的那般人与自然浑融的样子,和那从容享乐的物质生活态度,的确是对的,是可贵的,比较西洋人要算一个真胜利。中国人的那般人与人浑融的样子,和那淳厚礼让的社会生活态度,的确是对,可贵的,比较西洋人也要算一个真胜利。至于精神生活乃无可数:情志一边的宗教,本土所有,只是出于低等动机的所谓祸福长生之念而已,殊无西洋宗教那种伟大尚爱的精神;文学如诗、歌、词、赋、戏曲,虽多聪明精巧之处,总觉也少伟大的气概,深厚的思想和真情;艺术如音乐、绘画,我不甚懂,私臆以为或有非常可贵之处,然似只为偶然一现之文明而非普遍流行之文化。知识一边的科学,简直没有;哲学亦少所讲求,即有甚可贵者,然多数人并不做这种生涯;社会一般所有,只是些糊涂浅拙的思想。所以从种种看去,这一面的生活,中国人并没有做到好处。只有孔子的那种精神生活,似宗教非宗教,非艺术亦艺术,与西洋晚近生命派的哲学有些相似,或者是个做到好处的;惜乎除中间有些萌动外,没有能够流行到一般社会上!

中国的文化大概如此,既非西洋,亦非印度,而自成其为第二路向。不过在这条路向中,数千年中国人的生活,除孔家外都没有走到其恰好的线上。所谓第二路向固是不向前不向后,然并非没有自己积极的精神,而只为容忍与敷衍者。中国人殆不免于容忍敷衍而已,惟孔子的态度全然不是什么容忍敷衍,他是无入不自得。**惟其自得而后第二条路乃有其积极的面目。亦惟此自得是第二条的惟一的恰好路线。**我们说第二条路是意欲自为调和持中,一切容让忍耐敷衍也算自为调和,但惟自得乃真调和耳。

我们走这条路是怎样走上去的呢?关于此层我所得甚少,不如西洋与印度那样显而易见。有人说中国人的态度由于地理的关系,他那一片平原大陆与西洋印度的形势各不相同;这种客观的关系自亦有的。又民族的性质也有关系,不过都不十分清楚,我也没有十分去用心考求。我有一个私意:一个社会实在受此社会中之天才的影响最大,**天才所表出之成功虽必有假于外,而天才创造之能力实在无假于外。**中国之文化全出于古初的几个非常天才之创造,中国从前所谓"古圣人",都只是那时的非常天才。文化的创造没有不是由于天才的,**但我总觉得中国古时的天才比西洋古时的天才天分高些,即此便是中国文化所由产生的原故。**我总觉得墨子太笨,我总觉得西洋人太笨,而中国自黄帝至周公孔子几个人太聪明。如果只有平常的天才,那么,道理可以一点一点的接续逐渐发明,其文明可以为积累的进步不已;若开头是个非常大天才,其思想太玄深而致密,后来的天才不能出其上,就不能另外有所发明,而盘旋于其范围之中。西洋是前一个样子,中国是后一个样子。你看西洋文化不是积累起来的而中国文化不是一成不变的吗?所以一成不变的原故,**根本在中国古圣**

人由其观察宇宙所得的深密思想，开头便领着大家去走人生第二路向，到老子孔子更有其一盘哲学为这路向作根据，从此以后无论多少聪明人转来转去总出不了他的圈；而人生路向不变，文化遂定规成了这等样子不能再变。又且周公孔子替我们预备的太周到妥帖，愈周到妥帖，愈维持的日子久，便倒不能进步了。如其不周到妥帖，则非调换一个不可，所掉换的维持一时，又非掉换一个不可，那么就进步了。所谓孔子太周到妥帖的，不是别的，就是他那调和的精神；从这精神出来的东西是最能长久不倒的，却由此就耽误了中国人。中国文化只是由于出了非常的天才，没有什么别的原故。

我们说中国文化姑且至此为止，以下稍说一点西洋的人生哲学是如何情形，就可以把三方的思想——宗教哲学之形而上、知识、人生三部——作个结束了。

西洋人生哲学

我们已说过西洋哲学是偏于向外的，对于自然的、对于静体的一面特别发达，这个结果就是略于人事；所以在他人生哲学好像不是哲学的正题所在，而所有其人生哲学又自古迄今似乎都成一种特别派头。什么派头？**一言以蔽之，就是尚理智：或主功利，便须理智计算；或主知识，便须理智经营；或主绝对又是严重的理性**。但在未走出一定路子来的时候，自然也是向各方面发展的，如黑列克立塔斯（Heraclitus）因为讲变化的形而上学，所以他的人生思想很与中国有些相似；却是以后再没人接续走这讲变化的一路，所以这种思想也就无所发展了。底下的诡辩学派，只是一种怀疑破坏的态度,觉得没有什么道理可凭,但他有一点意思就是凭个人的主观于我有利无利——**这似可算西洋派的萌芽**。梭格拉底出来反对他们,以为是有真理可凭的。人所以行事不对只为不明白,能有知识就好了,所以他说"知识即是道德";假如有人自知不好而不能节制,是他不能认明现在之快乐与自此而生之未来苦痛的比较价值,即还是无知识;所以最重要在知识——**这又是西洋派的开端**。梭格拉底以后分成四派,说法不同,却有一个共同点,即还是重知识。其基利内派(Cyrenaic)更置重于幸福,以为人应当多得快乐,多避苦痛,知识是能使我们行为达到利益之目的者。柏拉图则有其"善之观念",说为一切观念所从属而是实在的;我们要去实现这个善就是德,而必须受真知识之指导才能行。他的弟子亚利士多德便稍不同,以为不是只有知识即成的,还得要有强的意志,养成习惯。他还有一个意思,就是他所谓中庸:以为一切的德都是中庸,而不是偏于一极端者;而人的情欲总容易走极端,所以他主张要由理性统驭调节一切欲望才有这个德——中庸。**这理性统驭的态度又是西洋派**。这以后则有斯多噶派(Stoics)伊壁鸠鲁派(Epicurus)。前一派要绝情念而安静退隐,不看重生活。后一派就倡快乐主义,说我们常要思虑分别,择那最多与吾人以快乐者去做;知识道德都为此始有价值。看似他这要安静无苦痛与斯多噶派有点相似,然他这个安静是从计算利害来的,与那派根本不要存利害的心实在相反。罗马人不过折衷各种思想,可以不说。以下为基督教伦理时代,自为不看重人生者,惟其最可注意处,当为博爱之一义。在从前亚里士多德列举种种之德,其中并无博爱一目,而至此则为主要之德,以迄于今西洋人得他的影响好处非常之大。到文艺复兴,人生思想脱宗教而独立,回到现世时,大概可以粗判为英国、大陆、德国三派。英国派始终是主功利的,无论什么幸福说、快乐说、为我说、利人说,总都是一路气味。开头如培根、霍布士、洛克、哈特烈(Hartley)、休谟等等都是这样;其间自然也有反动,但总无大势力,一直到后来如边沁、穆勒、斯宾塞,其精神益著。大陆派可以说是主知识的一面,因他排感觉不重经验,所以较少功利气味而看重知识,如笛卡尔的意思。道德是与明白的知识为一致,有了知识,由意志统驭着做,就成了道德。马尔布兰西(Nicolas Malebranches)说吾人能辨别事理,由吾人分有神之知识才成功道德。斯宾诺莎(Spinoza)说人要不明白则常为感情所左右而非自由动作,因此照他意思,道德一面与明了之知识一致,一面与活动自由之动作一致。凡此诸人皆同倡主知主义者也。德国派稍与英国和其他大陆思想不同;他的意思以道德为我们义务而不应当有所为,这与功利主义适为反对,亦与主知者非一。这派主人就是康德。他以为要是有所为,不论是出于感情是出于欲望,不论是为己为人,便都不得谓之道德,而且正相反的;要无所为的直接由理性来的命令才算道德。从前一种不过是因利害的计算才去做,那么,他这种命令以有利为假定,无利就可取销,只名为"假定的命令";从后一种便是无条件的绝对应行之义务,乃名为"无上命令"。所以照他这意思便是由恻隐之心而为恤人之举,也都非道德了。这自然对于西洋派很不随群,却也与中国派头不一样;因他虽说无所为与我们相似,然我们所说的无所为并不像他这样不容留感情。菲希特(Fichte)亦以道德之自身即为目的,非他物之方便,凡别有所为者,不得为道德;纯粹道德之冲动在真正的自我满足。黑格尔(Hegel)略有不同,以为道德应求客观之标准,不单从个人之良心而定;但他也说意志自由,而意志从乎理性以为活动。到后来李布斯(Theador Lipps)要算是这德国派进步到好处,很高明的一个人。但这一派总不能居重要地位,就连主知派势力也不大,而且德国和其他大陆都还不少功利派,所以西洋思想竟不妨以功利主义将他代表了。最近的什么实际主义、人本主义、工具主义、实验主义,总是讲实际应用,意思都差不多。杜威先生说,他们实验派的方法是能使人生行为格外根据于有意识的态度,受知识之支配,不去做无意识的事;是世间人类幸福的唯一保障。此其要把人生行为都化成有所为而为,而着重于知识,绝不异于古,殆可以算西洋派进步到最圆满的产物。**然而现在西洋风气变端已见,前此之人生思想此刻已到末运了!**

三方生活之真解

现在西洋、印度、中国三方文化俱已说明,我们试列一比较以明观察所得之结果:[①]

(一)西洋生活是直觉运用理智的;

(二)中国生活是理智运用直觉的;

(三)印度生活是理智运用现量的。

这话乍看似很不通,感觉、直觉、理智三者,我们何时能有用有不用的呢? 但我为表我的意思,不得不说这种拙笨不通的话;

---

① 著者曾于此加注云:"此下一大段话,由于当时对于人类心理认识不足,以致言词糊涂到可笑可耻地步。1975 年 4 月老叟自批。"——编者

待我一一说明，或可解惑。我们觉察得的西洋人近世理智的活动太盛太强（见第三章）：对自然是从我这里划开，而且加以剖析，把他分得很碎很碎，而计算操纵之，此一方面的生活，不是理智去做吗？人对人也是划界线而持算帐的态度，成了机械的关系，这一方面的生活不又是理智去做吗？至于精神生活一面，也是理智压倒一切，宗教之倒，形而上学之倒，不是理智为之吗？知识方法之辟出，多数科学之成就，不是理智为之吗？乃至艺术为直觉之事，而亦成了科学化，不是理智为之吗？总而言之，西洋人所作的生活以理智为其唯一重要工具，此甚明白之事。然此时有不可不提醒的一点：理智是无私的，是静观的，自己不会动作而只是一个工具，**则此所谓理智作用太强太盛者，是谁在那里役使他活动呢？此非他，盖一种直觉也**。我们已说过西洋人自文艺复兴认识了"我"才大活动起来；一切西洋文化悉由念念认我向前要求而成。这"我"之认识，感觉所不能为，理智所不能为，盖全出于直觉所得。故此直觉实居主要地位；由其念强，才奔着去求，而理智则其求时所用之工具，所以我们说西洋生活是以直觉运用理智的。读者幸善会其意而无以词害意。

　　其次说中国。中国人初不曾像西洋那样认清了"我"，初不曾像西洋那样人与自然分离对待，初不曾像西洋那样人与人划清界限，更不像西洋有那样的知识（科学）发达成就而依之以为生活，其理智无甚作用是很明的。而照我们前几章所说，他那人与自然的浑融不是由直觉吗？其社会生活上人与人的尚情感而鲜计较，不是用直觉吗？其所依以为生活之一切学术莫非玄学化、艺术化，不都是用直觉的吗？这稍不细心未尝不可看成别的生物或什么野人靠着本能为生活的一般,但实不尔。**这实由中国很早的时代就想成功那极高的文化,为其圣人——天才——领着去做以理智运调直觉的生活,却其结果只成了这非高非低浑沌难辨的生活、文化。**中国古代那很玄深的哲理实是由理智调弄直觉所认识的观念,不单是直觉便好;孔子和孔子所承受的(古)〔文〕化都是教人做一种凭直觉的生活,而以调理直觉为之先,如我们所叙孔子走双路和礼乐等制度其以理智运直觉而行,亦既甚明。不过这古圣人的安排在那时事实上是难行,行也维持不久,或形式微具,原意浸失,结果只弄成理智的不发达,似乎文化很低的样子了。其实这凭直觉的生活是极高明的一种生活,要理智大发达之后才能行的。**所谓以理智运直觉的其实是直觉用理智,以理智再来用直觉,比那单是直觉运用理智的多一周折而更进一层。**一切生活都由有我,必有我才活动才生活。孔子的生活只是毋我的生活,只是不分别执我,初非真破了我执,其直觉的认我依旧有的,然亦唯只直觉的我,更无其他我执。西洋人的"我"是就着直觉认的我又加以理智的区划分别者,而孔子则只直觉中的我而已;一般人悉有分别我执,唯不如西洋人之明且强,又不如孔子之无分别执;其实莫不有我,不过一清楚显著,一则浑若无,一则迷离。分别我执不经破除是不能无的,此破除之功全假理智;他盖由理智分别而立,由理智分别而破。孔子的直觉生活实以理智为之先,此不可不知也;其理智之运用仍由直觉为之主,此不可不知也;所以我们说他是多一周折的,更进一层的,中国人虽走他这路没走到好处,然既原要走这路即仍不妨这样说。我们省略着说,就说中国生活是理智运用直觉的。这许多话很拙笨不通,但我不如此说,不能见我意。

再其次说印度。我们说印度其实是指佛教,因为惟佛教是把印度那条路走到好处的,其他都不对,即必佛教的路才是印度的路。这条路最排斥理智和直觉——他们所谓比非量。舍排斥比非量外,佛教更无其他意旨;其比非量即理智与直觉。这其间理智只是虚,还不妄,所以有时也可以承认。唯识道理即全出于现比量,而因明学即专讲比量者——理智。做这条路的生活就是用比量破一切非量——包直觉及似比似现——而现量如实证比非量之全不如实,现量之用大为开发而成功现量生活。所以姑且就说印度生活为理智运用现量。

以上是三方生活之真解释,以下我们所以说中国化要复兴的,即因为我们看未来世界人的生活要成功以理智调理直觉那样子。

第五章　世界未来之文化与我们今日应持的态度

我们推论未来文化的态度

我们讲未来文化,并不是主张世界未来应当用某种文化,只指示现在的情形正朝着某方面去走。完全就客观的事实来看,并没有一些主观的意见在内;个人的主意是无效的。我们从客观的观察所得,看出为现在全世界向导的西方文化已经有表著的变迁,世界未来的文化似不难测。此刻可分三方面去说,从此三方面的变迁,指示未来的文化。所谓三方面的就是:事实一面,见解一面,态度一面。

事实的变迁

第一先说事实一面如何变迁。我们所谓事实一面的就是指着经济现象说,因为在现今这是事实所在。在三种变迁之中这事实的变自然是顶重要的；**由此事实的变而后文化乃不得不变**，试看下文就知道了。于是我们来略叙西方的经济变迁。原来西方在中世纪时各地处都渐成了所谓自由都市。这自由都市便是经济的单位，也是政治的单位；到后来经济变迁，政治单位才也随着大了，成功近世的国家。在这种自由都市里面的经济，自其生产言之，都是手工业，虽亦有器械来帮助，但以人为主；又都是家庭工业，虽亦有伙计佣工来帮助，但以家为主；总是小规模的生产就是了。这些小工业其同一行业的各有一种组织谓之"同业组合"（guild），这同业组合实为自由都市的基础；他有对于组合内部的独立裁判权和独立行政权。由此同业组合为生产组织的单位，其生产与消费的关系总是以消费为本位——看要消费多少才生产多少，生产以与消费适相当为止。所以此种经济情况叫做消费本位的经济；为消费而生产，不同后来为生产而生产。这个样子的经济是很合理的，使人的生活很太平安全从容享乐，而后来却破坏了。从这破坏到成功现在的经济样子，自是种种缘故凑起来的，举其最重大者言之，约为三事。头一桩便是机械的发明。机械实在是近世世界的恶魔；但他所以发现的，则为西方人持那种人生态度之故。从西方那种人生态度下面定会发生这个东西：他一面要求物质幸福，想利用自然征服自然，一面从他那理智剖析的头脑又产生科学，两下里凑合起，于是机械就发明出来。自有机械以代人，于是手工的生产就变为机械的生产。起初机械还待人去发动，等到有汽机电机，那么差不多做什么都用汽机电机便好，更用不着人了。此时完全以机械为主，机械愈大，益非大资本不可，又非多数工人不可。于是情形大变，当初工业是手工的、家庭的、小资本的,现在通成了机械的、工场的、大资本的。总而言之,小规模的生产组织破坏,而大规模的生产勃兴。同业组合于此破坏,自由都市于此破坏,资本主义的经济与近世的国家由此而兴。这时又有一桩事助成这个变局的便是分工之说。斯密亚丹倡合力分工之说,以为工愈分愈好,力愈合愈好。比如一个针要始终由一个人去做,便做的慢而且不精好,若一人引丝,一人磨尖,一人穿孔……如是分开各专一事,那么便做的快而且精好。所以最妙是大家合力来做一事,而却要分任工作。分工于生产有非常的好效果,自然都盛行起来,那么工场规模遂愈大,资本遂愈合并集中。这时更有一桩事于促成现今经济局面力量非常之大的,便是自由竞争之说。当中世纪时那样的生产组织,于生产的量或质以及工人的待遇等许多事,不论巨细,都有管理保护的种种规矩法律。待那组织破坏而这种习惯还遗留未改——还持干涉保护的态度。于是就有许多学者如斯密亚丹、斯宾塞等等力倡自由竞争之说,他们以为人都要图自己利益的,这个心——利己心——是很对的;人的行为活动都为自己利益的,这个行为——利己行为——也非常好的,其结果增进了他个人利益幸福,并且增进社会大家的利益幸福。社会上大家彼此帮助的地方很多,但这都非出自慈惠利人之念,而实出于各为其利而自然行之的。许多人在一社会所以都能很好的去生活,社会所以得繁荣进步,初不要干涉鼓励;而干涉鼓励或未必行的。他自己会弄得很妥当很好,而干涉管理反要弄得不妥当不好了。因此他们就反对产业上保护干涉的办法,而主张听着人人各竞其利。人人各竞其利,产业就会非常快的发达起来,这也是诚然的。大机械有利,就竞着发明采用大机械而机械愈新;大资本有利,就竞着收合大资本而资本愈集中。于是这个变局因为没了管束羁勒,越发变的急骤猛烈而成了今日的样子。今日的样子是什么样子? 就是全不合理的一个经济现象。当机械发明,变动相逐以来,小工业一次一次的破坏,那些在小工业居主人地位的——小资本家——便一次一次都夷为隶属的工人,到大工场去做工乞活。这个结果除少数善于经营而有幸运的人做了资本家,其余的便都变成了工人,社会上简直划成两阶级,贫富悬殊的不合理还在其次。资本家与工人的关系看着是自由契约,一方要招他做工,一方愿意就招,其实资本家可以完全压迫工人制其死命,而工人则除你愿意饿,可以自由去饿之外,没有别的自由。因为你不做工就没有饭吃,要做工就得听命于他。这权操自一方的不合理还在其次,最不合理的是:求这样安于被制的工作而不可得,时时有失业的恐慌,和一方生产过剩膏粱锦绣堆积起来而一方人还是冻馁。原来自从一味提倡鼓励生产以后(机械、分工、自由竞争,都是提倡鼓励生产的),生产却是非常发达了,而这时的经济就变成以生产为本位。生产不是为社会上大家消费而生产的,只是要多多地生产,个人好去营利就是了。个人竞利在这时是天经地义,资本家各自占着生产机关,他去生产原是为营利,生产愈多愈有利,便只求多多生产,弄成为生产而生产的局面。这时就有所谓"市场"这个东西为销货办货两方面折冲所在,生产出来的东西都到那里去竞争求售。而消费方面究竟怎样一个需要,事前不晓得,只顾生产,每每到了那里销售不去。这情形便谓之"生产过剩",而同时工人就起了失业的恐慌。因为生产过剩,资本家就得赔钱,若再生产岂不更赔累,所以自然要停工,而工人无工可做,就无所得食。这样的事是常常有的,所以工人的生活不但是困苦受制,并且连这点生活还时时恐慌扰攘不宁。这个样子实在太不合理!尤其怪谬不合的,我们去生产原是为消费——织布原是为穿衣,生产的多应当大家享用充裕,生产的少才不敷用,现在生产过剩何以反而大家享用不着,甚至不免冻馁?岂非织布而不是为给人穿的了吗?然而照现在的办法竟然如此,这样的经济真是再不合理没有了!这种不合理的事决敷衍不下去。这全失我们人的本意,人自然要求改正,归于合理而后已。就是把现在个人本位的、生产本位的经济改正归到社会本位的,分配(消费)本位的。这出来要求改正的便是所谓社会主义。西方文化的转变就萌芽于此。

经济改正之必要

社会主义发生到现在很久了,其间派别自不胜数。然而我们看去,像是最初可说宗教气味的,此指圣西门一流;后来可说科学气味的,此指马克思一流;于今则有些可说哲学气味的,此指罗素、基尔特主义一流。这其间最后一派尤见出西方化的变动,我们在后面还要另自细谈。许多人总觉得他们都是空想;虽然最初那种不免为激于感情而生之空想,就是科学气味的其所推测到今也多未中,而阶级争斗社会革命固未见就崩裂出来;最后颇切实际,也有许多理想。然而无论如何,这改造要求是合理,那事实必归于合理而后已。**而况如此的经济其戕贼人性——仁——是人所不能堪。无论是工人或其余地位较好的人乃至资本家都被他把生机斲丧殆尽;其生活之不自然、机械、枯窘乏味都是一样。**现在的工人全与从前的伙计佣工情形大异。从前的与主人乃是朋友关系,彼此共同操作很有些情趣,遇事也有些通融。现在的资本家或工厂管理对工人就不能再这样,简直一点情趣、一点情义没有。从前手工时代有点艺术的样子,于工作中可以含些兴味。现在一概都是大机械的,殆非人用机械而成了机械用人。此其工作非常呆板无趣,最易疲倦,而仍不能不勉强忍耐去做,真是苦极!又一件东西非复成于一二人之手,没有那成功完就的得意心理,是好是歹也全没兴味,真是干枯已极!做一天这样干枯疲闷无聊的工,得些钱自要寻乐。乐要待寻,乐即是苦。而况要急寻,则无非找些刺戟性的耳目口腹男女之欲:淫声、淫色、淫味……总之非淫过不乐;这境界真惨极!人的家庭之乐是极重要无比的,他最能培养人心,并且维系了一个人生活的平稳。而这时则工人的家庭多半破坏了;且亦不敢有室家。因为这时妇女儿童也都各自要去做工,一家都分散了,家庭的乐趣就失掉。又因生活困难,娶妻生子更负担不起,而男女各能依工为活,独身很觉自如,谁也不想嫁娶,所以多无家。既失其培养维系,又无聊寻乐,那风纪的紊乱、酗酒闹事、自杀、杀人种种情形于是就不可胜言了。**倘使不合理的经济没有改正,无论如何想法子,这问题总不得根本解决。这种不可堪忍的局面断不会长此延留!**就是较好地位的人其生活也是机械的,无生气的。因为是无论什么人——自低等至高等地位——都要聚精会神在经济竞争上:小心提防失败、贫困、地位低降,而努力刻意营求财货。时时刻刻算帐并且抑制活泼的情感,而统驭着自己,去走所计算得那条路。他不敢高狂,不敢狷介,不敢慷慨多情乃并不敢恋爱;总之不敢凭着直觉而动。这便是罗素所为最叹息伤痛的："人类的祖先不因地狱之火的恐怖而抑制感情；乃至今日人类反极力抑制感情，是因为一个更恶的恐怖——恐怕零落在人间。"又："……但是他们一切自制不是用于创造，只是使里面生命的源泉日即于干涸，而使他们日即于柔弱、无情、凡庸。"这生活实在太苦。罗素也说："不管道德家怎样说法，不管经济上怎样必要，依赖意志去完全抑制冲动是可以不必的；排去冲动，用目的与欲望统御着的生活，真是苦恼的生活。"其实其苦恼还不在抑制统御，而在抑制统御之后所生烦闷、倦疲、人生空虚之感。这才是大苦恼，人当此际简直会要溃裂横决！断不会容他长久如此。因此而呼求经济制度的改正，真乃出乎不容已。

因经济改正而致文化变迁

我们虽不能说现在经济将由如何步骤而得改正，但其必得改正则无疑，且非甚远之事。改正成功什么样子，我们也不便随意设想，但其要必归于合理，以社会为本位、分配为本位是一定的，**这样一来就致人类文化要有一根本变革，由第一路向改变为第二路向，亦即由西洋态度改变为中国态度**。这是为什么要这个样子呢？**这不为别的，这只为他由第一种问题转入第二种问题了。**（参看第三章）人类头一步问题是求生存；所有衣、食、住，种种物质的需要都是要从自然界取得的，所以这时态度应当是向前要求的，就着前面下手的，对外改造环境的，以力征服障碍的。若不向前想法子而就着自己这面想法，那就不成功；譬如饥渴而不向前觅食，却自己忍饿，那么就不得生存了。**近世以来，西洋的人生都**

是力持这态度；从这态度就有他那经济竞争——人与人之间的生存竞争；从这经济竞争结果将得个经济不竞争而安排妥协——人与人没有生存竞争；从这经济不竞争将不复持这态度——这种人生态度将随生存问题以俱逝。当西洋人力持这态度以来，总是改造外面的环境以求满足，求诸外而不求诸内，求诸人而不求诸己，对着自然界就改造自然界，对着社会就改造社会，于是征服了自然，战胜了威权，器物也日新，制度也日新，改造又改造，日新又日新，改造到这社会大改造一步，理想的世界出现，这条路便走到了尽头处！所谓生存问题逝去者，不是说这时便不生存，是说生产分配既有安排，则生存不成问题，人心目中的问题不在生存，而在别处了。在生存竞争中不能不持这态度，生存问题既逝即失其必要；而他种问题之兴，并有其变更之必要。所谓这条路——就前面下手改造环境以求满足的路——已走到尽头处，固谓改造到这一步无可更改造，亦谓到这一步将有新问题，这个办法不复适用。**盖人类将从人对物质的问题之时代而转入人对人的问题之时代——前所列第二种他心问题之时代**。（附注：第三期可说为个人自己对自己问题之时代）而征服自然那种态度不能用在人与人之间；他心是完全在我范围之外的，就前面下手以求满足未定可得，向者之满足求诸外求诸人，这时只得还而求诸内，求诸己。所谓人对人的问题不一，而男女恋爱问题为其最大者；我们很可以看出生存有了安顿之后，则**男女恋爱将成为彼时人第一问题**，亦即为彼时社会顶烦乱困难问题。又以前社会上秩序治安的维持，无论如何不能说不是出乎强制，**即是以对物的态度对人。人类渐渐不能承受这态度，随着经济改正而改造得的社会不能不从**

物的一致而进为心的和同——总要人与人间有真妥洽才行。又以前人类似可说在物质不满足时代，以后似可说转入精神不安宁时代；物质不足必求之于外，精神不宁必求之于己。又以前人类就是以物质生活而说，像是只在取得时代而以后像是转入享受时代——不难于取得而难于享受！若问如何取得，自须向前要求，若问如何享受，殆非向前要求之谓乎？凡此种种都是使第一路向——西洋态度不能不转入第二路向——中国态度之重大情势；其如何转变将于后面试说之。我前于第三章剖看文艺复兴后的西洋人精神、心理时曾说道："第一要注意重新提出这态度的重字。这态度原来从前曾经走过的，现在又重新拿出来，实在与从前大有不同了！头一次是无意中走上去的；而这时——从黑暗觉醒时——是有意选择取舍而走的。他撇弃第三条路而取第一条路是经过批评判断的心理而来的。在头一次走上去的人因为未经批评判别，可以无意中得之，亦可以无意中失之；而重新采取这条路的人，他是要一直走下去不放手的，除非把这一条路走到尽头不能再走，才可以转弯。"无论如何，中国人态度或印度人态度都不会轻易为近世的西洋人所接纳使用，除非真到有其必要的时节。虽然转弯还是由自己转弯，却非事实变迁摆在前面，他不转的。

见解的变迁

其次，我们要说见解的变迁，或科学的变迁。如果单是事实变迁了，而学术思想没有变迁，则文化虽有转变之必要，而人或未必能为适当之应付。然西洋人处于事实变迁之会，同时其学术思想亦大有改变迁进，给他们以很好之指导以应付那事实上的问题，而辟造文化之新局。这学术思想的变迁，我们分为见解的变迁或科学的变迁，与态度的变迁或哲学的变迁之二种；今说前一种，其后一种于第三段说之。我所谓见解的变迁就是指着心理学的变迁说。这是其最重大的根本的，其次尚有些别的见解变迁。**差不多西洋人自古以来直到最近变迁以前，有其一种心理学的见解，几乎西方化就建筑在这个上边；现在这个见解翻案了，西方化于是也要翻案。**西洋人这个见解其实我们已叙说过，就是在前章叙西洋的人生思想和本章前段叙经济变迁一原因——自由竞争之提倡——两处。这见解的根本所在，就是只看人心理的有意识一面，忽却那无意识一面；于是差不多就有以有意识心理为全个心理的见解，而种种误谬见解悉从此生。**不晓得有意识一部只是心理的浅表，而隐于其后无意识之部实为重要根本。**在先心理学没十分研究固易有此误，就是把心理做专门科学加以十分研究了，还是不能发露出这个错误。因其方法有缺憾；只做还而自省之静的看法，分析了，来叙述，以致所研究殆限于个人的静止的精神状态，而常偏在唯知主义（Intellectualism）。那大大发觉这个错误而盛作翻案文章的是近来些研究社会心理的书。这因为方法不同，所研究的不同，又所受进化论以来生物学影响为前此所没有。因为生物进化的研究，第一先把人与其他生物的鸿沟泯没了而知其相通，不难从生物的研究而启发了许多人的研究。所以自动物心理学的研究起来就使人的心理学有重大变化。盖动物多是本能的生活，很少是有意识的生活，其心理上知的作用自不能置重，而要置重于其情的作用、意的作用以为研究；那么，就发现了人类心理的重要部分也是不在知而在情和意。又那静的看法改从动的看法，着眼在静止状态的改从着眼在行为活动，个人自省的改从从旁看大众；那么益发现出以前种种见解的都不对了。**以前的见解都以为人的生活尽是有意识的，尽由知的作用来作主的，尽能拣择算计去走的，总是趋利避害去苦就乐的……如是种种，于是就以知识为道德，就提倡工于算计的人生；自古初梭格拉底直到一千九百年间之学者，西洋思想自成其一种味调态度，深入一般人心，形著而为其文化，与中国风气适相反对者，盖莫不基于此。**关于政治、法律、经济、教育……种种之学术多少年来，通通以这种心理学的见解为基而建筑于其上——自由竞争之主张其一端；——到而今这些随便假定的道理全翻，那一切学术通要打根柢上从新做过！ ［看麦独孤所作《社会心理学》(McDougall's *An Introduction to Social Psychology*) 便知］人的生活哪里都是有意识的，他同动物一般也是出于本能、冲动；知的作用哪里能作主，他不过是工具而居于从属；人哪里都是拣择算计才来动作，亦何尝会趋利避害去苦就乐；常时直不容他拣择算计，或所谓拣择算计只是自己替自己作饰词；利害虽经算计，未能就左右行为；苦乐固易觉得，却难得到去苦就乐，他很可以趋害就苦而不辞。罗素就从此次大战而很有见于此，他的《社会改造原理》第一章第一段辟头就说："我此次所获得的第一件见解即什么是人类行为的源泉……"；而所有他这一面的——人事一面的——哲学道理主张也就全出于此。这便是他顶新鲜的道理而着力发挥的所在，所以他就说出："人类一切活动发生于两种源泉——冲动与欲望。欲望的位置已经很为人所重视。（中略）这等见解都很寻常,而且从来的政治哲学已经差不多完全立足在'欲望是人类行为源泉'的上面。然欲望只能支配人类行为的一部分,而且他所支配的,并非最重要的,乃为较有意识的、明了的、开化的一部分。"不但罗素,现在所有这面学问——社会科学或社会哲学——诸名家学者通看到此点;虽各人说法不尽同,着意所在不一,然其为西方人眼光从有意识一面转移到另一面则无不同。**于是西方人两眼睛的视线渐渐乃与孔子两眼视线所集相接近到一处。**孔子是全力照注在人类情志方面的;孔子与墨子的不同处,孔子与西洋人的不同处,其根本所争只在这一点!**西洋人向不留意到此,现在留意到了,乃稍稍望见孔子之门矣!我们所怕者,只怕西洋人始终看不到此耳,但得他看到此处,就不怕他不走孔子的路!此话自非一言能尽,然亦不妨简单说两句:头一层,他既看到人类生活本来是怎么一回事,则他将不能不顺从着生活本性而任听本能冲动的活泼流畅,一改那算帐而统驭抑制冲动的态度;第二层,他既看到人类生活本来是怎么一回事而不能统驭抑制冲动了,则他不能不有一种先事的调理,俾冲动发出来就是好的、妥洽的、没毛病、没危险的,那就不外乎要养得一种和乐恬静的心理才行;即这般活泼和乐的生活便是"仁的生活",便是孔子的生活,孔子的生活要去说明,只这么两层,初无他义。**而所有孔子那一套学问和其一套办法通不外要自己做这般生活且教人做这般生活的,其内容也完全就是这么两层,于是我就一言断定不怕他不走孔子的路。我再放宽一步去说:那关于心理之见解变迁是现代一桩非常重大的变迁,从这个变迁将使西洋人另换过一副眼光,指导着他们很得当的应付那事实问题而辟出一人生生活新途径,根本变更了从来的西方文化,是无论如何不能否认的。这人生新路途不是别的,是我所谓第二条路;不单是事实变迁要他革去从来所走第一路向而去走第二路向,并且从见解变迁上也要他革去从来所走的第一路向而去走第二路向。因为自有所取得的态度,算计着走的路子,一改而为无目的、无所为、非算计着走,即不说为孔子的路,无论如何也是第二条路了。

此外还有一些见解的变迁,也于文化变迁上很有力量的,诸如克鲁泡特金互助论对以前进化论家见解之修正,近来学者关于社会是怎样成功,怎样图存、进步等问题的说明对从来见解之修正。所有这一类见解的变迁,**扼要的一句话说就是看出了人类之"社会的本能"**。以前的进化论家看出了生物界的生存竞争,是他们很大的发见;却是头一回所见总不能很周到,似乎只看以竞争图存的一面,不留意内中还有互助图存的一层。克鲁泡特金从一切鸟兽虫豸寻见其许多互助的事实,证明互助在动物生活上的重要,指出他们都有互助的本能。从这种本能才有社会,后来人类社会不过成于这个上边,所谓伦理道德也就是由这"社会的本能"而来的。由以前的那不留意就生出:处处都是互竞相争,互竞相争为自然界的法则,唯互竞相争乃可图存,唯互竞相争乃得进化,乃至同类本族自相争残都是进步的条件,种种误解,把动物界单看成了弱肉强食的世界。现在晓得这殊非事实;动物很靠着同族类间的互助以营食求活,以殖种蕃息,以为卫护;互助的存留,不互助的淘汰,互助也是天择作用留下而要他发达的一种本能。他们又把那副眼光来观看人类社会,就以为物竞天择的法则将因人类知识之高近于停止。达尔文以为:"我们文明的人,皆尽我们的力阻止天然锄弱的作用：我们为愚痴的人、肢体不全的人、有病的人建筑养护的院所；我们制定救贫的法律；我们的医家尽其力量以救各人的生命，直到最后一分钟而犹不息。"所有这种事体使锄弱留强的天择作用不能自由活动，所以说在人类社会之中天择作用差不多是停止，而有不得进化之忧。瓦来司以为："在一个人的智慧的、道德的本性中有几部分不是被天择作用发展出来的。"又说："我们人类有好几种才能如数学的、美术的、哲理的才能在生存竞争中实在没大用处而且不能拿天择的道理说明。"赫胥黎以为进化要分作两部：一是伦理的进化，一是宇宙的进化，而天择等说唯于宇宙的进化之处适用，人类社会多不适用，并且人类社会的进化就是步步遏阻宇宙的进化，而用伦理的进化来代他的意思。缮种学的创始者葛尔敦所定改善人种的标准只是健康、精神充足、聪慧、勇敢等等而不及于德性。诸如此类，在近来的学者如颉德（Kidd）、康（Conn）等都加驳正而代以新见解。颉德一语道破他们的致误所在是以观察动物界中个体与个体间的生存竞争的眼光来看人类社会。其实个体与社会应当分别来看，而况人类社会里现象尤复杂，不能那样简单的看法。于是他就分别有个体的适性和社会的适性之二种。以前总是单着眼在个体的适性——即利于此个体和别的个体生存竞争之点，而社会的适性——利于此社会与彼社会生存竞争之点——不见得就是个体的适性，有时且似相乖悖，于是就说不通而不得其解了。像是公正无私的精神，舍己为人的精神，和种种德行都是在单看个体生存竞争上不得其解的，因其无好处于个体的竞存，甚且还要乖悖；但如其晓得社会的适性一层，那么就可以明白了。达尔文所说社会上那些救恤养护事体,瓦来司所说道德艺术的几种高贵才能,赫胥黎所说遏阻宇宙进化之伦理的进化,葛尔敦所不计入改善人种条件之德性,都是所谓社会的适性;在他们单看个体,就以为这都出乎生存竞争的原意,而天择的自然法则不得施其用;其实还完全是天择作用,还是"适者生存",不过要在社会整体上看罢了。**又以前因这"社会的本能"不曾留意看出的缘故,就以为人所以结成社会的是出于自利心的算计要交相利才行,社会所赖以维系的是由人类的理性;**讲到伦理上的利他心,总喜说是由自利心经过理性而推广出来的;像霍布士等一般说法都是这样。现在大家都晓得不对。康氏在他《社会的遗传与社会进化论》(*Social Heredity and Social Evolution*)说明人类所以异于其他动物的在其精神方面,文明人所以异于野蛮人者在其社会组织,精神不外智力、本能二部,若问社会是怎样组成的,则实基于本能而非基于智力;"智力与思辨与其谓能促社会组织趋于巩固,宁谓之促个人主义之发达。"我们观于近世西方文化其精神方面理智之发达其与社会上个人主义之发达则知康氏之言是不错的。颉德也说:理性是自愿的情绪(Self-regarding Emotions)的最高形式;"理想的情绪"是照顾他人的情绪(Other-regarding Emotions)的最高形式。他又指出各个体为自己的生存与利益而竞争是个体完成的进化的趋势,在这个体完成的进化凡是最富于这种自拓的适性的最有"能力"。因此在这历程注重个体现实的福利而其重心在现在。社会完成的进化则与此大不相同。因在社会完成的进化各个体有把其利益与生存从属于社会的趋势,凡是最富于牺牲的适性的最有"能力";而社会完成的历程其重心在未来。在个体的完成上，个体要自顾自己，重于理性的分别计算；在社会的完成上，个体须照顾他人，重于感情的舍己为人。近世以来，西方人专走个体自拓一路，其个人也各自自拓，其国家也各自自拓，才有其社会上种种罪恶痛苦，才有此次大战的创害，把个体的生存竞争真演的烈！我们虽不敢就说都是以前进化论家单讲个体生存竞争之所影响，然而这种见解的修正其有影响于未来文化则可以说的。他可以指导人注重到社会完成的进化上来；可以祛除旁人致疑改正经济后弭去个人间的生存竞争为逆抗自然阻滞进化之惑；可以从此相信全不假强力而自结社会共营生活之能得妥洽；这都是很关系重要的；而尤有提总一句：**以前所作的生活（指西洋近世），偏靠着理性，而以后将辟的文化则不能不植基于这社会的本能之上，所以这"社会的本能"之发见，就是发见了未来文化的基础，其关系为何等重大呢！** 又这类的见解变迁以来，适当这要求社会改造之会，于是大提倡与以前相反的学说。以前提倡个人的，为我的，计较利害的，现在完全掉换了；他们宣言现代思想的潮流是伦理的色采，不是个人主义。近世西洋文化的发展都出于为我而用理智，而中国则为尚情毋我的态度，是已经证明的；那么这不是由西洋路子转入中国路子是什么？俞颂华君在《解放与改造》上叙述颉德和康氏学说后而自申其意道："……依此而言，故在社会完成的进化，情绪的'能力'最大。故一般的情绪一致的趋于理想的标准即所谓'理想的情绪'是共同争存于世界的最高原则。今后文明的'能力'不基于理性而基于情绪。社会不基于智慧，康氏也颇有详细的说明，我已介绍过。写到这里，我又觉得在人类社会统御感情的机关实在是必要的。即是保尔文

（James Mark Baldwin）也主张关于感情的制度是根本的。我常怀抱一种见解以为宗教是我们所需要的。今虽不贸然主张宗教的必要，却敢断言陶养感情的制度与机关是不可缺的。若说美术可以代宗教，则宗教必须有了美术方可废掉，不是陶养感情的制度有必要的一个证据吗？"其实宗教不合宜，美术也不成功，唯一不二便是中国的礼乐！礼乐在未来文化中之重要是我敢断言的，此且不细说。

态度的变迁

再其次，我们要说西方之态度的变迁或哲学的变迁。在前所说的事实变迁、见解变迁，都不过说从那些变迁上将见西方化随之以变，至此所说的态度变迁则就是说西方化已经在那里变迁了，因为我们所谓西方化原是指他那一种态度。我这话就是指着西洋近些年来为其领路的思想界是怎样不知不觉变了方向，并且怎样很明白的要求改变人生态度而说。拿西洋现在这些家数的哲学对他从古以来的哲学而看其派头、风气、方向简直全部翻转过来：从前总是讲绝对，现在变了讲相对；从前主知，现在主情意；从前要用理智，现在则尚直觉；从前是静的，现在是动的；从前只是知识的，现在是行为的；从前是向外看的，现在回转其视线于自己，于生命。虽有如是种种，**大约其根本关键只就在他向外的视线回转过来**；然其向外视线何由而回转呢？大约是：**惟其向外为静的观察才有唯理科学，惟其有这唯理科学才有经验科学，惟其有了这两种科学才有科学方法，惟其有了科学方法才产生进化论，才有由进化论来的一些科学哲学**。于是一双向外的视线从看天文地理一切物质而看到动植一切生物,由看到生物而看生命,绕了一个周圈,不知不觉回转到里向来。像尼采、詹姆士、杜威、柏格森、倭铿、泰戈尔等人大致都是这样,而柏格森和倭铿尤其表著的。东方人从来不那样向外为静的好知的观察,而总是行为的、主情意的、尚直觉的派头,所以在中国就绝对产生不出科学,在印度则因有一点相似——问题相似,排直觉相似——也就萌露一点科学,但是到此刻他们西洋人经过了那科学路也转到这边路上来——**此刻西洋哲学界的新风气竟是东方采色。此无论如何不能否认的。**东方人讲哲学都是想求得一个生命,西方人只想求得知识,但此刻则无不走入求生命一路了。杜威先生说西方哲学偏于自然的研究,东方哲学偏于人事的研究,而希望调剂和合。(此杜威前年某晚在北京大学哲学研究会说的话,当时张申甫拟译作"天人合一",似不甚好。)其实今日的西洋哲学已都是归本人事。虽罗素哲学不受进化论影响,仍旧向外研究自然,竟也要另有其研究人事的哲学,而成了两不相涉的两部哲学;并且他关于这面的眼光见解也很同生命派意思相合。**照我的意思人类文化有三步骤,人类两眼视线所集而致其研究者也有三层次:先着眼研究者在外界物质,其所用的是理智;次则着眼研究者在内界生命,其所用的是直觉;再其次则着眼研究者将在无生本体,其所用的是现量。初指古代的西洋及其在近世之复兴,次指古代的中国及其将在最近未来之复兴,再次指古代的印度及其将在较远未来之复兴。而此刻正是从近世转入最近未来的一过渡时代也。**现在的哲学采色不但是东方的,直截了当就是中国的——中国哲学的方法为直觉,所着眼研究者在"生"。在此过渡时代还不大很同样,愈往下走,我将见其直走入那一条线上去!

并且在这种方向转变之外,现今西方思想界已彰明的要求改变他们从来人生态度;而且他们要求趋向之所指就是中国的路,孔家的路。我们先要晓得从西洋那态度走下去,到现在他们精神上是怎样受伤,生活上是怎样吃苦。**大约一态度或一方向初走时不见得有什么不妥当,持续走到中途大半截路上一定还觉得很好,很见出许多成就,却是顺着走下去到后来愈入愈深愈转愈远便全都不对了,毛病百出,苦痛万状;从前觉得他种种都好,现在竟可觉得他种种都不好。今日的西洋人便是这个样子。**我们在第三章时曾指点给大家看,西洋人自秉持为我向前的态度,其精神上怎样使人与自然之间,人与人之间生了罅隙;而这样走下去,罅裂越来越大,很深刻的划离开来。就弄得自然对人像是很冷而人对自然更是无情,无复那古代以天地拟人而觉其抚育万物,像对人类很有好意而人也恭敬他,与他相依相亲的样子;并且从他们那理智分析的头脑把宇宙所有纳入他那范畴悉化为物质,看着自然只是一堆很破碎的死物,人自己也归到自然内只是一些碎物合成的,无复囫囵浑融的宇宙和深秘的精神。其人对人分别界限之清,计较之重,一个个的分裂、对抗、竞争,虽家人父子也少相依相亲之意;像是觉得只有自己,自己以外都是外人或敌人。人处在这样冷漠寡欢、干枯乏味的宇宙中,将情趣斩伐的净尽,真是难过的要死!**而从他那向前的路一味向外追求,完全抛荒了自己,丧失了精神;外面生活富丽,内里生活却贫乏至于零!**所以此刻他们一致的急要努力摆脱理智所加于他们的逼狭严酷世界,而有识者所为一致的警告就是丧其精神,什么宗教的复燃,艺术的提倡，"爱"的普遍观，灵肉一致的理想，东奔西突，寻不得一个出路。这时惟一的救星便是生命派的哲学。虽则种种的想法子都是要改变从来态度，**而惟有生命派的哲学具改变态度的真实魄力和方法**。因为惟有生命派的哲学有把破碎的宇宙融成一整体的气魄，而从他的方法也真可以解脱了逼狭严酷，恢复了情趣活气，把适才化为物质的宇宙复化为精神的宇宙。盖本无所谓物质，只纳于理智的范畴而化为可计算的便是物质，在理智盛行之下，把一切所有都化为可计算的，于是就全为物质的。若由直觉去看则一切都是特殊的意味，各别的品性，而不可计算较量，那么就全成为非物质的或精神的了。至那些随理智而来的逼狭严酷干燥乏味都一概可以由直觉变过来，更不须说。而这派的方法便是直觉，**现在的世界直觉将代理智而兴，其转捩即在这派的哲学。理智与直觉的消长，西洋派与中国派之消长也**。这且都不说。我们且看他们怎样彰明的主张改变态度，那么最好便看倭铿的说话。

倭铿的态度

倭铿的哲学除了要改变从来西洋人生活态度没有别的意思。他所说的话不外批评从来的人生而提出一新人生。他就是问大家是甘于这种冲突、狭隘、鄙俗、空洞、疲乏的人生而长此失望呢，还是去根本的改变人生？他所要做到的人生就是独立整体，内容充实，**可以说把生活做成"绝对"**。那么，他就要改变人与自然对抗的态度而融万物为一体，所以他说在自然生活（Naturleben）中人是与自然对抗的，在精神生活（Geistesleben）中人是与自然融和的，就是艺术家当其创作或赏鉴时也绝无内外的分别。这样一来就解免了冲突,开脱了狭隘,增进了趣味。西洋人向前逐物,做那理智算计的生活,分别目的和手段,结果把自己生活全化为一截一截手段,而大大贬损了人生价值;在倭铿以为不应该这样分为手段与目的,将整个的生活打断了,而都弄成有所为而为,他说:"在独立精神生命里,活动的协力不仅帮助活动在特别方向上去发展,首先就要组织成为一个独立体。例如以正义看作单纯寻求幸福的手段时——不论是个人的幸福还是社会的幸福究竟没有根本的不同——正义就失却一切特别的色采。他再不能使我们从他本身的立足点去观察生命;他再不能改变已经存在的情形;他再不能用原始感情的力去震动我们的心思;他从此屈伏于结果的计虑,反对强烈精神的紧张。他流为功利的和顺奴仆,他适应功利的要求,结果就毁灭了一切内性。他要维护自己,只能在他成为精神生命所泄露的物品时,只能成为高尚的物品,而超越了一切利益的计较时。"诸如此类的话不能具引;总而言之,一反西洋的路子,墨子的路子,而为中国的路子,孔子的路子。在他说明他所谓"精神生活"的时候,**顶可以见出他怎样要把从来西洋人生倾欹在外的重心收了回来**,颇与孔子意旨相同。据他所见,照现在的情形,"人生所忙碌的,不过是些身外的利益,并非自己所本有的;没有里的问题,没有里的动机"。他最反对向外逐物,很有"返身而诚"和"自得"的精神;不但走的是人生第二路,而且在第二路中是很高超很得法之一路。西洋人此刻固受第一路的痛苦,其东奔西突为第二路的思想者原已成一时风气,但总不免苟且的拿直觉代理智,敷衍自慰,唯有倭铿很称得起是刚大乾健的。他说:"我们又反对现代泛神论的倾向,因为泛神论的模糊的主情主义,只能掩饰重大的冲突而不能超越重大的冲突;我们又反对浪漫主义(Romanticism);因为浪漫主义把人生销溶在梦想,销溶在消极的自己否定中,减少了道德的能力,倾向于洗练过的肉欲,而不能达到他所想像的最高精神。最后我们又反对把人格当作口头禅,当作包医百病的神方,因为人格必须先有个内质,有个宇宙的根据。"他又说:"凡此等等,无论他如何宣言他将顺从理想的目的,顺从理想的感情,然而处处都显出里面的不纯洁,显出对付的虚伪,显出精神的逊服与精神的空洞。"**这的的确确孔家"自强不息"的精神,很得着点第二路的积极面目,非同泛泛。**盖走第一路——向前对外的路,有所为而为的路——要强勇,要奋发是不难的,若变更去走第二路,那么大家就只会收回向前,休歇作为,再不晓得怎样强勇奋发法。**不向前而强勇,无所为而奋发,他便不会,在第二路中,他只剩下了软与惰。**唯孔子自强不息是做到第二路的恰好处,惟倭铿能仿佛之。**什么烦闷、疲倦,一扫而空;对于途穷的西洋人真可有回天腕力,可以从此奠定了人生。**

罗素的态度

说一句并非鄙薄人的话,西洋实在不曾见有什么深厚的人生思想。现在只为情景显露,问题逼来,因而才见得深一层,所以这寻到第二路上来固属易易,便是寻到了孔子的路上来的也就不止一家。举其尤者如罗素,如克鲁泡特金,都是的。罗素随便拉了老子"生而不有,为而不恃,长而不宰"几句话比附他排斥占有冲动、开导创造冲动的主张,大家听了,便也跟着这样说;其实两家通体的大旨趣果即相同否,恐尚难言。他实在和孔家有同一的旨趣,却无人讲。**他的旨趣只是"自由生长"一句话,而孔家要旨也只在不碍生机。**讲到世法,孔家所以值得特别看重,越过东西一切百家的,**只为唯他圆满了生活,恰好了生活,而其余任何一家都不免或多或少窒碍、斲戕、颓败、搅乱了生活。**那么,怎样不要伤害生机自是根本必要的;罗素于此总算很能有见于往者孔子着眼所在而抱同样的用心,所差的孔子留意乎问题于未形,而罗素则为感着痛苦乃始呼求罢了。罗素所感的痛苦便是他们的社会那些组织制度情势——经济一面自尤其根本的——所加于他们的;这在前面我已稍叙过。他们社会那些组织制度情势是沿着他们那种人生态度路向而走出来的,还而从这些组织制度情势又领导着胁迫着他们非更严格的做那种态度的生活不可,简直太不自然,太不合人类本性,无情趣,易疲乏,鄙吝、窘隘、烦闷、空虚……种种具足,根本的斲丧戕贼人的生机;此即罗素痛苦所在。所以罗素之要改造社会很富于哲学的意趣,是要求改辟较合理的一条人生的路。你看他怎样再三再四着意的去说:

> 不管道德家怎样说法,不管经济上怎样必要,依赖意志去完全抑制冲动是可以不必的,排去冲动用目的与欲望统御着的生活真是苦恼的生活。这种生活消耗活力,到后来,使人对于他所追求的目的也冷淡了。

> 近代产业主义与社会制度,常常使文明国民不得不排除冲动,而单靠目的以为生活。此种态度的生活之结局,必使生活的源泉涸竭……

> 社会的制度对于个人能尽最大的义务,即是让各个人去

自由的活泼的生长。

我要指明崇拜金钱是活力减少的结果,亦是活力减少的原因;我要指明现时的制度可以改造一番,好使金钱的崇拜减少,好使一般的活力逐渐增加。

这样,世界才能成为少年的美丽的而常富于蓬蓬勃勃的活气。

像这样的话在他书中到处都是。还有更精粹的话,**就是他见出人所以有不好的行动非出自本性而正由于生机受了伤**。如他说:

如果自然的冲动不能得相当的发泄,所产生的结果,不是活气的缺乏,即是暴戾的戕生的新冲动。

但是对于别人有害的冲动,多半是由于生长受了妨害,在本能得以顺畅发展的人,此等事很少很少。

无论什么理由,若是他的生长受了妨害,或者被迫长成一种纤曲不自然的形态,他的本能必定仇视环境,而且浑身都是怨恨。

这完全与孔家的见解一样(参看第四章)。因此他很以惩罚的方法为有缺点;因为于冲动没有好影响,只有坏影响;这又是孔家的主张。又他如此的要冲动活泼流畅而反对理智的算帐,已经是变更向外逐物的态度了,并且他还颇明白向外寻求乐趣是人们的错误。**他说乐趣就在自己活动上,而不在被动的享受于外界**;照现在生活路子只能有后一种乐而且是很小量的,要改造出容我们自由活动的路子,才有真乐趣。他又有分别本能、理智、灵性三种生活,而说整个最好的生活在三者之谐调的一篇议论。虽然他这种分别不很好（大约只分个本能和理智，不要另外分一灵性为宜；有人以罗素说宗教根据在灵性，便欢迎这个说法，其实如果这样倒使宗教无根据了）。但我们略去这名目而看他意思所指，则很不错。他说灵性生活以无私的感情为中心，宗教道德都属于这一面，艺术则起于本能的生活而提高到灵性里去的。有人单偏在灵性，就抹杀一切本能而成为禁欲家；有人又单偏在本能，就听凭本能去恣意横行又恶劣成了旁的生物一般；有人又单偏在理智，就要批评破坏一切，结果使人极无人情而流于玩世主义；这都不能使人生继续保存其活气。惟藉灵性把本能洗练提高，惟藉灵性救济理智的危险，而三者得到谐调、均衡、融贯去生活是最好的。他说，然而现在的文明人都没有做到，总是偏枯或交战的；又说在近代灵性的生活毁败残伤极为难堪。此其意向，排斥印度的第三路是很明的，因他单偏灵性；又排斥西洋近世第一路是很明的，因他只为本能的理智的；所指望理想的明是适当的第二路，而要现在的人向这条路走。试看他自己的话便知：

> 在近代，灵性的生活毁败残伤，极为难堪，是因为他与因袭的宗教结合了，是因为他对于理智的生活发生了明显的嫉恶，是因为他好像集中于克己节欲。灵性的生活在有必要时，亦即立刻要求克己节欲，但是他的本质是积极的。他能依着理智与本能的真态去充实个人的生存。伴随着他来了对于幻想的愉快，对于宇宙神妙的愉快，对于人生瞑想的愉快，特别的是对于普遍之爱的愉快。灵性生活使人解脱个人的情欲与漂浮的劳苦，而逃脱他们的桎梏；他使人类的感情思想以及与别人的一切关系都成为自由的、宽厚的、美丽的，

他使种种怀疑都得个解决；他使种种虚空之感都得个归结；他恢复本能与理智的调和；他使散漫的个人回到个人在人类生活中的本来位置。一经入了理智世界的人，就只有藉着灵性才能恢复快乐与平和。

社会主义之变迁

此处可以联带一说挽近社会主义——如基尔特社会主义等——怎样变他的态度而含有多少哲学气味。大约此刻大家的思想都不像以前那样简单朴陋，要改造社会的人也可以把他向来对于人生很简单的看法改进于深复。在以前他们眼中的人生实在是只有很低等价值的人生；他们以为圆满了物质生活，就圆满了人生；但要经济情形如他们理想得到改善，人类就得到丰美的生活，就成了黄金世界。这全为他们两眼只向外看，不留意自己人性是怎么一回事，只认得外界的问题，只想如何改造外境，误以为生活的丰美满足在被动的享受上，其实生活的丰美满足是只能得之于内，不能得之于外的；误以为外境一经圆满改造，就没问题，其实哪里便没问题，问题正多的很！但是现在他们的眼光都已从物质进到精神，从外界转到内界，晓得没有那样简单的事，并且很知道必要怎样提高了人生才行。改造社会为的是改换一种人生，不单在取得较多享用；只想去登一新的人生道路，不再想从此得满足。这般意思的变转，沿着西洋轨辙而走出来的社会主义已经掉换方向到东方的轨辙上去。我从李守常先生拿得一本基尔特主义的书（Sterling Taylor：*The Guild State*，*Its Principles and Possibilities*），其末一章讲他们那派所抱人生观更可代表现在的西洋人是如何屏斥一味向前逐求的人生,而所向慕则在雍容安娴的中国态度。他说他们西洋人尽是事事求快,"这种什么都是要快的欲求,就表示现在的人称量一切事物是只问多少不管好坏,比如他们能有两个,他总觉比有一个强;他所最不幸的是限于一张嘴,一个胃口,一天只二十四点钟罢了!"又说:"正当的人生是安息的,不是跑的;是恬静的,不是忙乱的;他享受所临到他们前的,而不去寻逐所没在这里的。模范的人没有野心;他不渴想去图一大的幸运,或战胜或管着旁人。他可以是不黠灵的,或不强干的,或更确当是只在好的气味与好的态度。"谁敢否认这不是中国态度将代西洋态度而兴?

克鲁泡特金的态度

克鲁泡特金真可说是一个大贤;就在见解上也比罗素对些,而逼近于孔家。罗素说无私的感情抬出一个灵性来,实不如克氏所说无私的感情只是一种本能为合于孔家道理。我朋友叶麟给我一本克氏作的他们无政府主义的道德观(Anarchist Morality),我觉得充满了中国人的风味与孔家的气息。他最对的地方即在不拿道德为什么特别的、神秘的、绝对高不可攀的,不过是人类所本有的"才"(Faculty);这在孟子就说为才,其精粹的话,就是说这与人类所有的味觉触觉原一般样(The moral sense is a natural faculty in us, like the sense of smell or of touch);岂不是孟子口之于味、目之于色的比喻,所谓"礼义之悦我心犹刍豢之悦我口"么?因此他所以就主张性善论,同孟子一样。中国人一向是很浓厚的性善论色调,而西洋人虽不就是反对性善论的,然而从不闻人倡导,到他却大唱起性善论来。因此他主张无政府主义,认定人自己都会好的,不必叫别的力量来支配。人自能得到妥洽,这件事不但是可能的,并且是很顺的。人所以有不好的行动完全因为情感方面受了一种暗伤。社会上这些不好的事都是不自然的,都是种种力量弄得错乱弄出来的,把这些通通解除就好了。他顶反对刑罚制度,比罗素更见得真切。假使我们用从前分辨王霸的旧话去说:那么,西洋人的态度路子就一向都是霸道,而中国态度孔家路子则为王道,但现今西洋处处都露出要求变革霸道而倾向王道的样子。

泰戈尔的态度

还有印度的泰戈尔非常受西洋人的欢迎崇拜,也是现代风气之一例。仿佛记得某杂志说泰戈尔到英国去,英国的高官贵族开会欢迎他,都行一种印度礼,抱他的脚——佛经上所谓阿难顶礼佛足。他的本领就在恰好投合现在西洋人的要求。西洋人精神上受理智的创伤痛苦真不得了,他能拿直觉来拯救他们。若照他的哲学原本于婆罗门,和西洋往时的斯宾诺莎相仿,很不配在西洋现时出风头。他的妙处,就在不形之于理智的文字而拿直觉的文学表达出来;所以他不讲论什么哲学而只是作诗。他拿他那种特别精神的人格将其哲学观念都充满精神,注入情感,表在艺术;使人读了之后,非常有趣味,觉得世界真是好的,满宇宙高尚、优美、温和的空气;随着他而变了自己的心理,如同听了音乐一般。这样,人都从直觉上受了他的感动,将直觉提了上来,理智沉了下去;其哲学在知识上的错误也就不及批评,而反倒佩仰他思想的伟大了。他唯一无二的只是个"爱";这自然恰好是西洋人的对症药。西洋人的病苦原在生机斵丧的太不堪,而"爱"是引逗生机的培养生机的圣药。西洋人的宇宙和人生断裂隔阂,矛盾冲突,无情无趣,疲殆垂绝,他实在有把他融合昭苏的力量。原来的婆罗门教似并没有这样子,他大约受些西洋生命派哲学的影响;所以他这种路子,不是印度人从来所有的,不是西洋人从来所有的;虽其形迹上与中国哲学无关联,然而我却要说他是属于中国的,是隶属于孔家路子之下的。

我们看见,西方的见解态度有这种的变迁。还有一个很好的例,就是中国秉持西方思想的人也恰好有同样的变迁。我这话就是指陈仲甫先生而说。他是顶能认清而秉持西方化的,他最近比较以前很有些变动。这个变动不知不觉与西方那种变动一样。我们看他所作的《新青年》,从一卷一号起直到最近,前后意思颇不一样。前几号便全都是与西方十八九世纪思想一般无二。如他开头《敬告青年》一篇,列举五个意思:自主、实利、进取……又汪叔潜《新旧问题》一篇说维新三十年从未体认新旧根本之异,甚于水火冰炭之不相容;第二号他自己《今日教育之方针》一篇,列举现实主义,唯民主义,职①业主义,兽性主义;同号高一涵《共和国家青年之自觉》一篇,说须取自利、利他主义,这自利、利他主义即以小己主义为之基而与牺牲主义慈惠主义至相反背者也;又同号李亦民《人生唯一之目的》一篇,说目的在求生为我,说人总要有欲求,若无欲求则一切活动立时灭绝;还有第二卷第一号

---

① 小字本做"职等",今据商务大字本改做"职业"。——编者

高一涵《乐利主义与人生》一篇,陈圣任《青年与欲望》一篇,看他
题目其意思已可见;第一卷第二号他自己《人生真义》一篇,结论
是:"执行意志满足欲望(自食色以至道德的名誉)是个人生存的
根本理由,个人生存的时候当努力造成幸福,享受幸福,并且留在
社会上,让后来的个人也能享受,递相授受,以至无穷。"我们从
这些篇文章里可以看出他们的态度是怎样与我们所指明西洋人
近世来所持的态度——人生三态度之第一态度——相合。陈先
生向来不承认有永远不变的真理,但到此处,他说他所说的人生
真义是始终不变的,只有此处可以说天不变道亦不变。(见《人
生真义》一篇)**其实我敢说是一定要变的,陈先生实在是信道不
笃——信没有不变的真理不笃。**及至我们翻到后来的几本《新
青年》,陈先生自己的变动已经不可掩了。后来某卷里他有《论
自杀》的一篇,开列一个表,上头开列近代思想是怎样怎样,下面
开列最近代思想是怎样怎样,而比较其不同。他说,最近代思想
是很像要复古,但他相信是不会复古;不过其与近代思想多相反,
则他承认的。我们看,他以前的思想就是他此处所说的近代思
想,那么陈先生思想的变动不是已经宣布了吗?又后来他有《基
督教与中国人》一篇,和他到上海同张东荪的谈话(见《时事新
报》)都表示他最近的感想,觉得人的情感之重要,而以前单去开
发人的思想理路之做法不对;因此他着眼到能作用的情感的宗教
而想来提倡基督教。在这篇文中很见出他觉悟了人类行为的源
泉所在,与西洋人近来的觉悟一样——如我在前面讲西洋见解变
迁中所叙的。他引了我几句在李超女士追悼会的演说辞(见《晨
报》)而说道:"梁漱溟先生说'大家要晓得人的动作,不是知识要

他动作的,是情感与欲望要他动作的'这话极有道理。"我那次演说是在民国八年秋冬间,其内容意思便是我研究东西文化问题而得到我们应持的态度的结论之摘要发表,现在我要对大家发表的结论,还是那个意思,藉这机会特把他照录在下面:

> 我现在有几句话不得不说一说:譬如适才几位先生所说的话多半是指点出问题给大家看,要大家去想法子解决;(胡适之君的传、蔡子民、蒋梦麟、李守常诸君的演说,多如此)这种指点固是不可少的,**但是我们怎样方感觉这桩事成个问题呢?** 怎样方觉得急迫非想法子解决不可呢? 这是要注意的,我所以要说一说。又譬如前些日子北京大学林德杨君自杀的事出来,报上评论多拿什么"曾国藩事业成功不成功"、"什么有补无补"、"有益无益"那些计算的去批评,我实在不耐听,我所以要说一说。又譬如适才陈独秀先生演说反复讲说人类的占有性为一切作恶的根源,男子压束女子,资本家压束劳动家,日本人压迫中国人,都是如是;这话是不错的,但我们省克自家的占有性固是必要,我们于这负面的消极之外,可有个正面的积极的路子么? 这是我要说的。又譬如今天李女士追悼会,论理应当女子多来些,现在却男宾多于女宾,女宾也是本校同学居多,这是什么道理? 又如蒋梦麟先生说的许多女子穿戴华丽阔绰,坐着汽车在街上逛,而于什么"妇女解放"问题却没理会;现在妇女解放还是别人先倡说,女子却没什么动作,这是为什么? 大家都应着眼,都应发问,我便是说说这个而来。
>
> 大家要晓得人的动作,不是知识要他动作的,是欲望与

情感要他往前动作的。**单指点出问题是不行的，必要他感觉着是个问题才行。指点出问题是偏知识一面的，而感觉他真是我的问题，却是情感的事。**举个例，比如我们告诉一个妇人道："你儿子将成不治"，这便点醒问题。那妇人如果具一般妇人爱儿子的情感，自然忙着去想法子求医；如果是多情的慈母一定还要急的哭出来；但如果是特别不疼爱儿女的寡情妇人，或者竟不理会我们的话呢！所以情感这样东西是重要的，大家不要忽略过去。并且我的意思我们要求如何如何，不是因所要求的东西而要求，是感觉着问题不得不要求，这句话怎么讲？就是说：**我们的要求不是出于知识的计算领着欲望往前，是发于知识的提醒我们情感，要我们如此作的。要求自由，不是计算自由有多大好处便宜而要求的，是感觉着不自由的不可安而要求的。我愿意大家的奋斗不出于前一种而发于后一种。**奋斗而死的或者多是后一种，论者却夹七夹八替他计算，我不耐听！并且自杀的人都是情感激越，凡情感激越或欲望盛张的时，知识的计算是没用的。**你说的话同他全不相干。**况我们遇情感动人的事，应当动点情感。情感便是占有性的对头；能使情感丰富，那占有性便无猖獗之患了。陈先生省克人类占有性是消极的法子，这涵养与发挥情感是积极的道路。北京的妇女不来吊一吊李女士，却华装丽服坐汽车去满街跑，许多妇女并不要求妇女解放，这都是麻木。麻木就是处于情感的反面。**他自己既不要求，你便怎样指点问题，乃至把解决问题的道路都告诉他，他只是不理会！简直全不中用！**现在重要在怎样使妇女界感觉他们自身种种问题？有了迫切的要求，自然会寻觅路子去解决。所以这时候怎样条达发育情感，便是必要的了。那提倡欲望，虽然也能使人往前动作，但我不赞成。不但危险，而且是错误。人的行为不能像做买卖一般去计算的，今天的追悼会如果用计算家的说法，那李女士已经死了，我们追悼他有什么用处，却破费许多钱财一天光阴，岂不失算！但人的情感他觉得定要这样作，不能计赔赚的。虽然如此，今天大家能都到这里来聚会，看见这情景，悬了许多挽辞，听了这般的音乐，还有追悼会的歌声，却能把大家的情感活动一活动，不致沉沦麻木。这是我们今天开会的本意，说起来却也算很大的成功。

还有附带的一句话，便是这富于情感是东方人的精神。大家一定生疑问：难道西方人便没情感么？这话很长，并非今日演说的围范，不能讲说，不过我定要附一句在此罢了。

（见民国八年冬间北京《晨报》）

陈先生虽然留意到情感的重要，但他不以我附带的一句话为然，我也声明过别人不会就以我这话为然的，除非等我把东西文化对他们细细说清之后。西洋人和秉持西洋思想的人，同样不自知的要从第一条路转入第二条路，必待旁人替他点破，他才可以明白。

对世界未来文化的推测

以上我们分作事实、见解、态度三项，又附中国秉持西方思想的人的思想一项，来指证西方文化现在变迁的形势已经可见；以下将试为推测世界未来文化大约是什么样子。于此,我们自先去推测最近未来的文化,然后乃论及其后又将怎样。在这里,我们自又先去总揽着大体指定最近未来文化的根本态度,然后略分物质生活、社会生活、精神生活三方面去说一说。

说到最近未来所要持的态度,我们又不能不有个分别,就是:世界最近未来文化的根本态度是一个样子;从此刻到最近未来文化的开幕其态度又是一个样子。我们已经说过事实的变迁于文化变迁上最关重要,而现在的事实则在经济;(附注:以后不在经济)在经济未得改正时,第二路态度是难容于其下的,而且必待社会大改造成功,向前改造环境的路子始算是走到尽头处,否则,就尚未走完。所以虽然现在西方态度的变端已见,然其变出的态度仍旧含有西方采色在内,并不能为斩截的中国态度。(倭铿似属斩截)这就是说:他们虽然已经很要改过那种算帐逐物有所为而为的态度,但自己见不到,事实又不容,倾向所在仍旧是含那采色,不能斩截改掉。大约他们现在态度的变化不过从单着眼个体而为我的变转到也着眼他人而为社会;从单着眼物质幸福的变转到也着眼精神真趣;从单着眼现在的变转到也着眼未来。如颉德所说,如罗素所说,如陈仲甫先生在他最近代思想与近代思想对照表内所列,一致的都是这般模样。这样把目标拓展到大处远处,自然比那只看个人现实福利的较为合理而且安稳——照以前那样最易致失望,空虚之感,厌烦,人生动摇溃裂。罗素在他论结婚问题时说的很好:

> 两个人的互相亲爱未免太狭,未免太与社会无关,所以不能把爱情的自身当作人生的主要目的。只靠爱他,不能获

得活动力的充实源泉,不能得有充分的先见之明,所以不能使人生成为究竟满足的人生。爱情有时很为浓厚,不过不久就归于淡薄,因为淡薄所以不能令人满足,他迟早必成为反顾的,成为死的欢乐之墓,而不能成为新的生活之源泉。无论何种目的,只要是单在一种感情中实现的,就免不了这种弊害。唯一的精当目的,只是向着将来的目的,只是永远不能圆满实现的目的,只是时常继长增高的目的,只是依缘人类的无限势力而成为无限的目的,再且爱情必须与这种无限的目的结合起来,才有他所能有的真挚意味。

我也赞成这为社会为未来的态度,可以使人生继续有勇气;**但他实在只是过渡期间——从西洋旧路过渡到未来路上——的一种态度。西洋的路在此刻本没走完,然即如西洋旧路而不变,则亦不能开辟未来文化之新局,所以这样变化变化真是很恰好,很必要。却是这全不出物我展转相寻之私,而人生的重心始终倾敬在外。在未来文化中的人生态度,固无所谓为个人,也无所谓为社会;固无所谓为现在,也无所谓为未来;完全超脱了这些而无所为;固然不着眼在小处近处,也不着眼在大处远处;无论什么也不在他眼里,而是全然不看的——也就全然无所倾敬。**有人以为这恐怕是理想;其实不然,这是趋势所必至。

我记得胡适之先生本着他们实际主义的老话,说:旁人不是乐天主义,便是厌世主义;我们既不乐天,也不厌世,乃是改良主义或淑世主义。其实这三种主义就分别代表了三方——中国、印度、西洋——的态度;西洋人自始就是淑世派——所谓改造环境的路子,并不待今日詹姆士、杜威之出头提倡。不过詹姆士、杜威是圆成了西洋人这条路的,犹如佛家之于印度的路,孔家之于中国的路;这话并非特别恭维杜威他们,**因为他们实在把那条路作到很深稳、很圆满、很恰好的地步。**却是等他们出来把这条路讲究到好处,这条路也就快完了。无论如何,**他再也不是解救现在西洋人沉疴的药。在未来世界完全是乐天派的天下,淑世主义过去不提。**这情势具在,你已不必辩,辩也无益。我并不是说,到那时什么事从此不再改良,或从此人将不再作改造环境的事;我是说那时人将不复持那样人生态度。向外逐物,分别目的与手段,有所为而为,行为多受知识的支配,都与改造派态度不相离的;(试看詹姆士、杜威书便知)然俱为今人所厌绝了。只有与此相反的新风气如倭铿、罗素、泰戈尔之所倡导,方兴未艾,为乐天派第一高手的孔子开其先。**乐天是那时人生的根本态度;在这根本态度之下依旧可以作改造环境的事,并不相妨;**乃至去分别目的与手段、有所为而为也都不相妨。

就生活三方面推说未来文化

以下分就文化的物质生活、社会生活、精神生活三方面简单着一为推说:

(一)物质生活一面　今日不合理的经济根本改正是不须说的;此外则不敢随便想设。我于这上也毫无研究,所以说不出什么来;只不过基尔特一派的主张好多惹我注意之处,使我很倾向于他。大约那时人对于物质生活比今人(指西洋人)一定恬淡许多而且从容不迫,很像中国人从来的样子;因此那时社会上,物质生活的事业也就退处于从属地位,不同现在之成为最主要的;那么,便又是中国的模样。在生产上,必想法增进工作的兴趣,向着艺术的创造这一路上走;那么,又与中国尚个人天才艺术的采色相合。(参看第二章)这些都是现在大家意向所同,似无甚疑问;还有基尔特派中一部人有恢复手工业的意思,这就不敢妄测,恐事实上很难的。假使当真恢复手工业而废置大机械,那么,又太像中国从来不用机械用手工的样子了。

(二)社会生活一面 在这一面,如今日不合理的办法也不能不改变。不论是往时的专制独裁或近世的共和立宪,虽然已很不同,而其内容有不合理之一点则无异。这就是说他们对大家所用统驭式的办法,有似统驭动物一般。现在要问,人同人如何才能安安生生的共同过活? 仗着什么去维持? 不用寻思,现前哪一事不仗着法律。现在这种法律下的共同过活是很用一个力量统合大家督迫着去做的,还是要人算帐的,人的心中都还是计较利害的,**法律之所凭藉而树立的,全都是利用大家的计较心去统驭大家**。关于社会组织制度等问题,因我于这一面的学术也毫无研究,绝不敢轻易有所主张;但我敢说,**这样统驭式的法律在未来文化中根本不能存在**。如果这样统驭式的法律没有废掉之可能,那改正经济而为协作共营的生活也就没有成功之可能。**因为在统驭下的社会生活中人的心理,根本破坏了那个在协作共营生活之所须的心理**。所以倘然没有所理想的未来文化则已,如其有之,统驭式的法律就必定没有了。仿佛记得陈仲甫先生在《新青年》某文中说那时偷懒的人如何要责罚,污秽的工作或即令受罚人去作,或令污秽工作的人就工作轻减些。其言大概如此,记不清楚,总之他还是藉刑赏来统驭大众的老办法。殊不知像这类偷懒,和嫌恶污秽无人肯做等事，都出于分别人我而计较算帐的心理，假使这种心理不能根本祛除，则何待有这些事而后生问题，将触处都是问题而协作共营成为不可能；现在不从怎样泯化改变这种心理处下手，却反而走刑赏统驭的旧路，让这种心理益发相引继增，岂非荒谬糊涂之至。以后只有提高了人格，靠着人类之社会的本能，靠着情感，靠着不分别人我，不计较算帐的心理，去做如彼的生活，而后如彼的生活才有可能。近世的人是从理智的活动，认识了自己。走为我向前的路而走到现在的，从现在再往下走，**就变成好像要翻过来的样子，从情感的活动，融合了人我，走尚情谊尚礼让不计较的路——这便是从来的中国人之风。**刑赏是根本摧残人格的，是导诱恶劣心理的，在以前或不得不用，在以后则不得不废——这又合了从来的孔家之理想。从前儒家法家尚德尚刑久成争论，我当初也以为儒家太迂腐了，为什么不用法家那样简捷容易的办法？瞎唱许多无补事实的滥调做什么？到今日才晓得孔子是一意的要保持人格，一意的要莫破坏那好的心理，他所见的真是与浅人不同。以后既不用统驭式的法律而靠着尚情无我的心理了，那么，废法之外更如何进一步去陶养性情，自是很要紧的问题。近来谈社会问题的人如陈仲甫、俞颂华诸君忽然觉悟到宗教的必要。本来人的情志方面就是这宗教与美术两样东西，而从来宗教的力量大于美术，不着重这面则已，但着重这面总容易倾在宗教而觉美术不济事。实亦从来未有舍开宗教利用美术而做到非常伟大功效如一个大宗教者，有之，就是孔子的礼乐。**以后世界是要以礼乐换过法律的，全符合了孔家宗旨而后已。**因为舍掉礼乐绝无第二个办法，宗教初不相宜，寻常这些美术也不中用。宗教所培养的心理并不适合我们做这生活之所须,而况宗教在这期文化中将为从来未有之衰微,其详如后段讲精神生活所说。脱开宗教气息的美术较为合宜,但如果没有一整统的哲学来运用他而做成一套整的东西,则不但不济事,且也许就不合宜。这不是随便藉着一种事物(宗教或美术)提起了感情,沉下去计较,可以行的;这样也许很危险,都不一定。最微渺复杂难知的莫过于人的心理,没有澈见人性的学问不能措置到好处。礼乐的制作恐怕是天下第一难事。只有孔子在这上边用过一番心,是个先觉。世界上只有两个先觉:**佛是走逆着去解脱本能路的先觉;孔是走顺着调理本能路的先觉**。以后局面不能不走以理智调理本能的路,已经是铁案如山,那就不得不请教这先觉的孔子。我虽不敢说以后就整盘的把孔子的礼乐搬出来用,却大体旨趣就是那个样子,你想避开也不成的。还有我们说过在这时期男女恋爱是顶大问题,并且是顶烦难没法对付的,如果不是礼乐把心理调理到恰好,那直不得了;余如后说。

(三)精神生活一面 我们已说过在这时,人类便从物质的不满足时代转到精神不安宁的时代,而尤其是男女恋爱问题容易引起情志的动摇,当然就很富于走入宗教的动机。在人类情感未得充达时节,精神的不宁也就不著;在男女问题缺乏高等情意的时节也不致动摇到根本,但此际情感必得充达和男女问题必进于高等情意都是很明的,那么,予人生以勖慰的宗教便应兴起。但是不能。这些动机和问题大半还不是非成功宗教不可的——另有非成功宗教不可的动机与问题;并且顺成宗教的缘法不具,逆阻宗教的形势绝重。宗教就是人类的出世倾向之表现,从这种倾向要将求超绝与神秘。神秘是这时必很时尚的——我指那一种趣味,因为是时尚直觉的时代。**但超绝则绝对说不通,而且感情上也十分排距;因为知识发展的步骤还不到,感情解放活动之初亦正违乎这种意向。**宗教的根本要件全在超越现前之一点是既经说过的,所以我敢断言一切所有的宗教不论高低都要失势,有甚于今;宗教这条路定然还走不通。但是宗教既走不通,将走那条路呢? 这些动机将发展成什么东西,或这些问题将由怎样而得应付? **这只有辟出一条特殊的路来:同宗教一般的具奠定人生勖慰情志的大力,却无藉乎超绝观念,而成功一种不含出世倾向的宗教;同哲学一般的解决疑难,却不仅为知的一边事,而成功一种不单是予人以新观念并实予人以新生命的哲学。**这便是什么路? 这便是孔子的路,而倭铿、泰戈尔一流亦概属之。这时艺术的盛兴自为一定之事,是我们可以推想的;礼乐的复兴也是我们已经推定的;虽然这也都能安顿了大部分的人生,**但吃紧的还仗着这一路的哲学作主脑。**孔子那求仁的学问将为大家所讲究,中国的宝藏将于是宣露。而这一路哲学之兴,收拾了一般人心,**宗教将益浸微,要成了从来所未有的大衰歇。**说到这里,又恰与中国的旧样子相合:世界上宗教最微弱的地方就是中国,最淡于宗教的人是中国人,而此时宗教最式微,此时人最淡于宗教;中国偶有宗教多出于低等动机,其高等动机不成功宗教而别走一路,而此时便是这样别走一路,其路还即是中国走过的那路;中国的哲学几以研究人生占他的全部,而此时的哲学亦大有此形势;诸如此类,不必细数。除了科学的研究此时不致衰替为与中国不同外,以及哲学艺术当然以进化之久总有胜过中国之点外,那时这精神生活一面大致是中国从来派头,必不容否认。

一般对未来文化的误看

以上对于世界文化大致推定是那个样子。以他对近世西洋文化而看,是确然截然为根本的改换。所改换过的全然就是中国的路子,无论如何不能否认。但是一般人的议论——其实是毫无准据的想象——异口同声说世界未来文化必是融合了东西两方文化而产生的;两方文化各有所偏,而此则得其调和适中的。这全因为他们心思里有根本两谬点,试为剖说:

一、他们只去看文化的呆面目而不留意其活形势——根本精神,不晓得一派文化之所以为一派文化者固在此而不在彼;由有此谬误,就想着未来文化的成分总于这两方文化各有所取,所以说是二者融合产生的了。其实这一派根本精神和那一派根本精神何从融合起呢?**未来文化只可斩截的改换,而照现在形势推去,亦实将斩截的改换,所改换的又确为独属于中国一派;这不但你不信,就如我在未加推勘时亦万万不信。**

二、他们感于两方文化各有各的弊害,都不很合用;就从他心里的愿望,想着得一个尽善恰好的,从此便可以长久适用他。不晓得一文化原是一态度或一方向;态度或方向没有不偏的,就都有其好的地方,都有其不好地方;**无所谓那个文化就是好的文化,合用的文化,那个文化就是不好的文化,不合用的文化。**由有此谬误,就想着未来文化总当要调和两偏而得其适中,成一个新的好文化了。其实一态度其初都好,沿着走下来才见出弊害，或遇到他不合用的时际，就得变过一态度方行；而又沿着走下去，还得要再变一态度。**想要这次把他调和适中，弄到恰好，哪安得而有此事呢？** 未来文化只可明确的为一个态度，而从现在形势推去，亦实将明确的换过一个态度，所换过的又确乎偏为从前中国人的那一个态度；此诚无论什么人所想不到的。

世界文化三期重现说

质而言之，世界未来文化就是中国文化的复兴，有似希腊文化在近世的复兴那样。人类生活只有三大根本态度，如我在第三章中所说：由三大根本态度演为各别不同的三大系文化，世界的三大系文化实出于此。论起来，这三态度都因人类生活中的三大项问题而各有其必要与不适用，如我前面历段所说，最妙是随问题的转移而变其态度——问题问到哪里，就持哪种态度；却人类自己在未尝试经验过时，无从看得这般清楚而警醒自己留心这个分际。于是古希腊人、古中国人、古印度人，各以其种种关系因缘凑合不觉就单自走上了一路，以其聪明才力成功三大派的文明——迥然不同的三样成绩。这自其成绩论，无所谓谁家的好坏，都是对人类有很伟大的贡献。却自其态度论，则有个合宜不合宜；希腊人态度要对些，因为人类原处在第一项问题之下；中国人态度和印度人态度就嫌拿出的太早了些，因为问题还不到。不过希腊人也并非看清必要而为适当之应付，所以西洋中世纪折入第三路一千多年。到文艺复兴乃始拣择批评的重新去走第一路，把希腊人的态度又拿出来。他这一次当真来走这条路，便逼直的走下去不放手,于是人类文化上所应有的成功如征服自然、科学、德谟克拉西都由此成就出来,即所谓近世的西洋文化。西洋文化的胜利,只在其适应人类目前的问题,而中国文化、印度文化在今日的失败,也非其本身有什么好坏可言,不过就在不合时宜罢了。人类文化之初,都不能不走第一路,中国人自也这样,却他不待把这条路走完,便中途拐弯到第二路上来;把以后方要走到的提前走了,成为人类文化的早熟。但是明明还处在第一问题未了之下,第一路不能不走,哪里能容你顺当去走第二路? 所以就只能委委曲曲表出一种暧昧不明的文化——不如西洋化那样鲜明;并且耽误了第一路的路程,在第一问题之下的世界现出很大的失败。不料虽然在以前为不合时宜而此刻则机运到来。盖第一路走到今日,病痛百出,今世人都想抛弃他,而走这第二路,大有往者中世人要抛弃他所走的路而走第一路的神情。尤其是第一路走完,第二问题移进,不合时宜的中国态度遂达其真必要之会,于是照样也拣择批评的重新把中国人态度拿出来。印度文化也是所谓人类文化的早熟;他是不待第一路第二路走完而径直拐到第三路上去的。他的行径过于奇怪,所以其文化之价值始终不能为世人所认识;(无识的人之恭维不算数)既看不出有什么好,却又不敢菲薄。一种文化都没有价值,除非到了他的必要时;即有价值也不为人所认识,除非晓得了他所以必要的问题。他的问题是第三问题,前曾略说。而最近未来文化之兴,实足以引进了第三问题,所以中国化复兴之后将继之以印度化复兴。于是古文明之希腊、中国、印度三派竟于三期间次第重现一遭。我并非有意把他们弄得这般整齐好玩,无奈人类生活中的问题实有这么三层次,其文化的路径就有这么三转折,而古人又恰好把这三路都已各别走过,所以事实上没法要他不重现一遭。吾自有见而为此说,今人或未必见谅,然吾亦岂求谅于今人者。

在最近未来第二态度复兴;以后顺着走下去,怎样便引进了第三问题,这还要说一两句。我们已经看清现在将以直觉的情趣解救理智的严酷,乃至处处可以见出理智与直觉的消长,都是不得不然的。**这样,就从理智的计虑移入直觉的真情,未来人心理上实在比现在人逼紧了一步,如果没有问题则已,如有问题,那么,这个问题就对他压迫的非常之紧。**从孔家的路子更是引人到真实的心理,那么,就更紧辣。当初藉以解救痛苦的是他,后来贻人以痛苦的亦即是他;前人之于理智,后人之于直觉,都是这样。在人类是时时那里自救,也果然得救,却是皆适以自杀,第三问题是天天接触今人的眼睑而今人若无所见的,到那情感益臻真实之后,就成了满怀唯一问题。而这问题本是不得解决的,**一边非要求不可,一边绝对不予满足,弄得左右无丝毫回旋余地!**此其痛苦为何如? 第三期的文化也就于是产生;所谓印度人的路是也。**从孔子的路原是扫空一切问题的,因为一切问题总皆私欲;却是出乎真情实感的则不能,出乎这真情实感的问题在今日也能扫空,却是在那将来则不能。**像这类出乎真情实感的第三问题在今日则随感而应,过而不留,很可以不成为问题;如果执着不舍必是私欲,绝非天理之自然。在将来那时别无可成为问题的,不必你去认定一个问题而念念不忘,他早已自然而然的把这一个问题摆在你的眼前,所以就没有法子扫空了。关于第三期文化的开发,可说的话还很多;但我不必多说了,就此为止。本来印度人的那种特别生活差不多是一种贵族的生活,非可遍及于平民,只能让社会上少数居优越地位、生计有安顿的人,把他心思才力用在这个上边。唯有在以后的世界大家的生计都有安顿,才得容人人来做,于自己于社会均没妨碍。这也是印度化在人类以前文化中为不自然的,而要在某文化步段以后才顺理之证。

<h2 style="text-align:center">我们现在应持的态度</h2>

我们推测的世界未来文化既如上说,那么我们中国人现在应持的态度是怎样才对呢? 对于这三态度何取何舍呢? 我可以说:

第一,要排斥印度的态度,丝毫不能容留;

第二,对于西方文化是全盘承受,而根本改过,就是对其态度要改一改;

第三,批评的把中国原来态度重新拿出来。

这三条是我这些年来研究这个问题之最后结论,几经审慎而后决定,并非偶然的感想;必须把我以上一章一章通通看过记清,然后听我以下的说明,才得明白。或请大家试取前所录李超女士追悼会演说词,和民国八年出版的《唯识述义》序文里一段,与现在这三条参照对看,也可寻出我用意之深密而且决之于心者已久。《唯识述义》序文一段录后:

> 印度民族所以到印度民族那个地步的是印度化的结果,你曾留意吗? 如上海刘仁航先生同好多的佛学家,都说佛化大兴可以救济现在的人心,可以使中国太平不乱。我敢告诉大家,假使佛化大兴,中国之乱便无已;且慢胡讲者,且细细

商量商量看！

现在我们要去说明这结论,不外指点一向致误所由,和所受病痛,眼前需要,和四外情势,并略批评旁人的意见,则我的用意也就都透出了。照我们历次所说,我们东方文化其本身都没有什么是非好坏可说,或什么不及西方之处;**所有的不好不对,所有的不及人家之一点,就在步骤凌乱,成熟太早,不合时宜。**并非这态度不对,是这态度拿出太早不对,这是我们唯一致误所由。**我们不待抵抗得天行,就不去走征服自然的路,所以至今还每要见厄于自然。我们不待有我就去讲无我。不待个性申展就去讲屈己让人,所以至今也未曾得从种种威权底下解放出来。我们不待理智条达,就去崇尚那非论理的精神,就专好用直觉,所以至今思想也不得清明,学术也都无眉目。并且从这种态度就根本停顿了进步,自其文化开发之初到他数千年之后,也没有什么两样。他再也不能回头补走第一路,也不能往下去走第三路;假使没有外力进门,环境不变,他会要长此终古!**譬如西洋人那样,他可以沿着第一路走去,自然就转入第二路;再走去,转入第三路;即无中国文明或印度文明的输入,他自己也能开辟他们出来。若中国则绝不能,因为他态度殆无由生变动,别样文化即无由发生也。从此简直就没有办法;不痛不痒真是一个无可指名的大病。及至变局骤至,就大受其苦,剧痛起来。**他处在第一问题之下的世界,而于第一路没有走得几步,凡所应成就者都没有成就出来;一旦世界交通,和旁人接触,哪得不相形见绌? 而况碰到的西洋人偏是个专走第一路大有成就的,自然更禁不起他的威棱,只有节节失败,忍辱茹痛,听其蹂躏,仅得不死。国际上受这种种欺凌已经痛苦**

不堪,而尤其危险的,西洋人从这条路上大获成功的是物质的财,他若挟着他大资本和他经济的手段,从经济上永远制服了中国人,为他服役,不能翻身,都不一定。至于自己眼前身受的国内军阀之蹂躏,生命财产无半点保障,遑论什么自由;生计更穷得要死,试去一看下层社会简直地狱不如;而水旱频仍,天灾一来,全没对付,甘受其虐;这是顶惨切的三端,其余种种太多不须细数。然试就所有这些病痛而推原其故,何莫非的的明明自己文化所贻害;只缘一步走错,弄到这般天地! 还有一般无识的人硬要抵赖不认,说不是自己文化不好,只被后人弄糟了,而叹惜致恨于古圣人的道理未得畅行其道。其实一民族之有今日结果的情景,全由他自己以往文化使然:西洋人之有今日全由于他的文化,印度人之有今日全由于他的文化,中国人之有今日全由于我们自己的文化,而莫从抵赖;也正为古圣人的道理行得几分,所以才致这样,倒不必恨惜。但我们绝不后悔绝无怨尤;以往的事不用回顾;我们只爽爽快快打主意现在怎样再往下走就是了。

我们致误之由和所受痛苦略如上说,现在应持何态度差不多已可推见,然还须把眼前我们之所需要和四外情势说一说。我们需要的很多,用不着一样一样去数,**但怎样能让个人权利稳固、社会秩序安宁,是比无论什么都急需的。这不但比无论什么都可宝贵,并且一切我们所需的,假使能得到时,一定要从此而后可得。**我们非如此不能巩固国基,在国际上成一个国家;我们非如此不能让社会上一切事业得以顺着进行。若此,那么将从如何态度使我们可以做到,不既可想了吗? 再看外面情势,西洋人也从他的文化而受莫大之痛苦,若近若远,将有影响于世界的大变革而开辟了第二路文化。从前我们有亡国灭种的忧虑,此刻似乎情势不是那样,而旧时富强的思想也可不做。那么,如何要鉴于西洋化弊害而知所戒,并预备促进世界第二路文化之实现,就是我们决定应持态度所宜加意的了。以下我们要略批评现在许多的人意向是否同我们现在所审度的相适合。

现在普通谈话有所谓新派旧派之称:新派差不多就是倡导西洋化的,旧派差不多就是反对这种倡导的——因他很少积极有所倡导;但我想着现在社会上还有隐然成一势力的佛化派。我们先看新派何如? 新派所倡导的总不外乎陈仲甫先生所谓“塞恩斯”与“德谟克拉西”和胡适之先生所谓“批评的精神”(似见胡先生有此文,但记不清);这我们都赞成。但我觉得若只这样都没给人以根本人生态度;无根的水不能成河,枝节的做法,未免不切。所以蒋梦麟先生《改变人生态度》一文,极动我眼目;却是我不敢无批评无条件的赞成。又《新青年》前几卷原也有几篇倡导一种人生的文章,陈仲甫先生并有其《人生真义》一文;又倡导塞恩斯、德谟克拉西、批评的精神之结果也会要随着引出一种人生。但我对此都不敢无条件赞成。因为那西洋人从来的人生态度到现在已经见出好多弊病,受了严重的批评,而他们还略不知拣择的要原盘拿过来。虽然这种态度于今日的西洋人为更益其痛苦,而于从来的中国人则适可以救其偏,却是必要修正过才好。况且为预备及促进世界第二路文化之开辟,也要把从来的西洋态度变化变化才行。这个修正的变化的西洋态度待我后面去说。

旧派只是新派的一种反动;他并没有倡导旧化。陈仲甫先生是攻击旧文化的领袖;他的文章,有好多人看了大怒大骂,有些人写信和他争论。但是怒骂的止于怒骂，争论的止于争论，他们只是心理有一种反感而不服，并没有一种很高兴去倡导旧化的积极冲动。尤其是他们自己思想的内容异常空乏，并不曾认识了旧化的根本精神所在，怎能禁得起陈先生那明晰的头脑，锐利的笔锋，而陈先生自然就横扫直摧，所向无敌了。记得陈先生在《每周评论》上作《孔教研究》曾一再发问：

> 既然承认孔教在法律上、政治上、经济上都和现代社会人心不合；不知道我们还要尊崇孔教的理由在哪里？
>
> 除了君臣父子夫妇之道及其他关于一般道德之说明，孔子的精神真相真意究竟是什么？

他原文大意，是说：孔子的话不外一种就当时社会打算而说的，和一种泛常讲道德的话；前一种只适用于当时社会，不合于现代社会，既不必提；而后一种如教人信实、教人仁爱、教人勤俭之类，则无论哪地方的道德家谁都会说，何必孔子？于此之外孔子的真精神，特别价值究竟在那点？请你们替孔教抱不平的说给我听一听。这样锋利逼问，只问的旧派先生张口结舌——他实在说不上来。前年北京大学学生出版一种《新潮》，一种《国故》，仿佛代表新旧两派；那《新潮》却能表出一种西方精神，而那《国故》只堆积一些陈旧骨董而已。其实真的国故便是中国故化的那一种精神——故人生态度？那些死板板烂货也配和人家对垒吗？到现在谈及中国旧化便羞于出口，孔子的道理成了不敢见人的东西，只为旧派无人，何消说得！因为旧派并没有唱导旧化，我自无从表示赞成；而他们的反对新化，我只能表示不赞成，他们的反对新化并不澈底：他们也觉得社会一面不能不改革，现在的制度也只好承认，学术一面太缺欠，西洋科学似乎是好的；却总像是要德谟克拉西精神科学精神为折半的通融，莫处处都一贯到底。**其实这两种精神完全是对的，只能为无批评无条件的承认，即我所谓对西方化要"全盘承受"。**怎样引进这两种精神实在是当今所急的；否则，我们将永此不配谈人格，我们将永此不配谈学术。你只要细审从来所受病痛是怎样，就知道我这话非激。所以我尝叹这两年杜威、罗素先到中国来，而柏格森、倭铿不曾来，是我们学术思想界的大幸；如果杜威、罗素不曾来，而柏格森、倭铿先来了，你试想于自己从来的痼疾对症否？

　　在今日欧化蒙罩的中国，中国式的思想虽寂无声响，而印度产的思想却居然可以出头露面。现在除掉西洋化是一种风尚之外，佛化也是范围较小的一种风尚；并且实际上好多人都已倾向于第三路的人生。所谓倾向第三路人生的就是指着不注意图谋此世界的生活而意别有所注的人而说；如奉行吃斋、念佛、唪经、参禅、打坐等生活的人和扶乩、拜神、炼丹、修仙等样人，不论他为佛教徒，或佛教以外的信者，或类此者，都统括在内。十年来这样态度的人日有增加，滔滔皆是：大约连年变乱和生计太促，人不能乐其生，是最有力的外缘，而数百年来固有人生思想久已空乏，何堪近年复为西洋潮流之所残破，旧基骤失，新基不立，惶惑烦闷，实为其主因。至于真正是发大心的佛教徒，确乎也很有其人，但百不得一。我对于这种态度——无论其为佛教的发大心或萌乎其他鄙念——绝对不敢赞成；这是我全书推论到现在应有的结论。我先有几句声明，再申论我的意思。我要声明，我现在所说的话是替大家设想,不是离开大家而为单独的某一个人设想。一个人可以有为顾虑大家而牺牲他所愿意的生活之好意,但他却非负有此义务,他不管大家而从其自己所愿是不能非议的。所以我为某一个人打算也许赞成他做佛家的生活亦未可定。如果划一定格而责人以必做这样人生,无论如何是一个不应该。以下我略说如何替大家设想即绝对不赞成第三态度之几个意思:

一、第三态度的提出,此刻还早的很,是极显明的。而我们以前只为一步走错,以致贻误到那个天地,(试回头看上文)此刻难道还要一误再误不知鉴戒吗?你一个人去走,我不能管;但如你以此倡导于社会,那我便不能不反对。

二、我们因未走第一路便走第二路而受的病痛,从第三态度将有所补救呢,还是要病上加病?我们没有抵抗天行的能力,甘受水旱天灾之虐,是将从学佛而得补救,还是将从学佛而益荒事功?我们学术思想的不清明,是将从学佛而得药治,还是将从学佛而益没有头绪?国际所受的欺凌,国内武人的横暴,以及生计的穷促等等我都不必再数。一言总括,这都是因不像西洋那样持向前图谋此世界生活之态度而吃的亏,你若再倡导印度那样不注意图谋此世界生活之态度,岂非要更把这般人害到底?

三、我们眼前之所急需的是宁息国内的纷乱,让我们的生命财产和其他个人权利稳固些;但这将从何种态度而得做到?有一般人——如刘仁航先生等——就以为大家不要争权夺利就平息了纷乱,而从佛教给人一服清凉散,就不复争权夺利,可以太平。这实在是最错误的见解,与事理真象适得其反。我们现在所用的政治制度是采自西洋,而西洋则自其人之向前争求态度而得生产的,但我们大多数国民还依然是数千年来旧态度,对于政治不闻不问,对于个人权利绝不要求,与这种制度根本不适合,所以才为少数人互竞的掠取把持,政局就翻覆不已,变乱遂以相寻。故今日之所患,不是争权夺利,而是大家太不争权夺利;只有大多数国民群起而与少数人相争,而后可以奠定这种政治制度,可以宁息累年纷乱,可以护持个人生命财产一切权利,如果再低头忍受,始终打着逃反避乱的主意,那么就永世不得安宁。在此处只有赶紧参取西洋态度,那屈己让人的态度方且不合用,何况一味教人息止向前争求态度的佛教? 我在《唯识述义》序文警告大家:"假使佛化大兴,中国之乱便无已",就是为此而发。我希望倡导佛教的人可怜可怜湖南湖北遭兵乱的人民,莫再引大家到第三态度,延长了中国人这种水深火热的况味!

四、怎样促进世界最近未来文化的开辟,是看过四外情势而知其必要的;但这是第一路文化后应有的文章,也是唯他所能有的文章;照中国原样走去,无论如何所不能有的,何况走印度的第三路? 第一路到现在并未走完,然单从他原路亦不能产出;这只能从变化过的第一态度或适宜的第二态度而得辟创;其余任何态度都不能。那么,我们当然反对第三态度的倡导。

我并不以人类生活有什么好,而一定要中国人去做;我并不以人类文化有什么价值,而一定要中国人把他成就出来;我只是看着中国现在这样子的世界,而替中国人设想如此。我很晓得人类是无论如何不能得救的,除非他自己解破了根本二执——我执、法执。却是我没有法子教他从此而得救,除非我反对大家此刻的倡导。因为你此刻拿这个去倡导,他绝不领受。人类总是往前奔的,你扯他也扯不回来,非让他自己把生活的路走完,碰到第三问题的硬钉子上,他不死心的。**并且他如果此刻领受,也一定什九是不很好的领受——动机不很好。**此刻社会上归依佛教的人,其归依的动机很少是无可批评的,其大多数全都是私劣念头。藉着人心理之弱点而收罗信徒简直成为彰明的事。最普通的是乘着世界不好的机会,引逗人出世思想;因人救死不赡,求生不得,而要他解脱生死;其下于此者,且不必说。这便是社会上许多恶劣宗教团体的活动也跟着佛教而并盛的一个缘故。再则,他**此刻也绝不能领受。**当此竞食的时代,除非生计有安顿的人,一般都是忙他的工作,要用工夫到这个,是事实所不能。他既绝不领受,又绝不能领受,又不会为好动机的领受,那么几个是从此而得救的呢?还有那许多人就是该死吗?既不能把人渡到彼岸,**却白白害得他这边生活更糟乱,这是何苦?**不但祸害人而且糟蹋佛教。佛教是要在生活美满而后才有他的动机,像这样求生不得,就来解脱生死,那么求生可得,就用他不着了。然在此刻倡导佛教,其结果大都是此一路,只是把佛教弄到鄙劣糊涂为止。**我们非把人类送过这第二路生活的一关,不能使他从佛教而得救,不能使佛教得见其真;这是我的本意。**

　　孔与佛恰好相反:一个是专谈现世生活,不谈现实生活以外的事;一个是专谈现世生活以外的事,不谈现世生活。这样,就致佛教在现代很没有多大活动的可能,在想把佛教抬出来活动的人,便不得不谋变更其原来面目。似乎记得太虚和尚在《海潮音》一文中要藉着"人天乘"的一句话为题目,替佛教扩张他的范围到现世生活里来。又仿佛刘仁航和其他几位也都有类乎此的话头。而梁任公先生则因未曾认清佛教原来怎么一回事的缘故,就说出"禅宗可以称得起为世间的佛教应用的佛教"的话。(见《欧游心影录》)他并因此而总想着拿佛教到世间来应用;以如何可以把贵族气味的佛教改造成平民化,让大家人人都可以受用的问题,访问于我。其实这个改造是做不到的事,如果做到也必非复佛教。今年我在上海见着章太炎先生,就以这个问题探他的意见。他说,这恐怕很难;或者不立语言文字的禅宗可以普及到不识字的粗人,但普及后,还是不是佛教,就不敢说罢了。他还有一些话,论佛教在现时的宜否,但只有以上两句是可取的。总而言之,佛教是根本不能拉到现世来用的;若因为要拉他来用而改换他的本来面目,则又何苦如此糟蹋佛教? 我反对佛教的倡导,并反对佛教的改造。

我提出的态度

于是我将说出我要提出的态度。我要提出的态度便是孔子之所谓"刚"。刚之一义也可以统括了孔子全部哲学,原很难于短时间说得清。但我们可以就我们所需说之一点,而以极浅之话表达他。**大约"刚"就是里面力气极充实的一种活动。**孔子说"吾未见刚者"。"刚"原是很难做到的。我们似乎不应当拿一个很难做到的态度提出给一般人;因为你要使这个态度普遍的为大家所循由,就只能非常粗浅,极其简易,不须加持循之力而不觉由之者,才得成功。但我此处所说的刚,实在兼括了艰深与浅易两极端而说。**刚也是一路向,于此路向可以入的浅,可以入的深;所以他也可以是一非常粗浅极其简易的。**我们自然以粗浅简易的示人,而导他于这方向,如他有高的可能那么也可自进于高。**我今所要求的,不过是要大家往前动作,而此动作最好要发于直接的情感,而非出自欲望的计虑。**孔子说:"枨也欲,焉得刚",大约欲和刚都像是很勇的往前活动;却是一则内里充实有力,而一则全是假的——不充实,假有力;一则其动为自内里发出,一则其动为向外逐去。孔子说的"刚毅木讷近仁"全露出一个人意志高强,情感充实的样子;这样人的动作大约便都是直接发于情感的。**我们此刻无论为眼前急需的护持生命财产个人权利的安全而定乱入治,或促进未来世界文化之开辟而得合理生活,都非参取第一态度,大家奋往向前不可,但又如果不根本的把他含融到第二态度的人生里面,将不能防止他的危险,将不能避免他的错误,将不能适合于今世第一和第二路的过渡时代。**我们最好是感觉着这局面的不可安而奋发;莫为要从前面有所取得而奔去。我在李超女士追悼会即已指给大家这个态度,说:"要求自由,不是计算自由有多大好处便宜而要求,是感觉着不自由的不可安而要求的。"**但须如此,即合了我所说刚的态度;刚的动只是真实的感发而已。我意不过提倡一种奋往向前的风气,而同时排斥那向外逐物的颓流。**我在那篇里又说:"那提倡欲望,虽然也能使人往前动作,但我不赞成。"现在还不外那一点意思。**施今墨先生对我说的"只要动就好",现在有识的人多能见到此;但我们将如何使人动?**前些年大家的倡导,似乎都偏欲望的动,现今稍稍变其方

向到情感的动这面来,但这只不过随着社会运动而来的风气,和
跟着罗素创造冲动占有冲动而来的滥调;**并没有两面看清而知所
拣择**,所以杂乱纷歧,含糊不明,见不出一点方向,更不及在根本
上知所从事。这两年来种种运动,愈动而人愈疲顿,愈动而人愈
厌苦,弄到此刻衰竭欲绝,谁也不高兴再动,谁也没有法子再动,
都只为胡乱由外面引逗欲望,激励情感,为一时的兴奋,而内里实
际人人所有只欲望派的人生念头,根本原就不弄得衰竭烦恼不
止。动不是容易的,适宜的动更不是容易的。现在只有先根本启
发一种人生,全超脱了个人的为我,物质的歆慕,处处的算帐,有
所为的而为,直从里面发出来活气——罗素所谓创造冲动——含
融了向前的态度,随感而应,方有所谓情感的动作,情感的动作只
能于此得之。只有这样向前的动作才真有力量,才继续有活气,
不会沮丧,不生厌苦,并且从他自己的活动上得了他的乐趣。只
有这样向前的动作可以弥补了中国人夙来缺短,解救了中国人现
在的痛苦,又避免了西洋的弊害,应付了世界的需要,完全适合我
们从上以来研究三文化之所审度。这就是我所谓刚的态度,我所
谓适宜的第二路人生。本来中国人从前就是走这条路,却是一向
总偏阴柔坤静一边,近于老子,而不是孔子阳刚乾动的态度;若如
孔子之刚的态度,便为适宜的第二路人生。

今日应再创讲学之风

明白的说,照我意思是要如宋明人那样再创讲学之风,以孔
颜的人生为现在的青年解决他烦闷的人生问题,一个个替他开出
一条路来去走。一个人必确定了他的人生才得往前走动,多数人

也是这样；只有昭苏了中国人的人生态度，才能把生机剥尽死气沉沉的中国人复活过来，从里面发出动作，才是真动。中国不复活则已，中国而复活，只能于此得之；这是唯一无二的路。有人以清代学术比作中国的文艺复兴，其实文艺复兴的真意义在其人生态度的复兴，清学有什么中国人生态度复兴的可说？有人以五四而来的新文化运动为中国的文艺复兴；其实这新运动只是西洋化在中国的兴起，怎能算得中国的文艺复兴？若真中国的文艺复兴，应当是中国自己人生态度的复兴；那只有如我现在所说可以当得起。

蒋百里先生对我说，他觉得新思潮新风气并不难开，中国数十年来已经是一开再开，一个新的去，一个新的又来，来了很快的便已到处传播，却总是在笔头口头转来转去，一些名词变换变换，总没有什么实际干涉、真的影响出来；如果始终这样子，将永无办法；他的意思似乎需要一种似宗教非宗教像倭铿所倡的那种东西，把人引入真实生活上来才行。**这话自是不错，其实用不着他求，只就再创讲学之风而已。现在只有踏实的奠定一种人生，才可以真吸收融取了科学和德谟克拉西两精神下的种种学术种种思潮而有个结果；否则，我敢说新文化是没有结果的。**至于我心目中所谓讲学，自也有好多与从前不同处：最好不要成为少数人的高深学业，应当多致力于普及而不力求提高。我们可以把孔子的路放得极宽泛、极通常，简直去容纳不合孔子之点都不要紧。孔子有一句"极高明而道中庸"的话，我想拿来替我自己解释。我们只去领导大家走一种相当的态度而已；虽然遇到天分高的人不是浅薄东西所应付得了，然可以"极高明"而不可以"道高明"。

我是先自己有一套思想再来看孔家诸经的；看了孔经，先有自己意见再来看宋明人书的；始终拿自己思想作主。由我看去，泰州王氏一路独可注意；黄黎洲所谓"其人多能赤手以搏龙蛇"，而东崖之门有许多樵夫、陶匠、田夫，似亦能化及平民者。但孔子的东西不是一种思想，而是一种生活；我于这种生活还隔膜，容我尝试得少分，再来说话。

世界的态度

其实我提出的这态度并不新鲜特别，巧妙希罕，不过就是现在世界上人当此世界文化过渡时代所要持的态度。我所谓情感的动，不但于中国人为恰好，于世界上人也恰好，因为我本是就着大家将转上去的路指说出而已。

补　遗

（照陈政所记稿本录出）

　　有点意思要在此补说。这便是我常以劝年老的先生们对于旧的很有感情，对于旧的将要崩坏很感不安，所说的话。

　　我相信凡是人都是会自己去走对的路的，所有的不对都在"我一定要怎么样怎么样"。这就是说，有些人想借某种权力去压下别的意思，推行自己的意见；只信任自己，不信任大家。我以为我们有什么意思尽管可以陈述，但不应该强众从我。因为大家本来都是自己能走对的路，如果真要靠我一人去纠正大家，即是已足表明此事之无甚希望。不信任人，是最不对的；人在直觉上都自然会找到对上去。所以知识上人格上的错处坏处，都是一时的，结果是终久要对的。用强力干涉，固然错误。忧愁这世界要愈弄愈坏，也是错误。我信人都是好的，没有坏的；最好是任听大家自己去走，自然走对。因此我全无悲观，总觉得无论如何都对。我从来未曾反对过谁的说话。同我极不对的话，都任凭去说，说了有好处的,因为经过了这一步,便可以顺次去走下一步。**人都是要求善求真的,并且他都有求得到善和真的可能。**这话看似平常,实甚重要。许多老先生们看着现在的局面觉得可悲,就是不信人类是这样的,实在也就是不信自己了。佛学家多说,任人去走他的路,一定不对;应该教人走佛的路。我觉得人是自然会走到佛的路上去的,不必教他;如其不然,宁愿舍佛就人。还有许多宗教家也都如他们那样说;又有些所谓道德家要讲禁恶禁欲等等都是不对的。北大已故教授杨昌济引过斯宾塞的话,说社会较好于个人,亦即此意。这是因东西文化问题附说的话。

还有翻过来批评自己的话。我觉得我所说的只不过是一篇话罢了。如果真要讨论孔子、印度,那些东西还需要几种基础的科学,我们这所说的,在学术界上还算是拿不出去。心理学我希望大家很要注意;因为最好是什么话都要有来路。

时论汇录

东西民族根本思想之差异

《新青年》第一卷第四号

陈独秀

五方风土不同而思想遂因各异。世界民族多矣,以人种言略分黄白,以地理言分东西两洋。东西洋民族不同而根本思想亦各成一系,若南北之不相并水火之不相容也。请言其大者。

（一）西洋民族以战争为本位,东洋民族以安息为本位。儒者不尚力争,何况于战。老氏之教不尚贤,使民不争,以佳兵为不祥之器。故中土自西汉以来黩武穷兵国之大戒,佛徒去杀益堕健斗之风。世或称中国民族安息于地上,犹太民族安息于天国,印度民族安息于涅槃。安息为诸民族一贯之精神。斯说也,吾无以易之。若西洋诸民族好战健斗根诸天性,成为风俗。自古宗教之战、政治之战、商业之战，欧罗巴之全部文明史无一字非鲜血所书。英吉利人以鲜血取得世界之霸权，德意志人以鲜血造成今日之荣誉。若比利时若塞尔维亚以小抗大以鲜血争自由。吾料其人之国终不沦亡，其力抗艰难之气骨东洋民族或目为狂易。但能肖其万一，爱平和尚安息雍容文雅之劣等东洋民族何至处于今日之被征服地位。西洋民族性恶侮辱宁斗死。东洋民族性恶斗死宁忍辱。民族而具如斯卑劣无耻之根性，尚有何等面颜高谈礼教文明而不羞愧。

（二）西洋民族以个人为本位，东洋民族以家族为本位。西洋民族自古迄今，彻头彻尾个人主义之民族也。英美如此，法德亦何独不然。尼采如此，康德亦何独不然。举一切伦理道德政治法律社会之所向往、国家之祈求拥护、个人之自由权利与幸福而已。思想言论之自由，谋个性之发展也。法律之前，个人平等也。个人之自由权利载诸宪章国法不得而剥夺之，所谓人权是也。人权者成人以往，自非奴隶悉享此权，无有差别。此纯粹个人主义之大精神也。自唯心论言之人间者性灵之主体也。自由者性灵之活动力也。自心理学言之人间者意思之主体，自由者意思之实现力也。自法律言之人间者权利之主体，自由者权利之实行力也。所谓性灵所谓意思所谓权利皆非个人以外之物。国家利益社会利益名与个人主义相冲突，实以巩固个人利益为本因也。东洋民族自游牧社会进而为宗法社会至今无以异焉。自酋长政治进而为封建政治至今亦无以异焉。宗法社会以家族为本位，而个人无权利。一家之人听命家长，诗曰君之宗之礼曰有余则归之宗不足则资之宗。宗法社会尊家长重阶级故教孝。宗法社会之政治郊庙典礼国之大经。国家组织一如家族，尊元首重阶级故教忠。忠孝者宗法社会封建时代之道德、半开化东洋民族一贯之精神也。自古忠孝美谈未尝无可泣可歌之事。然律以今日文明社会之组织，宗法制度之恶果盖有四焉。一曰损坏个人独立自尊之人格，一曰窒碍个人意思之自由，一曰剥夺个人法律上平等之权利，如尊长卑幼同罪异罚之类一曰养成依赖性、戕贼个人之生产力。东洋民族社会中种种卑劣不法惨酷衰微之象，皆以此四者为之因。欲转善因是在以个人本位主义易家族本位主义。

（三）西洋民族以法治为本位、以实利为本位，东洋民族以感情为本位、以虚文为本位。西洋民之重视法治不独国政为然，社会家庭无不如是。商业往还对法信用者多，对人信用者寡。些微授受恒依法立据，浅见者每讥其俗薄而不惮烦也。父子昆季之间称贷责偿锱铢必较，违之者不惜诉诸法律。亲戚交游更无以感情违法损利之事。或谓西俗夫妇非以爱情结合艳称于世者乎？是非深知西洋民族社会之真相者也。西俗爱情为一事，夫妇又为一事。恋爱为一切男女之共性，及至夫妇关系乃法律关系权利关系非纯然爱情关系也。约婚之初各要求其财产而不以为贪。既婚之后各保有其财产而不以为吝。即上流社会之夫妇一旦反目直讼之法庭而无所愧怍。社会亦绝不以此非之。盖其国为法治国，其家庭亦不得不为法治家庭。既为法治家庭则亲子昆季夫妇同为受治于法之一人。权利义务之间自不得以感情之故而有所损益。亲不责子以权利，遂亦不重视育子之义务。避妊之法风行，欧洲夫妇生活之外无有余赘者，咸以生子为莫大之厄运。不徒中下社会如斯也，英国贵妇人乃以爱犬不爱小儿见称于世。以重视个人自身之利益而绝无血统家族之观念,故夫妇问题与产子问题不啻风马牛相去万里也。若夫东洋民族夫妇问题恒由产子问题而生。不孝有三,无后为大。旧律无子得以出妻。重家族轻个人而家庭经济遂蹈危机矣。蓄妾养子之风初亦缘此而起。亲之养子、子之养亲为毕生之义务。不孝不慈,皆以为刻薄非人情也。西俗成家之子,恒离亲而别居,断绝经济之关系。所谓吾之家庭(My family)者必其独立生活也。否则,必曰吾父之家庭(My father's family)用语严别,误必遗讥。东俗则不然,亲养其子,复育其孙,以五递进,又各纳妇,一门之内人口近百矣。况夫累代同居传为佳话。虚文炫世其害滋多。男妇群居内多诟谇,依赖成性生产日微。貌为家庭和乐,实则黑幕潜张,而生机日促耳。昆季之间率为共产,倘不相养必为世讥。事蓄之外兼及昆季,至简之家恒有八口,一人之力竭以肩兹。因此被养之昆季习为游惰,遗害于家庭社会者亦复不少。交游称贷视为当然。其偿也无期,其质也无物。惟以感情为条件而已。仰食豪门,名流不免。以此富者每轻去其乡里,视戚友若盗贼,社会经济因此大乱。凡此种种恶风皆以伪饰虚文任用感情之故。浅见者自表面论之每称以虚文感情为重者为风俗淳厚之征。其实施之者多外饰厚情,内恒愤忌。以君子始,以小人终。受之者习为贪惰,自促其生,以弱其群耳。以此为俗,何厚之有。以法治实利为重者,未尝无刻薄寡恩之嫌。然其结果社会各人不相依赖。人自为战,以独立之生计成独立之人格。各守分际不相侵渔。以小人始,以君子终。社会经济亦因以厘然有序。以此为俗,吾则以为淳厚之征也。即非淳厚也何伤。

东西文明根本之异点

七年七月《言治季刊》

李大钊

东西文明有根本不同之点,即东洋文明主静,西洋文明主动是也。溯诸人类生活史而求其原因,殆可谓为基于自然之影响。盖人类生活之演奏,实以欧罗细亚为舞台。欧罗细亚者欧亚两大陆之总称也。欧罗细亚大陆之中央有一凸地曰"棹地" Table Land 此与东西文明之分派至有关系。因其地之山脉不延于南北,而亘乎西东,足以障阻南北之交通。人类祖先之分布移动乃以成二大系统,一为南道文明,一为北道文明。中国本部、日本、印度支那、马来半岛诸国、俾路麻、印度、阿富汗尼斯坦、俾尔齐斯坦、波斯、土尔基、埃及等为南道文明之要路。蒙古、满洲、西比利亚、俄罗斯、德意志、荷兰、比利时、丹麦、士坎的拿威亚、英吉利、法兰西、瑞西、西班牙、葡萄牙、意大利、奥士大利亚、巴尔干半岛等为北道文明之要路。南道文明者东洋文明也。北道文明者西洋文明也。南道得太阳之恩惠多,受自然之赐予厚,故其文明为与自然和解与同类和解之文明。北道得太阳之恩惠少,受自然之赐予啬,故其文明为与自然奋斗与与同类奋斗之文明。一为自然的,一为人为的;一为安息的,一为战争的;一为消极的,一为积极的;一为依赖的,一为独立的;一为苟安的,一为突进的;一为因袭的,一为创造的;一为保守的,一为进步的;一为直觉的,一为理智的;一为空想的,一为体验的;一为艺术的,一为科学的;一为精神的,一为物质的;一为灵的,一为肉的;一为向天的,一为立地的;一为自然支配人间的,一为人间征服自然的。南道之民族因自然之富、物产之丰,故其生计以农业为主。其民族为定住的。北道之民族因自然之赐予甚乏,不能不转徙移动,故其生计以工商为主。其民族为移住的。惟其定住于一所也,故其家族繁衍;惟其移住各处也,故其家族简单。家族繁衍故行家族主义;家族简单故行个人主义。前者女子恒视男子为多,故有一夫多妻之风,而成贱女尊男之习。后者女子恒视男子为缺,故行一夫一妻之制,而严尊重女性之德。农业为主之民族好培种植物,商业为主之民族好畜养动物。故东人食物以米蔬为主,以肉为辅;西人食物以肉为主,以米蔬为辅;此饮食嗜好之不同也。东人衣则广幅博袖,履则缎鞋木履;西人衣则短幅窄袖,履则革履。东方舟则帆船,车则骡车、人力车,西方舟则轮船,车则马车、足踏车、火车、电车、摩托车。东人写字则用毛笔砚池,直行工楷于柔纸;西人写字则用铅笔或钢笔横行草书于硬纸。东人讲卫生则在斗室静坐;西人讲体育则在旷野运动。东人之日常生活以静为本位,以动为例外;西人之日常生活以动为本位,以静为例外。试观东人西人同时在驿候车,东人必觅坐静息,西人必来往梭行;此又起居什器之不同也。更以观于思想,东人持厌世主义(Pessimism)。以为无论何物皆无竞争之价值,个性之生存不甚重要。西人持乐天主义(Optimism)凡事皆依此精神以求益为向上进化发展,确认人道能有进步;不问其究竟目的为何,但信前事惟前进奋斗为首务。东人既以个性之生存为不甚重要则事事一听之天命是谓定命主义(Fotalism)。西人既信人道能有进步则事事一本自力以为创造是谓创化主义

（Creative Progressionism）。东人之哲学为求凉哲学,西人之哲学为求温哲学。求凉者必静,求温者必动。东方之圣人是由生活中逃出,是由人间以向实在,而欲化人间为实在者也。西方之圣人是向生活里杀来,是由实在以向人间,而欲化实在为人间者也。更以观于宗教,东方之宗教是解脱之宗教,西方之宗教是生活之宗教。东方教主告戒众生以由生活解脱之事实,其教义以清静寂灭为人生之究竟。寺院中之偶像,龛前之柳,池中之水,沉沉无声,皆足为寂灭之象征。西方教主于生活中寻出活泼泼地之生命,自位于众生之中央,示人以发见新生命、创造新生命之理,其教义以永生在天、灵魂不灭为人生之究竟。教堂中之福音与祈祷皆足以助人生之奋斗。更以观于伦理,东方亲子间之爱厚,西方亲子间之爱薄。东人以牺牲自己为人生之本务,西人以满足自己为人生之本务。故东方之道德在个性灭却之维持,西方之道德在个性解放之运动。更以观于政治,东方想望英雄,其结果为专制政治,有世袭之天子,有忠顺之百姓。政治现象毫无生机,几于死体,依一人之意思遏制众人之愿望,使之顺从。西方依重国民,其结果为民主政治,有数年更迭之元首之代议士,有随民意以为进退之内阁,政治现象刻刻流转,刻刻运行。随各个人之意向与要求,聚集各个势力以为发展。东人求治在使政象静止,维持现状,形成一种死秩序;稍呈活动之观则诋之以捣乱。西人求治在使政象活泼,打破现状,演成一种活秩序,稍有沉滞之机则摧之以革命。东方制定宪法多取刚性,赋以偶像之权威,期于一成不变;致日新之真理无缘以入于法。西方制定宪法多取柔性,畀以调和之余地,期于与时俱化,俾已定之法度随时可合于理。此东西文明差异之大较也。

　　东西民族因文明之不同,往往挟种族之僻见以自高而卑人。近世政家学者颇引为莫大之遗憾。平情论之,东西文明互有长短,不宜妄为轩轾于其间。就东洋文明而论,其所短约有数端:(一)厌世的人生观不适于宇宙进化之理法,(二)惰性太重,(三)不尊重个性之权威与势力,(四)阶级的精神视个人仅为一较大单位中不完全之部分,部分之生存价值全为单位所吞没,(五)对于妇人之轻侮,(六)同情心之缺乏,(七)神权之偏重,(八)专制主义之盛行。而其所长则在使彼西人依是得有深透之观察,以窥见生活之神秘的原子,益觉沉静与安泰。因而起一反省,自问日在物质的机械的生活之中纷忙竞争,创作发明,孜孜不倦,延人生于无限争夺之域,从而不暇思及人类灵魂之最深问题者究竟为何。东西文明之互争雄长历史上之遗迹已数见不鲜,将来二种文明果常在冲突轧轹之中,抑有融会调和之日,或一种文明竟为其他所征服,此皆未决之问题。以余言之宇宙大化之进行全赖有二种之世界观鼓驭而前,即静的与动的、保守与进步是也。东洋文明与西洋文明实为世界进步之二大机轴。正如车之两轮鸟之双翼缺一不可。而此二大精神之自身又必须时时调和,时时融会,以创造新生命而演进于无疆。由今言之,东洋文明既衰颓于静止之中,而西洋文明又疲命于物质之下,为救世界之危机非有第三新文明崛起不足以渡此危崖。俄罗斯之文明诚足以当媒介东西之任,而东西文明真正之调和则终非二种文明本身之觉醒万不为功。所谓本身之觉醒者即在东洋文明宜竭力打破其静的世界观,以容纳西洋之动的世界观;在西洋文明宜斟酌抑止其物质的生活,以容纳东洋之精神的生活而已。

印度开放而后西洋思想已渐蒙东洋之影响。如叔本华（Schopenhaur）之厌世哲学尼采（Nitzsche）之天才个性主义皆几分染东洋思想之颜色。惟印度之交通不便，西人居印者少，而印人之视英人只认为娴于政治艺术之巧练蛮人，以为论及修养彼辈尚属幼稚。彼辈所汲汲以求者东方人决之于心中也久矣。故东西文明之间在印度不生密切之接触。逮于海通，西人航海来华者日众，东西思想之接触始渐密切。良以吾国气候之温和、海路之利捷，远非印度可比也。由是言之，对于东西文明之调和吾人实负有至重之责任。当虚怀若谷以迎受彼动的文明，使之变形易质于静的文明之中，而别创一生面。一九一六年九月八日美德加父教授（Professor Maynard W. Metcalf）曾在奥柏林（Oberlin）为中国留美学生会演说"科学与现代文明"，论及中国之将来，有曰：设有一民族于世界最终之民族中能占一大部者其惟中国人乎。其数量之众，忍苦之强，衍殖之繁，爱重和平之切，人格品性之坚，智力之优，与夫应其最高道德观念之能力，皆足以证其民族至少亦为最终民族中之要素。但彼等究与启发未来最终民族生息于其下之文明型式以若何之影响乎？中国其将于智于德有所贡献于世界，亦如其于数量乎？此殆全视彼善导其发育于今方环接之新境遇下之成功何如耳。中国于人类进步已尝有伟大之贡献，其古代文明扩延及于高丽乃至日本，影响于人类者甚大。今犹能卷土重来以为第二次之大贡献于世界之进步乎？世间固尚未有一国民能于世界之进步为第二次伟大之贡献者，埃及、阿西利亚、佛昵西亚、希腊、罗马、亚拉比亚、波斯皆曾达于极盛之域而遂衰亡不复振。独意大利之文艺复兴为显著之例外。然亦非旧罗马之复活,逮其纯为新民族之日固不知有几多异族之血混入古意大利人之族系也。犹忆三十年前加潘特(Edward Carpenter)曾为文以论"文明之起原及其救济"甚有趣味。文中指陈曾经极盛时代民族中文明疾病之径路,谓此等文明之疾病大抵皆有其相同之预兆时期,寝假而达于炎热最高之度,寝假而贻其民族以永世削弱之运焉。世界史中尚未见有回春复活之民族重为世界之强国也。

中国文明之疾病已达炎热最高之度,中国民族之运命已臻奄奄垂死之期。此实无容讳言。中国民族今后之问题实为复活与否之问题亦为吾人所肯认。顾吾人深信吾民族可以复活,可以于世界文明为第二次之大贡献。然知吾人苟欲有所努力以达此志者其事非他,即在竭力以受西洋文明之特长,以济吾静止文明之穷,而立东西文明调和之基础。

今日立于东洋文明之地位观之,吾人之静的文明精神的生活已处于屈败之势。彼西洋之动的文明物质的生活虽就其自身之重累而言不无趋于自杀之倾向,而以临于吾侪则实居优越之域。吾侪日常生活中之一举一动几莫能逃其范围,而实际上亦深感其需要,愿享其利便。例如火车轮船之不能不乘,电灯电话之不能不用,个性自由之不能不要求,代议政治之不能不采行,凡此种种要足以证吾人生活之领域确为动的文明物质的生活之潮流所延注,其势滔滔殆不可遏。而一察其现象则又呈扞格矛盾之观,到眼都是。最近所发生之社会现象如飞虹、普济、江宽等轮之冲沉也,某处火车之遇险也,某处电灯之失慎也,此类事实若一一叩其原因固各不一致,而且甚复杂;就生活现象以为大量之批评,则皆足引为吾人不适于动的文明物质的生活之证据。其他大至政制,微至衣履,西人用之则精神焕发,利便甚溥,而一入于吾人之手、著于吾人之身,则怪象百出,局促弗安,总呈不相配称之观。盖尝推原其故,以为以静的精神享用动的物质制度器械等等,此种现象必不能免。苟不将静止的精神根本扫荡,或将物质的生活一切屏绝,长此沉延,在此矛盾现象中以为生活,其结果必蹈于自杀。盖以半死带活之人驾飞行艇,使发昏带醉之徒御摩托车,人固死于艇车之下,艇车亦毁于其人之手。以英雄政治贤人政治之理想施行民主政治,以肃静无诈唯诺一致之心理希望代议政治,以万世一系一成不变之观念运用自由宪法,其国之政治固以杌隍不宁,此种政制之妙用亦必毁于若而国中。总之守静的态度、持静的观念以临动的生活,必至人身与器物、国家与制度都归粉碎。世间最可恐怖之事莫过于斯矣。

余既言之,物质的生活今日万不能屏绝勿用,则吾人之所以除此矛盾者亦惟以澈底之觉悟将从来之静止的观念、怠惰的态度根本扫荡,期与彼西洋之动的世界观相接近,与物质的生活相适应。然在动的生活中欲改易一新观念、创造一新生活其事较易,在静的生活中欲根本改变其世界观、使适于动的生活其事乃至难。从而所需之努力亦至大,吾人不可不以强毅之气力赴之。

奇普陵 Kipling 之诗曰:

Oh, East is East and West is West.

And never the twain shall meet,

Till Earth and Sky stand presently

At God's great Judgment Seat,

But there is neither East nor West,

Bord, nor Breed nor Birth,

When two strong men stand face to face

Tho' they come from the end of the earth.

译其大旨,即谓除非天与地立于上帝最高裁判之席前,东终是东,西终是西,绝无相遇之期。但有二伟人焉,虽来自地球之两极,相对而立,则无东西畛域之见,种族血系之分也。吾青年乎其各以 two strong men 中之一人自命,竭力划除种族根性之偏执,启发科学的精神,以索真理。奋其勇气以从事于动性之技艺与产业。此种技艺与产业足致吾人之日常生活与实验之科学相接近。如斯行之不息,科学之演试必能日臻于纯熟,科学之精神必能沦浃于灵智。此种精神即动的精神,即进步的精神,一切事物无论其于遗袭之习惯若何神圣,不惮加以验察而寻其真,彼能自示其优良者即直取之,以施于用,时时创造,时时扩张,以期尽吾民族对于改造世界文明之第二次贡献。

愚文既已付印,偶于《东方》第十五卷第六号见有《中西文明之评判》,译自日本《东亚之光》。其首段曰:有中国人胡某者于开战前后在德国刊行德文之著作二种:一名《中国对于欧洲思想之辩护》,为开战前所刊;一名《中国国民之精神与战争之血路》,为开战后所刊者。

欧美人对于民族多以为劣等国民,偶或见其长处则直惊以为黄祸,其真倾耳于东洋人之言论者极少。有时对于东洋人之言论呈赞词者多出于一时之好奇心,或属外交辞令而已。

然此次战争使欧洲文明之权威大生疑念。欧人自己亦对于其文明之真价不得不加以反省,因而对于他人之批评虚心坦怀以倾听之者亦较多。胡某之著作在平时未必有人过问,而此时却引起相当之反响,为赞否种种议论之的。……次乃介绍德人对于辜氏著作之意见,赞成之者则有台里乌司氏及普鲁克陀尔福女士;反对之者则有弗兰士氏。其中所论颇足供愚文之参证,为幅帙所限未能移录,读者可取《东方》阅之。往者愚在日京曾于秋桐先生《说宪》①文中得悉辜鸿铭氏有《春秋大义》②之作,嗣以激于一种好奇之心理尝取辜氏之书略为披阅。虽读之未暇终篇,但就其卷头之纲目、导言之大旨观之,已足窥其概要。彼谓:"西洋之教人为善不畏之以上帝,则畏之以法律,离斯二者虽兄弟比邻不能安处也。逮夫僧侣日多,食之者众,民不堪其重负,遂因三十年之战倾覆僧侣之势力而以法律代上帝之权威。于是继僧侣而兴者则为军警焉。军警之坐食累民其害且过于僧侣,结果又以酿成今日之战。经此大战之后,欧人必谋所以弃此军警,亦如昔之屏弃僧侣者然。顾屏弃军警之后其所赖以维持人间之平和秩序者将复迎前曾屏弃之僧侣乎?抑将更事他求乎?为欧人计惟有欢迎吾中国人之精神,惟有欢迎孔子之道。"是篇所举胡氏之说与辜氏之说若合符节。胡氏疑即辜氏之误。辜字译音颇与胡近。其书既以英文出版于北京,复以德文出版于柏林。日人展转移译致讹为胡,国人不察亦以胡某受之。愚以为中国二千五百余年文化所钟出,一辜鸿铭先生,已足以扬眉吐气于二十世纪之世界。一之为奇,宁复有偶,必为辜氏之讹无疑。

　　愚读欧人对于辜说之评判不禁起数种感想:第一,国人对于

① 见《甲寅》第八期。
② *The Spirit of Chinese.*

现代西洋最有价值之学说恒扞格不相入，诋排之惟恐不及，而我以最无价值之梦话一入彼欧人之耳，彼皆以诚恳之意迎之。或则以促其自反，或则以坚其自信，虽见仁见智各不相同，要皆能虚心坦怀资为他人之助。以视胶执己见夜郎自大之吾人度量，相越之远有非可以道里计者。故吾人对于欧人之注意辜说惟当引以自愧，切不可视为"惊动欧人之名论"以自荣。第二，西洋文明之是否偏于物质主义、宜否取东洋之理想主义以相调剂，此属别一问题。至今日吾人所当努力者惟在如何以吸收西洋文明之长以济吾东洋文明之穷，断不许以义和团思想欲以吾陈死寂灭之气象腐化世界。（例如以不洁净之癖为中国人重精神不重物质之证，则吸食鸦片之癖亦何不可数为相同之例，是非欲腐化世界而何？）断不许舍己芸人，但指摘西洋物质文明之疲穷，不自反东洋精神文明之颓废。第三，希望吾青年学者出全力以研究西洋之文明以迎受西洋之学说，同时将吾东洋文明之较与近世精神接近者介绍之于欧人，期于东西文明之调和有所裨助，以尽对于世界文明二次之贡献，勿令欧人认此陈腐固陋之谈为中国人之代表。第四台里乌司氏谓"人虽有采用新税制新服制者，而无轻易采用新世界观者"，斯言诚不尽妄。但愚以为于吾东方静的世界观若不加以最大之努力，使之与动的世界观接近，则其采用种种动的新制度新服器必至怪气百出，不见其利只见其害。然此非可轻易能奏功效者亦属事实。当于日常生活中习练薰陶之，始能渐渍濡染，易静的生活为动的生活。取法乎上仅得乎中，吾人即于日常生活中常悬一动的精神为准则、其结果尤不能完全变易其执性之静止。倘复偏执而保守之，则活动之气质将永不见于吾人之身心，久且必归于腐亡。

愚顷又见早稻田大学教授北聆吉氏曾作《论东西文化之融合》文,载于《东方时论》第三卷第六号中,多透辟之语。兹节译数段供参证焉。

> ……西洋之文化为求精神之自由,先倾其全力以利用自然,征服自然。欧人对于自然不能漠不关心纯取观望之态度。不能融合其自我于自然之中以与自然共相游乐。其视自然为自我发展之凭基,非自我产生之嫡母。自然者可以克服之障碍也。菲西的谓对象即抵抗,实足为欧人自然观之纲领。彼等所以不即其本然之体以观察自然,而必分析之以求发见其构成之要素与轨范要素结合之法则者,乃欲如斯以为人类再建自然。其科学的文明皆因其要求主张自我克服自然而产出。倍根尝谓为"知识之力",盖欧人之科学即使彼等制御自然之力也。

> 然东洋诸民族关于此点其努力则与欧美人异。同是东洋民族,其间固亦有相异之点,而自大体言之,则凡东洋诸民族皆有一共同与西洋民族不同之所,即其不欲制御自然,征服自然,而欲与自然融合,与自然游乐是也。彼等不言人则与天则对立,宁依天则以演绎人则。东洋人一般之宿命观以从天命为道德之能事,足为彼等如何视自然为强权之实证。东洋人与其欲制御自然以获精神之自由,宁欲使精神之要求服从自然,于此见一安心之境地。故彼等对于自然不加解剖,不加分析,但即其本然之体观察之而已。

> 东西文化之差别可云一为积极的,一为消极的。此殆基

于二者使现实生活澈底之意力之强弱。欧美人使现实生活澈底之欲望盛,故向利用或征服于其生活必要之自然之途以进。东洋人之于现实生活不视为绝对,故使之澈底之努力缺乏。东西对于自然之差异无论其基于何种理由,究于二者之间生出思想与生活种种之不同。西洋人在与自然奋战之间养成一种猛烈之生活意志。初哉首基即利用此种生活之意志以使其他劣弱之民族为之属隶。更为此目的利用其独占之科学知识。东洋人常以求得最大之满足于其被与之境遇为能事。故于本民族中认不法阶级之存在,即认异族为政治统治者,亦甘受之而帖服。西洋人在与自然奋战中所养成之自我观念与人间中心之思想,构成一种价值哲学设便于自己之标准评量一切价值。不仅于现世以自己为中心,即于来世亦主张个性价值之保存。

希腊人受地理之影响本为极端个人主义之信者。以智慧、勇气、正义、节制为四德;而慈悲仁爱在东洋思想认为一切道德之首者则反屏之于道德范畴之外。今日之西洋人合此希腊人之个人主义与希腊教灵魂不灭之教义而成个性价值保存之哲学。从而西洋人缺真实大我之哲学。顾在东洋儒教则求修义最终之标的于天,佛教则求之于涅槃以成大我无我之哲学。宁以打破个人主义与人间本位之价值哲学,始足认为备哲人之风格,老庄荆楚之学于此点最为澈底。……

自然之制服、境遇之改造为西洋人努力所向之方向。与自然融合对于所与境遇之满足为东洋人优游之境地。此二者皆为人间文化意志所向之标的。吾人于斯二者均不可蔑视。若徒埋头于自然之制服境遇之改造,而忘却吾人对于内的生活之反省,则吾人之生活必归于空虚。故今世大哲若柏格森则谓今日普鲁士人之生活几全埋头于生产之事。于军事与产业方占胜利之际,诗与哲学益趋退化以为警告矣。若倭铿则以内的文明与外的文明、诗与产业之两立为理想。昌言今日人本主义的文明一面征服自然一面有使自己灵性归于空虚之恐矣。

彼欧美人今既于征服自然之中渐丧其自己之灵性,而东洋人则何如者?彼等既不求若何以征服自然利用自然。故其与自然融和一致之精神不过仅为少数人所能知,自余之大多数殆为自然所征服。东洋圣哲自觉"破于此处成于彼处"之大自在。故现实生活之成败多不足以恼其心神。其大多数对于人生真义毫不理解,为自然所征服,又为利用自然者所驱使,以度量悲惨之生活。故于产生老庄解脱哲学之支那造成多数如豚之苦力。于产生释迦宗教之印度,其生民不苦于疾疫,则厄于饥馑,今且被佣为兵,在西部战场为英国人效死。然则无征服自然之能力,甘居于被与之境遇之东洋民族将有莫大之危险,从其生活以俱至。此为吾人所不可不记取者。

于是乃生欧罗巴的文化与亚细亚的文化之补救乃至融合之必要矣。吾人为自己精神的自由一面努力于境遇之制服与改造,一面亦须注意于境遇之制服与改造。不可无一定之限制而努力于自己精神之修养。单向前者以为努力,则人类将成为一劳动机械。仅以后者为能事,则亦不能自立于生存竞争之场中。必兼斯二者真正人间的生活始放其光辉。而欲为此，非能将一切反对之要素摄取而统一之之民族不可。自问固有之文化大抵因其民族之特质与其被置之境遇多少皆有所偏局。必有民族焉，必于是等文化不认其中之一为绝对，悉摄容之而与以一定之位置与关系，始有产出将来新文化之资格。若而民族于欧则有德意志，于亚则有日本。德人之天才不在能别创新文化之要素，而在能综合从来之一切文化的要素。日本人之天才亦正在此处。……梅烈鸠阔佛士基论欧罗巴的精神与亚细亚的精神曰："渐向下沉之西方之光，地之真人之真也。渐向高升之东方之光，天之真神之真也。西方之光非必较东方之光为小，唯此二种之光二种之真相结合，始与真昼之光始与神人之光。"今且引述其言以终吾文矣。

按此篇所论颇多特见。而其主张东西文明之须相调剂亦与愚论无违。惟其谓具调和东西文明之资格者于欧则有德国，于亚则有日本，此则全为日人"我田引水"之谈，与其崇拜德国文明过度之过。固执文明特质之民族固不易与反对之文明言调和，而能综合异派文明兼容并收之民族，固于异派文明之调和易与介绍疏通之助，愚亦非敢概为否认。但愚确信东西文明调和之大业必至二种文明本身各有澈底之觉悟，而以异派之所长补本身之所短，世界新文明始有焕扬光采发育完成之一日。即介绍疏通之责亦断断非一二专事模仿之民族所能尽。愚惟希望为亚洲文化中心之吾民族对于此等世界的责任有所觉悟、有所努力而已。

东西文明之比较

《学艺杂志》第三号

早稻田大学教授金子马治先生讲演

武进屠孝实笔记并译

就东西二字观之似甚简单,实则其间诸国骈立,事情至为复杂。欲于立谈之间执两者而细较之殊属不可能之事。故予今兹所述者特其一部分之比较,非全体详密之比较也。顷吉野君讲演欧洲战乱之现状、俄国社会党声势之盛大及欧洲未来之形势立说颇饶兴趣;予则有异于是。目前之事且置不论,愿得远溯既往,从历史上求欧战之远因焉。

诸君背离乡井,远适异邦,而后于本国之真相始渐能了解。予在十年前有欧洲之行,其时亦得有兴味之经验。欧游以前予足迹未尝出国门一步,至是登程西航,渐离祖国。途中小泊香港,登陆游览,乃大惊骇。盖所见之物几无不与在祖国所习者异也。据在座之贵国某君言,香港本一硗确之小岛,贵国人以废物视之,及入英人之手,辛苦经营,遂成良港。予至香港时所见者已非所谓濯濯之石山,而为人力所成之良港。予所惊骇不置者盖在于是。日本诸港大都因天然之形势略施人工所成,香港则异是,观其全体几于绝出人工,非复自然之原物。此予所不得不叹服者。试观某市街所谓石山者,已草木丛生,欣欣向荣,皆英人所种植。初虽历次失败,然英人以不屈不挠之毅力,利用科学之方法,竭力经营,卒成今日青青之观。予在国内时所驯习之自然,此处杳不可

见,所接于目者独有人力之迹。始知东西洋人信有区别。此感入
予甚深,至今脑中犹历历忆之也。既别香港,以次航经印度埃及
等处。予抵印度时又大惊怪。惟此次所骇诧者与在香港时不同,
印度气候炎暑较香港尤甚,为习居日本者所难堪。窃自思念此邦
大非乐土,及稍入内地乃知不然。盖其地气候虽炎暑不适作工,
而天产极丰,可不劳而活。于是始知所谓自然之力有如此者。予
昔在求学时代诵习欧人之说,于东洋事情颇多不满意处。欧人之
言曰:"欧洲之人以人力征服自然而利用之,东方人则反是,游手
好闲为自然所制。"予览其说,当时即信其中之一部分颇中事理。
及后来征诸在香港所得区区之经验,益知所谓欧人支配自然而东
洋人放任自然之说果不妄也。

虽然仅仅据此尚不足以明东西文明之比较,颇曾悉心研考,
今日得于诸君之前为关于此问题之讲演,洵属难得之机会。以予
观之,据现在之状况以观察东西之文明自为一种方法;若能远溯
古昔,就东西二文明之本源比较之,似觉更饶兴趣。欧洲之文明
渊源于希腊,在座诸君当无不知之。东方文明本源甚多;今请言
贵国之周代及古时之希腊比较之。希腊国土褊隘,贵国则幅员甚
广,然希腊人实为一种不可思议之民族,距今三千年前学者、诗
人、发明家等崛起者甚多。若谓今日欧洲之文明为征服自然之文
明,而征服自然所用之武器为自然科学者,当知此自然科学之渊
源实在于希腊。尝试考之自然科学独成于欧洲人之手者何故?
何以不兴于东方? 何以不创于贵国? 何以智力卓绝之印度人亦
未发明之? 其间应有理由存在。若谓只须有知识便能产生自然
科学,则贵国之周代学者辈出,应早已发明矣。据予所见,希腊人

虽为天才之民族，其发明自然科学应尚别有原因。盖希腊国小多
山，土地硗瘠，食物不丰，故多行商于小亚细亚，以勤劳为生活，欧
式文明之源实肇于此。欧式之文明为分析的，自然科学的。其知
识以细密明晰为特征。东方文明则其综合的，情绪的，本能的，顺
自然的。此两文明最显之不同点也。予尝以贵国人不能发明自
然科学之故询之先进久米博士。博士言贵国地大物博，不必借劳
动获衣食，国家之本质为贵族的，初无发明自然科学之必要。贵
国先祖之学问为贵族的学问，以劳动者奴隶之事非大人所当务，
故贵国之先祖虽有高尚之学识，卒不能产生自然科学云。此说予
深然之。欧人之事情与贵国不同，初无肥沃之土地，故决不能放
任自然。虽南方之伊太利、西班牙等国稍有风景，物产亦较丰，然
至北方之俄罗斯、德意志、诺威、瑞典等则概属瘠土，势不能袖手
而食。据欧洲学者言，欧洲人性质各殊。欧人之先祖本居南方温
暖之地，渐以人口日繁，物资不足以遍给，弱者遂为强者所逐，迁
徙北方。今日之日耳曼及斯拉夫人即被逐者之苗裔也。北方气候
严寒，土地瘠薄，非勤劳无所得食，卒产生今日之文明。而伊西等
国则为贵族的，有徒手游惰之倾向矣云云。其说之信否不可知，然
为今日欧洲文明中心之日耳曼文明固以勤劳致之。彼英人化石山
为良港，应用各种科学以为利用厚生之资，即今日欧洲文明之一例
也。然则欧洲之文明直称之为势能（Power）之文明亦无不可。此
次欧战即势能之表现。战争固非表现势能之善法，然条顿人之文
明自得借此次战争窥知之也。以言东洋文明，欲求其与势能对待
之特质，则亦曰顺自然爱平和而已。通观日本之历史，日本人实优
游笑啼于自然之中者。贵国历史卷帙浩瀚未暇细绎。就予所知而

言,大抵贵国之文明为爱和平之文明,与欧洲之努力的、奋斗的、军国的文明性趣适不相同。仁爱之精神实东洋文明之中心也。印度民族为英国所征服,今物质上已陷于灭亡之悲运。然自精神上言之固仍存在无疑。印度人之精神在慈悲,慈悲即仁爱也。世人往往误认日本为军国的国家,其实不然。盖日本受贵国文化之影响颇知尊重正义。理直气壮之时日本之军队固强。反之用于不义之举将不任战斗。总之东洋文明之本在平和自然之精神,而不在势能。其所长在是,其缺点亦在是。印度之见抑于势能以至于亡,即其例也。故东洋人今日之急务一方面在振作固有之精神,一方面非采取欧洲文明之美点如征服自然勤勉努力等精神不可。果能合东西之长创造一种新文明,则真成日本俗谚所云授鬼以金棒(犹华谚如虎生翼之意),日益鼎盛矣。否则蹉跎复蹉跎,或为印度之续受制于势能,陷于亡国之惨亦未可知。此吾人所应警惕者。

本篇因恐失讲演者原意,故述语口调概就当场笔记者直译,不文之诮尚祈阅者谅之。*译者附识*

战后东西文明之调和

《东方杂志》第十四卷第四号

伦父

托尔斯泰之言曰:"方今之世为改革时代,人类生活当起一大变化。中国为东方诸国首领,有当实行之一大问题。盖中国、印度、波斯、土耳其、俄罗斯、日本等东洋国民之天职不独获得欧洲文化之精彩,必当表示真正自由之模范于人类也。"此近世大哲人之所以诏吾国人者如斯。吾人思之，重思之，则战后之人类生活必大起变化已无疑义。改革时代实近在眉睫之前，吾代表东洋之中国人果有若何之天职乎？对于世界能有若何之表示乎？愿吾国人自审之。

此次大战使西洋文明露显著之破绽，此非吾人偏见之言，凡研究现代文明者殆无不有如是之感想。盖文明之价值不能不就其影响于人类生活者评定之，西洋人对于东洋文明之批评亦常以东洋文明发源地之中国日即于贫弱为东洋文明劣点之标准。此不特西洋人之眼光如是，即在吾国人亦不免自疑其固有之文明而生崇拜西洋文明之倾向。然自受大战之戟刺以后，使吾人憬然于西洋诸国所以获得富强之原因与夫因富强而生之结果无一非人类间最悲惨最痛苦之生活。吾人至此纵不敢谓吾国人之贫弱可以脱离悲惨与痛苦为吾固有文明之所赐与，然信赖西洋文明欲借之以免除悲惨与痛苦之谬想不能不为之消减。平情而论，则东西洋之现代生活皆不能认为圆满的生活。即东西洋之现代文明皆不能许为模范的文明，而新文明之发生亦因人心之觉悟有迫不及待之势。但文明之发生常由于因袭，而不由于创作。故战后之新文明自必就现代文明取其所长弃其所短而以适于人类生活者为归。此固吾人所深信不疑者也。

于人类生活有最重要之关系者，一曰经济，二曰道德。盖人类所需之衣食住及其他生活资料苟有所缺乏，则生活不能维持，经济关系之重要固无待言。然使经济充裕而无道德以维系之，则身心无所拘束，秩序不可安宁，生活仍不免于危险。故既富加教，实为人类保持生活之大纲。文明之定义本为生活之总称，即合社会之经济状态与道德状态而言之。经济道德俱发达者为文明,经济道德均低劣者为不文明。经济道德虽已发达而现时有衰颓腐败之象,或有破坏危险之忧者皆为文明之病变。文明有时而病,如小儿之有麻疹百日咳,为人类所不能不经过者。今日东西洋文明皆现一种病的状态,而缺点之补足、病处之治疗乃人类协同之事业。不问人种与国民之同异当有一致之觉悟者也。

　　西洋社会之经济因机械之利用、事物之发明而日益发达,此固科学之产物,为东洋社会所望尘勿及者也。然科学仅为发达经济之手段,苟目的已误则手段愈高危险亦愈甚。西洋社会之经济目的与东洋社会截然不同。吾人之经济目的在生活所需之资料充足而无缺乏而已。孟子曰:“圣人之治天下使犹粟菽如水火”,又曰:“黎民不饥不寒”,“使民养生丧死无憾”,是皆说明吾人经济目的之所在。故淫巧有禁,逐末有征,凡足以耗费生活之资料或减杀其生产者皆加以裁制。虽坐是而科学不兴,发达经济之手段数千年无甚进步,诚不能谓其全无流弊。然目的固未尝误也。西洋之社会经济目则不在充足其生活所需之资料,而在满足其生活所具之欲望,以科学为前驱,无限之欲望随之而昂进。其结果则产出精巧之工艺品。此等工艺品既非自己生活所必须,生产过剩于生活且有大害,乃不得不销售之世界。而生活所须之资料则又为工艺品所攘夺,生产不足,常仰给于他人。经济上既失其独立之地位。其影响于社会者则生活之程度愈高,维持愈难,竞争愈烈。于是各个人、各阶级、各国家、各民族之间各筑墙壁,定烦细之法律,设重大之军备,以拥护其经济的地位。故东洋社会之经济目的为平置的,向平面扩张。西洋社会之经济目的为直立的,向上方进取。东洋社会之经济目的为周遍的,图全体之平均。西洋社会之经济目的为特殊的,谋局部之发达。然社会之经济事情具流通之性质与水无异,四散旁流,以平布周遍为其自然状态。壅之激之使之过颡使之在山则必至溃决而后已。今日之大战即为国家民族间经济的冲突而起也。吾东洋社会仅仅抱一不饥不寒养生丧死无憾之目的,惜无手段以达之。西洋社会之经济苟不耗之于奢侈、掷之于军备、破坏之于战争,则虽粟菽水火亦可庶几,而又为欲望之所误。故就经济状态而言,东洋社会为全体的贫血症,西洋社会则局处的充血症也。

至西洋社会之道德,其优胜于东洋社会者在于具力行之精神,慈善团体之发达,协同事业之进步,固吾人之所羡慕者也。

然重力行而蔑视理性,与吾人之讲理性而不能力行者又适成反对之现象。吾人之道德根本于理性,发于本心之明以求本心之安,由内出而不由外入。西洋古代希腊罗马之哲学家虽亦研究理性,所谓希腊思想者,略与吾人之道德观念相近。然不能普及于社会,当时民众之所信仰者则多神教而已。自罗马末造改宗基督教后,道德之本源悉归于神,意以人类之智能为不足恃。关于宗教之事项不适用普通论理上之法则,决定其正否,惟依神之启示与默佑,勇往直前以行其神之使命。是为希伯来思想与希腊思想正相反对。其极端者至恶智巧,杜学艺。以桎梏理性之故,至起中世纪后半期之反动。文艺复兴,希腊思想大占势力于社会。中世纪以后二大思想几经冲突、融会,各有几分之变质,仍成对峙之形势。至十九世纪科学勃兴,物质主义大炽,更由达尔文之生存竞争说与叔本华(罅本哈卫)之意志论推而演之,为强权主义、活动主义、精力主义。张而大之,为帝国主义、军国主义。其尤甚者则有托拉邱克及般哈提之战争万能主义。不但宗教本位之希伯来思想被其破坏,即理性本位之希腊思想亦蔑弃无遗矣。现代之道德观念为权力本位、意志本位。道德不道德之判决在力不在理。弱者劣者为人类罪恶之魁。战争之责任不归咎于强国之凭陵,而诿罪于弱国之存在。如此观念几为吾人所不能理解。以吾人之见地推测之,则西洋之道德观念因屡起反动,叠受摧残,基本已毁。乃各自发挥其能力逞快其意志,正如航海之船罗盘已失,而炉火正炽,汽压大张,鼓浪前行。惟恃机力以冲越障碍,自成航路。虽舵折桅摧而不顾。今日之战日杀六千人犹未已止,即此故也。吾人之道德观念除与现时新输入之科学思想稍有凿枘外,在历史上未见如何之反动,不受何等之摧残,至于今日犹能统摄人心。惜乎诵其言者不能服其服而行其行,有理性而无意志以表现之。故就道德状态而言,在东洋社会为精神薄弱,为麻痹状态;西洋社会为精神错乱,为狂躁状态。

　　大战以后,西洋社会之经济将有如何之变动乎?由吾人之臆测,则经济之变动必趋向于社会主义。盖此次战争虽由国家民族间之经济竞争而起。然欧洲社会自科学勃兴以后,经济界中已造成一种阶级。经济上势力全操纵于少数阶级之手,国家民族间之经济竞争实不过少数阶级间之经济竞争。多数民众为少数阶级所驱策,投身于炮火兵刃之地,创钜痛深则必有所警觉。事定以后当有一种超国家超民族之运动,观于战前各国社会党之态度,及近日俄德奥诸国之事变(草此论时德奥事变仅有电传尚未证实)已显露端倪。在少数阶级既因战争而生莫大之创痍,亦必有所悔悟。与其投钜资以战争,求国家民族之繁荣,而得则尽民穷之结果。何如移其资以施行社会政策,扩充社会事业,互相迎合以驯致于社会主义之实行。西洋之社会主义虽有种种差别,其和平中正者实与吾人之经济目的无大异。孔子谓不患寡而患不均。社会主义所谓"各取所须"亦即均之意义。吾东洋社会无国家民族对抗之形势,故经济尝注目于社会,孔孟之书凡关于经济者无不从社会全体着想。西人有谓王安石为发明社会主义者,实则社会主义乃吾国所固有,传自先民,王安石特袭取其偏端而欲实行之耳。西洋经济界若实行社会主义,则吾人怀抱数千年之目的无手段以达之者,或将于此实现矣。

至西洋社会之道德方面,在战争以后希伯来思想必更占势力,与希腊思想结合以形成新时代之道德。盖希伯来思想崇灵魂,敬上帝,务克己,持博爱主义。希腊思想重现实,喜自然,尚智术,持爱国主义。其互相冲突之点大率在是。今日之科学思想由希腊思想发生发达已极,遂酿战祸。证诸历史,罗马时代希腊思想既盛由率真而变为任性,遂流于放僻邪侈。希伯来思想代之而兴。以今之时势考之,此历史殆将重演矣。大凡人类于自然界获得胜利之时,则宗教思想必因之薄弱。若至趋于极端陷于穷境之时,则宗教思想必因之唤起。故今后当为希伯来思想复兴时代,与历史文艺复兴时代遥遥相对。但人类之思想经一次之变更,必有一次之更新,当此科学昌明之时,岂能以神权时代之旧宗教强为维系。况近时文艺家对于希腊思想倾向益著,其势力亦殊不可侮。则新时代之希伯来思想必与希腊思想调和,而带现时的色采。于敬天畏命之中求穷理尽性之实,合神与人为一致,即含肉与灵为一致,殆非不可能之业也。吾国道德思想虽与希腊为近,然理性之本出于天,理性之用致乎人,体天意以施诸人事,修人事以合乎天意,其戒谨恐惧之心与修身事帝之念则又与希伯来思想若合符节。故西洋之道德于希伯来思想与希腊思想调和以后,与吾东洋社会之道德思想必大有接近之观,此吾人所拭目而俟者也。

吾代表东洋社会之中国,当此世界潮流逆转之时,不可不有所自觉与自信。近年中以输入科学思想之结果,往往眩其利而忘其害,齐其末而舍其本。受物质上之激刺,欲日盛而望日奢。少数之上流社会享用既十百倍于往日,乃不得不多所取求,厚自封殖。观于国会议员及文武官吏俸给之激增可知吾国之经济上已弃其平布周遍之目的,而为直立特殊之倾向。吾国经济力之丰厚,本不如西洋。勉强效尤则破产而已。吾人平日当维持其简朴之素风,无为西洋之物质文明所眩惑。西洋事物输入吾国者必审其于生活上之价值如何,科学上之智识技能当利用之以生产日常须要之物。使其产生多而价值廉,以应下层社会之用而救其缺乏。若奇巧高贵之品,便安享乐之法,仅为上层社会发达肉欲计者,及奢侈品、装饰品、消耗品以诱惑普通社会而害其生计者,必力屏之。经济之配布当渐使平均,勿任贪黠之徒利用科学以施其兼并侵略之技。至科学上之学说如竞争论意志论等,虽各有证据各成系统。但皆理性中之一端,而非全体,当视之与诸子百家相等,不可奉为信条。吾人当确信吾社会中固有之道德观念为最纯粹最中正者。但吾人虽不可无如是之确信,却不可以此自封其圃。世界各国之贤哲所阐发之名理,所留遗之言论,精深透辟,足以使吾人固有之观念益明益确者,吾人皆当研究之。近日美国卫西琴博士在北京教育会联合会演说,谓中国须"将固有之经史借西国最新之学理及最新之心理学重新讲译"。盖深得我心者也。且吾人之所取资于西洋者,不但在输入其学说以明确吾人固有之道德观念而已。读西洋道德史,不论何学派何宗教皆有无数之伟人杰士大冒险大奋斗以排除异论贯澈主张,或脱弃功名富贵,数十年忍耐刻苦以传宣义理感化庸众。虽其宗派之间盛衰兴替更起迭乘,而献身之精神亘上世中世近世而如出一辙。其中诚不无过于偏激者,然以彼之长补我之短,对于此点吾人固宜效法也。是故吾人之天职在在实现吾人之理想生活。即以科学的手段实现吾人经济的目的,以力行的精神实现吾人理性的道德。以主观言为理想生活之实现,以客观言即自由模范之表示也。

中西文明之评判

译日本杂志《东亚之光》,《东方杂志》第十五卷第六号

平佚

有中国人胡某者于开战前后在德国刊行德文之著作二种:一名《中国对于欧洲思想之辩护》,为开战前所刊;一名《中国国民之精神与战争之血路》,为开战后所刊者。

欧美人对于东洋民族多以为劣等国民,偶或见其长处则直惊呼以为黄祸。其真倾耳于东洋人之言论者极少,有时对于东洋人之言论呈赞词者,多出于一时之好奇心,或属于外交辞令而已。

然此次战争使欧洲文明之权威大生疑念。欧人自己亦对于其文明之真价不得不加以反省,因而对于他人之批评虚心坦怀以

倾听之者亦较多。胡某之著作在平时未必有人过问,而此时却引起相当之反响,为赞否种种议论之的。今绍介其赞成者反对者与中立者之代表的意见,俾读者得知其概略焉。

台里乌司氏者对于此二书颇表同情,其批评之大意如下:

> 胡君者保守者也,彼以古中国之文化为完全,较之欧洲文化著为优良。彼谓:"诸君欧人于精神上之问题,即唯一之重大问题,非学于我等中国人不可。否则,诸君之全文化不日必将瓦解。诸君之文化不合于用,盖诸君之文化基于物质主义及恐怖与贪欲者也。至醇至圣之孔夫子尚有支配全世界之时。彼示人以达于高洁深玄礼让幸福之唯一可能之道。故诸君当弃其错误之世界观而采用中国之世界观,此诸君唯一之救济法也。"云云。

> 胡君之忠告原不免稚气,盖人虽有采用新税制新制服者,而无轻易采用新世界观者也。又中国之文化于蒙古人种依其特殊之种性而尚有差别。在全异之人种未必可以移殖,况我等欧人自身之世界观自有完成之期,故吾人对于胡君之忠告惟有谢绝之而已。

> 然谓欧洲之文化不合伦理之用,此胡君之主张亦殊正当。胡君著作之主旨实在于此。彼其二千五百年以来之伦理的国民的经验视吾欧人殆如小儿。吾人倾听彼之言论使吾人对于世界观之大问题怅然有憾矣。

> 夫欧洲人之世界观与中国人之世界观原无可比较。欧洲人在今日尚无所谓义者,保守主义者之言而一概排斥之。彼又有如下之言亦未可以恶意解释。彼谓:"中国之思想在

欧洲诸君必不以为新。然诸君之大思想家如休披那塞哥的者与支配中国二千五百年以来之思想何尝不同乎?"此言也对于欧洲之教养未免过于重视,在欧洲固未学,休披那塞哥的之精神亦未尝有一息之气吹入于一般生活。此真相实为胡君所未注意也。

吾人必不欲一变此之情态则已,否则吾人虽不能于中国直接学得何物,而胡君之两书实激刺吾人之廉耻心与奋发心最为有力也。

又弗兰士氏者谓欧洲目下之现态使东洋人视为欧洲文明之破产亦不无理由。于胡君之态度亦大概承认。惟其所说之内容则大表反对之意,而为基督教文明辩护,尤于德意志文明辩护更力。其言如下:

胡君谓:"现在战局结束之方法,当与交战国当局者以绝对之权力,使彼等提倡和平,无论何人不得反抗。此为永免欧洲文化上所附带战祸之道,去英国风之崇尚民众、德国风之崇拜英雄之病,而奉孔子之教。"此胡君对于民主的英国宁对于德国之同情较少。但彼尚视吾人为全然物质主义者殊可惊也。彼谓科学与器械、军舰与铁道、知识与实地的成功,对之均不感服。而重要者在人物之问题,教吾人以内面的生活与精神的文化。

向以内面性之国民、诗人及思想家之国民自夸之吾人,岂甘如斯之言乎?岂竟听胡君之言行于中国,学于孔子以求内面性乎?否,否,我国人之多数以我可尊之国民的传统将濒危险者是为事实，又有多数之人虽在己国已经闲都之理想远自异方来则反起多大之注意焉。胡君之误解德国精神可为世界误解德国精神之实例。此误解既自欧洲诸国始，吾人不可不捶胸自责其怠慢之罪。盖我诗人思想家之思想不传布于外国民族故也。德国之商业扩于世界，而德国之精神生活与德国之基督教不出国境。吾人当为精神的文化起见，对于世界尤对于为将来疆域之东亚大行布教。土尔其在战前我敌人所设之学校一千有余。德人所经营之学校不过四十至六十而自己之世界观者。欧洲人拥其实地上之成功，高视一切。然其文化之殿堂中最神圣者彼实无造之能力。英国固无英国之世界观，法国亦然，德国亦然。是等诸国仅有自犹太小亚细亚希腊之褴褛上剥落而杂布之世界观。虽欧洲之思想家亦有本于近代精神所产生之科学，以新造国民的特有之世界观者。而是等之思想家对于从来国民之见解与公认的世界观之形成无有何等之影响。我伟大德意志思想家之思想，学校中未尝体会之，通国之民不能知之。

此实为全问题之要点。胡君对于此点，讥评深切。彼谓："我等中国人固不能深知欧洲人，欧洲人亦不能深知中国人。两者之间固有重大之区别，然中国人尚能知自己之文化。欧人对于自己之文化大都盲目。"胡君此言诚切中欧洲之弱点，勒萨尔（**德意志社会民权党之创立者**）亦曾发此感叹，谓："德意志之诸大思想家如群鹤高翔天际，地上之人不得闻其羽拚之微音。"

中国人三岁之儿童在学校中学中国大思想家之思想，洞澈其精神。德国人在学校于自国文化之高顶绝不得闻见。埃开哈尔得、培梅、兰普尼休、披那塞、康德、费息德、休林克、哥的、黑知尔等伟大思想家学校中不能受其影响。对于国民之感化故意隔绝之。

今世人频议学校之改革。彼等晏坐案头编新教案之事项、历史须增二三时间、地理之二三时间中须教以某项某项。如是议论虽屡有所闻，而主要重大之问题却不敢着手。主要问题者何？即德意志伟大思想家之精神可使之活动于学校否乎？德意志人于思想上任至何时可不建自己之家屋乎？德意志精神之内不须产出真实自由之新世界观乎？凡此种种皆重大问题而世人竟不注意。德人所自矜之廉耻心，岂不受其戟刺乎？德人之勇气果在何处乎？此怯懦因循安于半解甘于卑下之病根也。

胡君既看破此欧洲之大弱点，故虽目睹欧洲之铁道电信及其他研究精确之事业，不起特别尊敬之念。以欧人于其最切要者何故反缺焉不讲。胡君之眼光正射于此也。此其故，由于精神的兴味之缺乏与精神的热烈拥护之缺乏也。欧洲人之伦理要素被实地的功利要素所压倒，优雅与微妙之情绪屈而不能伸。即宗教方面亦带物质主义之特征。

兹举例以实之，则自西亚细亚入欧洲之道义之主旨全属于物质的，其所谓善含有法律的命令之意，不从者降之以罚，从者酬之以赏。伦理之方面即以如斯赏罚之概念为主。是非甚低级粗野之伦理观之显著特征乎？中国在纪元前五百年既有大心理学者从精神之根本动机说明善为自成与自乐，非依酬报而动者。是以中国人有健全纯洁高贵完全之国民的伦理观，且极为人间的而非抽象的。欧洲人从来缺乏造成如斯之伦理观之能力，而尤可惜者则我大思想家之思想成绩虽已有造成如是特独之世界观之基础与端绪，而不以与之于国民，使此事业乃倍觉困难焉。

欧洲人于精神上无何等之根据点。彼等初入学校所学者为犹太与后期希腊之世界观。此原不能常保其统一，无何即以正反对之自然科学及有形知识入据彼等之心。由宗教传说而起之伦理的感情与全然冷酷之物质主义互相反拨，无一处能纯一明了。其于伦理观也，先以不可不然之训诫注入，此种训诫压制的固定的且极幼稚的无何等心理上衬托。未几即以精密之科学所产出与前之训诫正相反对之进化论生存竞争与本能之法则提示彼等。肉迫彼等，实现与理想绝不调和。由如是混乱矛盾中教育而来之欧洲人，于出学校之后更从各处听受哲学体系上之断片，而于哲学之真相则又无考求之时间。遂使欧洲作成一真相不明、无依无据之迷的人间。在欧洲无论何人，其所得以为准据者不过刑法而已。

中国人之伦理出于明晰之思索，且为国民的心理的。其世界观亦极简古。胡君对于此东西之差别指摘如下曰："欧洲人在学校所学者一则曰知识，再则曰知识，三则曰知识，中国人在学校所学者为君子之道。"胡君曰："善者为我中国人之所发见，欧人当学之于我。"此胡君稚气之忠告。但我不可视此为中国贵族主已。在东亚地方盎格撒逊人之传道者五千六百人，德国传道者仅二百三十四人。吾人在日本稍稍活动。故此国之亲德派较亲英派为优势。今吾人欲对于外国民主张吾人为理想主义的国民,必如之何而可乎?则当以吾人之理想介绍于外国是已。

台里乌司氏叹我国大思想家之思想不应用于学校,而羡中国之三岁小儿得闻圣人之道,此二事均不免夸张。惟余对于学校中当大输入我思想家之思想此事予极赞成。

台里乌司氏承认孔子伦理之优越,而视欧西之伦理为全然物质主义。其主旨从西亚细亚输入不过以赏罚之概念为动机,此言实为可惊。岂氏于我基督教并无何等之知识乎?我思想家之重此教者非曾对于此以赏罚为动机之主旨根本上加以芟除乎?路德所谓唯一之美的宗教,康德所谓可爱之宗教,虽亦指此宗教,然岂指此赏罚的动机乎?台里乌司氏所谓"新又自由又真之世界观"即基督教之自由而必迂折以取道于中国不过一好奇之心而已。夫欲崇拜孔子固可随意。今日之官能世界较比可学之人尚多。至台里乌司氏推赏胡君之著作谓微妙锐利无逾于此书。余则谓将中国之事物任意美化亦无过于此书。中国妇人之屈辱地位,著者一部分否认之,一部分美化之。其尤可惊者,中国人不洁之癖,著者亦引以为中国人重精神而不注意于物质之一佐证。如是无价值之书能使吾人知我之精神界映于如是自说自话之男子之眼中者乃如是,则亦不得谓为全无价值。吾人当谢出版者之劳。

吾人又因此书而知横隔东西思想间之沟渠乃如是之大。虽偶见有两者通共之处,又仔细检之,亦皆似是而非。及其最后则吾人觉吾自身所有之可贵,依比较而意识愈明。我文化之基础与我德意志国民性须臾不可离之基督教,今因党争与因袭之灾难渐不明了。一与东洋比较则吾人始得明了自觉吾人之强大的根本思想。即东洋人所难于理会之独立个性与个人责任之根本思想实为吾人之特长。伦理与政治之关系固为我等不知孔教之困难而于此处促生权力意志与活动性。或使纠纷之外的文化与德意志之内面性相合在目下之战争为艰辛之试验,以示其决不崩坏之力。

又有普鲁克陀尔福女士者全与胡君之书同声相应。以弗兰士氏之言为不识东洋人之皮相者,颇赞美东洋之理想主义。而悲西洋人之过倾于物质主义。谓欧人当学于东洋,其言过于褒美东洋,偏于感情,为妇女之本色。然此女子全然醉心东洋者,凡己国民之特征根本于历史与民族性者尤热心维持,惟彼谓如此之觉悟实为东洋宗教家之所赐也。

彼初欲皈依佛教以安心立命,见印度之一喇嘛僧问改宗佛教之可否,喇嘛僧正襟言曰女士莫如学基督教。宗教如言语,弃国语者妄,弃己国之宗教者亦妄。速归于允受基督教之救。彼虽依此语而得受基督教。尔来彼崇奉己国之文明自觉其价值而对于东洋钦慕之念亦綦切云。

新欧洲文明思潮之归趋及基础

《东方杂志》第十六卷第五号　节译日本《新公论》杂志

君实

一

世界平和会议今已在巴黎开幕矣。当此之时,吾人之所痛感而渴望者实惟世界新文化之黎明,盖自大战开始以来,欧洲之文明几于完全崩坏,为暗黑与混沌之色采所掩。今也新文明之太阳既自朦胧之东方渐渐而升。平和在望,万姓胪欢,而创造世界新文明之重大责任亦自此而生。此由吾人所最热诚希望者也。

所谓创造世界之新文明者,欧美之政治家、学者、思想家等盖已几经考虑。以其事本为古所未有,自不得不大费讨究思索之功。而重要之一点则究当以何者为新文明之基础是也。无基础则无组织,基础一误即使勉强构成新组织,亦终不免于谬误。然今人之注目于新文明者常多舍本逐末之倾向。如国际同盟其为必要,固人人所公认。然于有力之思想的基础上多不之问。此诚可谓极大之缺陷。他若民主主义自由主义诸问题亦皆未尝检核其思想的基础。而贸然为之附和,其缺点莫不相同。若如此而言,新文明之创造其结果或终于失败。或以若有若无了之。欲其有所收获难已。此余所以于世界黎明已近之乐观不能无疑虑也。

二

欧洲新文明之归趋及基础实此次根本的问题之一。夫欧洲文明在一世纪前已经却尔斯霍尔博士之指摘。及法兰西革命始由中产阶级及劳动阶级以迅雷疾风之势打破其缺陷。然其毁除者亦仅政治的社会的缺陷之一部分,严格言之,仅就政治的革命之半而已。虽有一部分之思想家哲人大声疾呼指摘现世纪所留之社会的缺陷,打破机械的商工的文明之害,提倡创造的活泼的之文明,然其呼声不能彻于倨傲自恣热中于富之征服者之耳底,多以一种之空言梦想视之,盖此等众人囚居于经济的军国主义,沉醉于资本的侵略主义,迷惘于皮相的民主主义,彷徨于病的文明之桎梏中。虽声嘶力竭未足以醒其酣梦也。泊夫大战勃发,而若辈蘧蘧之美睡始为之打破。欧洲文明之大缺陷遂曝露于人人之眼前,自根柢而崩坏矣。

三

法兰西革命以后,近世欧洲文明之缺陷莫如其文明之背景与思想的根柢之基督教势力衰弱是也。盖自近代文艺表示异教主义之胜利,遂使对彼求现世乐欲望眼前天国之欧美人而言来世之天国、遏制其乐欲之基督教渐次失其势力。迄于今日仅能以其旧日之惰势保持其存在而已。

欧洲之人人既与基督教背离,而毁弃其文化之思想的基础,而可为正义人道之背景与支柱之热力因之消失。则所奔赴者当然惟物质的欲望,与随此欲望而起之侵略,即所有之努力与意志咸集中于富之征服。无论为国家为个人皆不能脱此色采,英吉利之经济的帝国主义、德意志之经济的军国主义由此胚胎而生育者也。即人人最惊诧之德意志之社会的革命亦急激酝酿于此空气中者也。欧洲异教之思潮既告胜利,遂于所谓自我之尊重、个性之发挥上示人间势力伟大之伸张,于科学、艺术、军备、富力之上亦呈急激之膨胀。而其半面复中毒于工业制度,国与国之间生经济的侵略主义之葛藤,人与人之间多阶级的斗争之事端。社会的血肉成为机械的硬化。无论国家或个人皆浮沉于枭兀动摇丑恶策略之间。此现代欧洲文明在社会上政治上最显著之事实也。要而言之,近代欧洲文明其外形虽蔽以灿烂之光华,其内部实满贮腐烂废颓之空气也。

今也欧洲之学者、哲人、政治家、诗人皆绞脑汁沥心血以求去此等文明的弱点,而从事于新文明之创造。然其创造若仅以国际同盟、海上自由诸问题之成立便谓大功告竣,则不免过于早计。又若俄罗斯、德意志之社会的革命,假令圆满终结,或仍留有未能满意之缺点,皆不可不察。盖此等之事尚未得谓为新文明之基础也。况欲使国际联盟成立如主权之问题、军备制限、国际军备编成等之问题皆横亘于各国讲和委员之前。其成立上不免有种种之困难、而反对方面亦复势不相下。假令国际同盟果告成立,究足为世界永久平和完全之基础与否尚属疑问。况俄罗斯、德意志之社会的革命若停滞于现状而未得完全正当适切之解决,则新文明之创造前途仍不免于沉晦也。

四

　　然则欧洲新文明之归趋及基础究为如何之问题即发生于是矣。向来之欧洲其于本国之文明尊重自夸未免过甚。实则文明并非欧洲人之专有物,如铁炮、印刷术、天文学等中国实先欧洲发明,世界最大最高之宗教(大乘佛教)亦最早在印度成立。欧人惊异之绘画亦夙经生育于印度。然东洋人对于欧洲文化咸肯热心研究,于其中发见暗示与方向,而加以比较。若欧洲人则对于有光辉之东方文化概漠然视之,常下在东洋无可学之独断也。

　　虽然迩来西洋学者之中如苏奠葆、如叔本华皆已昧及佛教而得其片鳞。最近如英吉利哲人高秉德氏亦叹美东洋文明,而尤渴仰中华文明,居恒指摘欧洲文明之弊害,于多数欧洲人向所冷视轻蔑之中国文明则极力提倡,以为最宜学步。高氏之言虽系过饱于机械的欧洲文明之反动,致有此醉心中国文明之倾向,顾欲使欧洲人将中国文明之全部以无条件受入,其为难能固无待言,然而今日将创造新文明之欧洲与夫因欧洲新文明崩坏而有志创建本国特有之新文化之日本,对于此端将得如何之暗示乎?

高秉德氏于其新著《产业上之自由》一书极赏赞中国文明之一特长,即为东洋社会的生活特殊现象(日本至维新前后尚遵行之)之士农工商之生活。高氏谓欧洲于此四者之顺序适相颠倒,而成商工农士之生活的位置,实为文明之一病源。商之生活位于第一,在今日商工中心之时代固属求富强之善策。然因此而使社会成为机械的,唯物的,为经济万能主义、为少数资本家之跋扈。遂使贫富之差别愈深,终至激生阶级斗争,且因绝对尊重经济的扩张主义,于是内则酿成同胞之自战,外则酿成国与国之激争。时有播莳挑拨之种子之恐。此等倾向威尔逊总统亦尝于其"新自由主义"中竭力攻击之。如英吉利、如德意志、如亚美利加、如法兰西皆罹此病者也。(惟程度有深浅耳)虽然欧洲列强莫不皆反复于此种形势,甘陷于剧烈之国际竞争之漩涡中,为资本的扩张主义、经济的军国主义之奴隶,而以"商"之阶级位于社会之首位,此其第一之缺陷也。

十八世纪以来英吉利继续实行其资本的扩张主义,乃有德意志之经济的军国主义起而与之对抗。莫不皆实现国家之强大,欲以经济的克复世界,而新兴之美利坚与日本亦加入其中,使争斗之空气益增浓厚,其结果当然使各国家皆倾向于商工立国主义,更不得不尊重商工阶级中之有力者,使之参与国政。于是一切皆受商工中心资本家势力之压迫,举世悉成为机械的物质的无味的之状。其间无创造,亦无生命,有心者莫不苦之。欧洲文明之弱点实在于此。此国与国之相争、人与人之相残所以永无已时而高秉德氏之所早经痛斥者也。

五

依高氏之见解，商之阶级虽于富之所有与征服大有势力，然仅足为富豪政治之病源。一方于文化之创造上殊无若何之贡献，夫社会文明之进化一本于各方面精神的创造之开展。其能于此精神的创造贡献最多者不得不推"士"之阶级。所谓"士"之阶级者以属于平民阶级之学者思想家为主。即艺术的创造、科学的发明、哲学的开展等皆自所谓"士"之阶级者之头脑而出。倘无此创造则农工商皆塞其进步之源流，不得不停滞而沉落。至于商之阶级虽以中等阶级为主，一面殊有势力，然必待"士"之阶级之创造、"农"之阶级由劳动而生之生产原料，与用此种生产原料作成各种物品之"工"之努力，而后始得沐其余惠，以从事于买卖。由此观之，则创造者生于"士"之阶级之手，而"农"与"工"之劳作亦生于其创造之力之下。若"商"者则仅利用此等结果以营功利的生活而已。中国及日本于其社会的位置之上以士为第一，以农工商列居其次。骤观之似极固陋而实可谓最确当之组织。即自真正文化的开展上观之盖最有意义者也。（日本现在亦以"商"为第一位）

然在欧洲固未尝思及此等之意义也。其在社会的位置上置"商"于第一位。其次为工，为农，为士。因而压抑人人文化创造之本能，使社会成机械化。有功于文化的进展之士咸受轻视，而妨害其自由。其结果遂仅为所有的冲动所被动。而种种之文明的弊害即因此而生。外则有起于经济战之国家侵略主义，如凯撒主义之勃兴、帝国主义腕力主义之高唱、"力"（以武力为主）之嚣张、军国主义之赞美等皆起于此，而为国际上危险与祸乱之大动因。内则因拜金主义商工主义之跋扈、生物价之非常暴腾与贫富之不自然的差别而可悲之阶级斗争为国家脊髓之中流阶级之灭亡、下流社会之生活难、富豪政治之跋扈等亦一时并起。于是险恶之社会的风潮如社会主义无政府主义等遂大为炽盛。

此等病源既萦绕于欧洲文明而代表商工阶级之少数者大得势力。其弊达于极点,因而有世界大战之破裂。由此观之,欲从事于新文明之建造则首当尊重者实为士之阶级,依此士之阶级中诸人之创造的冲动而成之新文明,始得谓之创造与再建。广义言之,文学家、诗人、科学家、哲人、思想家等皆属于"士"之阶级,而哲人、思想家、科学家等尤为其中之精粹。救世界人类之不幸与不安,开平和幸福之道,导农工商于正轨,皆哲人思想家科学家之力也。

欧洲列强不可不于此节深致考察,一改历来所执之国策与方针,以"士"之阶级置于社会的位置之第一位,而以他阶级位于其次,借尊重创造之精神。此事必当实行,且宜以中国对于士之阶级之厚遇与尊重为模范。高氏此外于中国之卑军国主义而尊文化主义亦大加赏赞。今日德意志之军国主义为祸及全世界之动因卒致举其本国而沉诸深渊。中国素来尊重学术文学,根本的抑制军阀之跋扈,此尤其特质之可为法者也。

要之高秉德氏之主旨在赏赞中国文明,并欲使今后之欧洲取中国文明所有精神的特质之优越部分,以施行之。今大战告终,欧洲列强正当创造新文明之日,自高氏观之似不能不接受其素所轻视之东洋文明之光。此端将来必为战后思想界重大之问题,素有偏质的文明之目之欧洲待此问题解决之后,其新文明之光必能自东洋吸收一半而入于新时期矣。

著者述此非谓今后日本不必就学于欧洲也。余等之当学于欧洲者不仅科学的方面与物质的方面,即艺术哲学诸方面其可学者固甚多。特深信今后之趋势,欧洲亦将为东方文明之光所照被,而得其暗示与启发。东西两洋互取其固有文明之所长,浑融而调和之,以造成创造的新文明,是则吾人之所期望者也。

改变人生的态度

《新教育》第五号

蒋梦麟

我生在这个世界,对于我的生活,必有一个态度;我的能力就从那方面用。人类有自觉心后,就生这个态度。这个态度变迁,人类用力的方向也就变迁。

希腊时代那半岛的人民,抱美感生活的态度。"美是希腊人做人的中心点。"(Dickson: *Greek View of Life*, p.187)"无论宗教、伦理、体育和种种人生活的动,都不能和美感分离。"(Ibid., p.728)

"希腊的神以世间最美丽的东西代表他。"(Maxims of Tyie)希腊人对于生活抱这美的态度,所以产生许多美术品和美的哲学,希腊文明就成了近世西洋文明的基础。罗马时代人民对于生活抱造成伟业的态度,所以建雄伟的国家,统一的法律,宏壮的建筑,广阔的道路。凡读史的人那一个不仰慕罗马人的伟业呢?

罗马帝国灭亡,中古世起。一千年中,欧洲在黑暗里边。那时候人民对于生活的态度是在空中求天国,这个世界是忘却了。所以这千年中这世界毫无进步。十五世纪初文运复兴。这态度大变：中古世人的态度是神学的，是他世界的；文运复兴时代人的态度是这世界的，是承认这活泼泼底个人的。丹麦哲学家霍夫丁氏（Höffding）著近世哲学史对于文运复兴说道：

文运复兴是一个时代，在这时代内中古世狭窄生活的观念，是打破了。新天新地生出来，新能力发展起来。凡新时代必含两时期：（一）从旧势力里面解放出来，（二）新生活发展起来。……（Vol.I,p.3）

文运复兴的起始是要求人类本性的权利，后来引到发展自然界的新观念和研究的新方法。（p.9）

这个人类的新态度，把做人的方向，从基本上改变了，成一个新人生观。这新人生观生出一个新宇宙观；有这新人生观所以这许多美术、哲学、文学蓬蓬勃勃的开放出来。有这新宇宙观所以自然科学就讲究起来。人类生活的态度因为生了基本的变迁所以酿成文运复兴时代。

西洋人民自文运复兴时代改变生活的态度以后，一向从那方面走——从发展人类的本性和自然科学的方面走——愈演愈大，酿成十六世纪的大改革、十八世纪的大光明、十九世纪的科学时代、二十世纪的平民主义。大改革是什么呢？宗教里边闹出了一个发展人类的本性问题。大光明是什么呢？政治里边闹出了一个发展人类的本性问题。科学时代是什么呢？要打胜天然使地上的天产为人类丰富生活的应用。

当人类以旧习惯旧思想旧生活为满足的时候，其态度不过保守旧有的文物制度。把一切感情都束缚住；这活泼泼的人，一旦从绳束上跳出来，好像一头牛跑到瓷器店里把那高阁的盆碗都撞破了。所以人的感情一旦解放，就把那旧有的文物制度都打破。

文运复兴、大改革、大光明、科学时代都是限于中等社会以上的。文运复兴不过限于几个文学家、美术家、哲学家的活动。大改革大光明也不到中等社会以下的平民。科学的应用也不过限于有财资的少数人。所以世界进化要产出二十世纪的平民主义来。托尔斯泰说：

> 近世的医学新发明，医院、摩托车和种种科学上的发明，都是为富人应用的，平民哪得受享这些权利？故我以为真科学不是这些物质科学。真科学是孔子耶稣佛的科学。（按：此指尊重人道而言）（Tolstoi, *What Is To Be Done？Life*）

从文运复兴人类生活抱新态度为起点，这六百年中欧洲演出了多少事。请问我国于元明清三朝内做些什么？朝代转移，生活的态度不变，跑来跑去终跑不出个小生活的范围。

我要问一句：活泼泼的人到哪里去了？你有感情为何不解放？你有思想为何不解放？你所具的人类本性的权利放弃了为何不要求？

这回五四运动就是这解放的起点，改变你做人的态度，造成中国的文运复兴；解放感情，解放思想，要求人类本性的权利。这样做去我心目中见那活泼泼的青年，具丰富的红血轮，优美和乐的感情。敏捷锋利的思想，勇往直前把中国委靡不振的社会、糊糊涂涂的思想、畏畏缩缩的感情，都一一扫除。凡此等等若非从基本上改变生活的态度做起，东补烂壁，西糊破窗，愈补愈烂，愈糊愈破，怎样得了？

读了上文后于人生态度改变的必要大概明白了。我现在把这个意思收束起简单提两个问题：

人生的态度从哪一个方向改变呢？

▲从小人生观到大人生观——从狭窄的生活到广阔的生活；从薄弱的生活到丰富的生活；从简单的生活到复杂的生活。

▲从家族的生活到社会的生活。

▲从单独的生活到团体的生活。

▲从模仿的生活到创造的生活。

▲从古训的生活到自由思想的生活。

▲从朴陋的生活到感美的生活。

人生的态度用什么方法来改变呢？

▲推翻旧习惯旧思想。

▲研究西洋文学、哲学、科学、和美术。

▲把自己认作活泼泼底一个人。

旧己譬如昨日死，新己譬如今日生，要文运复兴，先要把自己复生。

（注）这篇文章意中所用"人生""生活""人类生活"等名词都是指个"生"字英语 Life

欧游心影录

九年三月上海《时事新报》

梁启超

第一篇　一般观及一般感想

上半篇　大战前后之欧洲

七　科学万能之梦

大凡一个人若使有个安心立命的所在，虽然外界种种困苦，也容易抵抗过去。近来欧洲人却把这件没有了。为什么没有了呢？最大的原因就是过信"科学万能"。原来欧洲近世的文明有三个来源：第一是封建制度，第二是希腊哲学，第三是耶稣教。封建制度规定各人和社会的关系，形成一种道德的条件和习惯；哲学是从智的方面研究宇宙最高原理及人类精神作用，求出个至善的道德标准；宗教是从情的意的两方面给人类一个"超世界"的信仰，那现世的道德自然也跟着得个标准。十八世纪前的欧洲就是靠这个过活。自法国大革命后封建制度完全崩坏，古来道德的条件和习惯大半不适于用。欧洲人的内部生活渐渐动摇了。社会组织变更原是历史上常态。生活就跟着他慢慢蜕变，本来没有什么难处。但这百年来的变更却与前不同。因科学发达结果产业组织从根底翻新起来；变既太骤，其力又太猛，其范围又太广。他们要把他的内部生活凑上来和外部生活相应，却处处措手不及。最显著的就是现在都会的生活和从前堡聚的村落的生活截然两途，聚了无数素不相识的人在一个市场或一个工厂内共同生活，除了物质的利害关系外绝无情感之可言，此其一。大多数人无恒产，恃工为活，生活根据飘飘无着，好像枯蓬断梗，此其二。社会情形太复杂，应接不暇，到处受刺戟，神经疲劳，此其三。劳作完了，想去耍乐，耍乐未完又要工作，昼夜忙碌无休养之余裕，此其四。欲望日日加高，百物日日加贵，生活日日加难，竞争日日加烈，此其五。以上所说不过随手拈来几条。要而言之，近代人因科学发达生出工业革命，外部生活变迁急剧。内部生活随而动摇，还是很容易看得出的。内部生活本来可以凭宗教哲学等等力量，离去了外部生活依然存立，近代人却怎样呢？科学昌明以后第一个致命伤的就是宗教。人类本从下等动物蜕化而来，哪里有什么有上帝创造；还配说人为万物之灵吗？宇宙一切现象不过物质和他的运动，哪里有什么灵魂；更哪里有什么天国？讲到哲学，从前康德和黑格尔时代在思想界俨然有一种权威，像是一统天下。自科学渐昌，这派唯心论的哲学便四分五裂，后来冈狄的《实证哲学》和达尔文的《种源论》同年出版，旧哲学更是根本动摇。老实说一句，哲学家简直是投降到科学家的旗下了，依着科学家的新心理学，所谓人类心灵这件东西就不过物质运动现象之一种，精神和物质的对待就根本不成立。所谓宇宙大原则是要用科学的方法试验得来，不是用哲学的方法冥想得来的。这些唯物派的质学派，托庇科学宇下建立一种纯物质的纯机械的人生观。把一切内部生活外部生活都归到物质运动的"必要法则"之下。这种法则其实可以叫作一种变相的运命前定说。不过旧派的前定说说运命是由八字里带来，或是由上帝注定。这新派的前定说说运命是由科学的法则完全支配。所凭据借的论据虽然不同，结论却是一样。不惟如此，他们把心理和精神看成一物。根据实验心理学硬说人类精神也不过一种物质，一样受"必然法则"所支配。于是人类的自由意志不得不否认了。意志既不能自由，还有什么善恶的责任。我为善不过那"必然法则"的轮子推着我动，我为恶也不过那"必然法则"的轮子推着我动，和我什么相干？这不是道德标准应如何变迁的问题，直是道德这件东西能否存在的问题了！现在思想最大的危机就在这一点。宗教和旧哲学既已被科学打得个旗靡辙乱，这位"科学先生"便自当仁不让起来，要凭他的试验发明个宇宙新大原理。却是那大原理且不消说，就是各科各科的小原理也是日新月异。今日认为真理,明日已成谬见。新权威到底树立不来,旧权威却是不可恢复了。所以令社会人心都陷入怀疑沉闷畏惧之中。好像失了罗针的海船,遇着风遇着雾不知怎生是好。既然如此,所以那些什么乐利主义、强权主义越发得势。死后既没有天堂,只好尽这几十年尽地快活。善恶既没有责任,何妨尽我的手段来充满我个人欲望。然而享用的物质增加速率总不能和欲望的腾升同一比例。而且没有法子令他均衡。怎么好呢? 只好凭自己的力量自由竞争起来。质而言之,就是弱肉强食。近年来甚么军国、甚么富阀,都是从这条路产生出来。这回大战争便是一个报应。诸君又须知我们若是终久立在这种唯物的机械的人生观上头,岂独军阀富阀的专横可憎可恨。就是工团的同盟抵抗,乃至社会革命,还不同是一种强权作用? 不过从前强权在一般少数人手里,往后的强权移在这一般多数人手里罢了。总之在这种人生观底下,那么千千万万人前脚接后脚的来这世界走一趟,住几十年,干甚么呢? 独一无二的目的就是抢面包吃。不然就是怕那宇宙间物质运动的大轮子缺了发动力,特自来供给他燃料。果真这样人生还有一毫意味! 人类还有一毫价值吗? 无奈当科学全盛时代那主要的思潮却自偏在这方面。当时讴歌科学万能的人满望着科学成功黄金世界便指日出现。如今功总算成了,一百年物质的进步比从前三千年所得还加几倍。我们人类不惟没有得着幸福,倒反带来许多灾难。好像沙漠中失路的旅人,远远望见个大黑影,拼命往前赶,以为可以靠他向导。哪知赶上几程,影子却不见了。因此无限凄惶失望。影子是谁? 就是这位“科学先生”。欧洲人做了一场科学万能的大

梦,到如今却叫起科学破产来。这便是最近思潮变迁一个大关
键了。

　　(自注)读者切勿误会以为我菲薄科学,我绝不承认科学
破产,不过也不承认科学万能罢了。从此抛弃科学的误用,便
可为科学立一个再生的纪元。

九　思想之矛盾与悲观

　　凡一个人若是有两种矛盾的思想在胸中交战,最是苦痛难忍
的事。社会思潮何独不然? 近代的欧洲新思想和旧思想矛盾不
消说了。就专以新思想而论,因为解放的结果,种种思想同时从
各方面迸发出来,都带几分矛盾性。如个人主义和社会主义矛
盾;社会主义和国家主义矛盾;国家主义和个人主义也矛盾;世界
主义和国家主义又矛盾。从本原上说来,自由平等两大主义总算
得近代思潮总纲领了。却是绝对的自由和绝对的平等便是大大
一个矛盾。分析起来,哲学上唯物和唯心的矛盾;社会上竞存和
博爱的矛盾;政治上放任和干涉的矛盾;生计上自由和保护的矛
盾。种种学说都是言之有故,持之成理,从两极端分头发展,愈发
展得速,愈冲突得愈剧。消灭是消灭不了,调和是调和不来。种
种怀疑,种种失望,都是为此,他们有句话叫做“世纪末”。这句
话的意味从狭义解释就像将近除夕,大小帐务逼着要清算,却是
头绪纷繁,不知从何算起。从广义解释就是世界末日,文明灭绝
的时候快到了。我们自到欧洲以来,这种悲观的论调着实听得洋
洋盈耳。记得一位美国有名的新闻记者赛蒙氏和我闲谈(他做
的战史公认为第一部好的)。他问我:“你回到中国干什么事?

是否要把西洋文明带些回去。"我说:"这个自然。"他叹一口气
说:"唉! 可怜西洋文明已经破产了!"我问他:"你回到美国却干
什么?"他说:"我回去就关起大门老等,等你们把中国文明输进
来救拔我们。"我初听见这种话,还当他有心奚落我。后来到处
听惯了,才知道他们许多先觉之士,着实怀抱无限忧危。总觉得
他们那些物质文明是制造社会险象的种子。倒不如这世外桃源
的中国还有办法。这就是欧洲多数人心理的一斑了。

十　新文明再造之前途

诸君,我想诸君听了我这番话当下就要起一个疑问。说道,
依你说来欧洲不是整个完了吗? 物质界的枯窘既已如彼,精神界
的混乱又复如此,还有什么呢? 从前埃及、中亚细亚乃至希腊罗
马都曾经过极灿烂的文明,后来都是灭绝了,或中断了。不要这
回欧洲又乱这出戏罢。我对这个疑问敢毅然决然答应道:不然!
不然! 大大不然! 欧洲百年来物质上精神上的变化都是由个性
发展来的。现在还日日往这条路上去做。他和古代、中世乃至十
八世纪前的文明根本上有不同的一点。从前是贵族的文明,受动
的文明。如今却是群众的文明,自发的文明。从前的文明是靠少
数特别地位特别天才的人来维持的,自然逃不了人亡政息的公
例。今世的文明是靠全社会一般人个个自觉、日日创造出来的,
所以他的质虽有时比前不如,他的量却比从前来得丰富,他的力
却比从前来得连续。现在的欧洲一言以蔽之,万事万物都是群众
化。这种现象连我们有时也看得讨厌。有人说这不是叫社会向
上,倒是叫社会向下了。其实不然,一面固是叫旧日在上的人向

下,一面仍是叫旧日在下的人向上。然而旧日在下的人总是大多数,所以扯算起来社会竟是向上了。这种步骤,美国人所经过的最为明白。英国从前种种权利都是很少数的贵族专有,渐渐拿出来给中级的人共享,渐渐拿出来给次中级、又次中级乃至最低级的人一齐共享。不独物质上的权利如此。就是学问上、艺术上乃至思想上他那由上而下、由集而散的情形也复如此。英国固然是最好的模范,其他各国也都是同一趋势。所以他的文明总建设在大多数人心理上。好像盖房子从地脚修起,打了很结实的桩儿,任凭暴风疾雨是不会摇动的。讲到他的思潮,当法国大革命后,唯心派的哲学浪漫派文学全盛之时,二十来岁一个活泼青年,思想新解放,生气横溢,视天下事像是几着可了。而且不免驰骛于空华幻想,离人生的实际却远了。然而他这种自由研究的精神和尊重个性的尊仰,自然会引出第二个时代来,就是所谓科学万能、自然派文学全盛时代。这个时代由理想入到实际,一到实际觉得从前善咧美咧都是我们梦里虚构的境界。社会现象却和他正相反,丑秽惨恶万方同慨。一面从前的理想和信条已经破坏得七零八落,于是全社会都陷入怀疑的源渊,现出一种惊惶沉闷凄惨的景象。就象三十前后的人出了学校入了社会,初为人夫初为人妇,觉得前途满目荆棘,从前的理想和希望去掉了一大半。十九世纪末叶欧洲的人心就是这样。虽然,他们却并没有入到衰老时期。怎见得呢? 凡老年人的心理总是固定的,沉滞的,单会留恋过去不想开拓将来。他那精神的生活,他和他的肉体一样,新陈代谢的机能全然没了。破坏性反抗性是绝不会发动了。现代欧洲人却不是那样。他们还是日日求自我的发展,对于外界的压迫百折不回的在那里反抗。日日努力精进正像三四十来岁在社会上奋斗的人，总想从荆天棘地中建立一番事业。如今却不比从前在学校里发空议论了。他们人情世态甜酸苦辣都经过来，事事倒觉得亲切有味。于是就要从这里头找出一个真正的安身立命所在，如今却被他找着了。在社会学方面就有俄国科尔伯特勤一派的互助说与达尔文的生存竞争说相代兴。他是主张自我要发展的，但是人类总不能遗世独立，大事小事没有一件不靠别人扶助。所以互相扶助就是发展自己的唯一手段。他的论据也是从科学上归纳出来，所以在思想界一天一天的占势力。在哲学方面就有人格的唯心论、直觉的创化论种种新学派出来，把从前机械的唯物的人生观拨开几重云雾。人格的唯心论由美国占晤士首倡，近来英美学者愈加发挥。从前唯心派哲学家将心灵认作绝对的一个实体，和他对像的世界相对待，分为两橛。占晤士一派用科学研究法证明人类心的性能实适应于外界而渐次发达，意力和环境互相提携，便成进化。人类的生活根本义自然是保全自己，发展自己。但人人各有个自己，用自己这个字称呼通换不过来。所以给他一个通名就叫人格。这人格离了各个的自己是无所附丽。但专靠各个的自己也不能完成。假如世界上没有别人，我的人格从何表现；假如全社会都是罪恶，我的人格受了他的传染和压迫如何能健全。由此可知人格是个共通的不是孤另的。想自己的人格向上，唯一的方法是要社会的人格向上。然而社会的人格本是各个自己化合而成，想社会的人格向上，唯一的方法又是要自己的人格向上。这就是意力和环境提携便成进化的道理。明白这个道理，那么所谓个人主义、社会主义、国家主义、世界主义种种矛盾都可以调和过来了。直觉的创化论由法国柏格森首倡,德国倭铿所说也大同小异。柏格森拿科学上进化原则做个立脚点,说宇宙一切现象都是意识流转所构成,方生已灭,方灭已生,生灭相衔,便成进化。这些生灭都是人种自由意志发动的结果。所以人类日日创造,日日进化。这意识流转就唤作精神生活,是要从反省直觉得来的。我们既知道变化流转就是世界实相,又知道变化流转的权操之在我,自然可以得个大无畏,一味努力前进便了。这些见地能够把种种怀疑失望一扫而空。给人类一服丈夫再造散。就学问上价值而论,不独唯心唯物两派哲学有调和余地,连科学和宗教也渐渐有调和余地了。以上所述几种学派都是当本世纪初期早已苗出萌达。但未能完成,未能普及,便碰着这回大战。当战争中人人都忙着应战,思想界的著述实在寂寥。所以至今没见甚么进步。将来能否大成和康德、黑格尔、达尔文诸先辈的学说有同等权威、转移一代人心也不敢必。但是欧人经过这回创钜痛深之后,多数人的人生观因刺激而生变化。将来一定从这条路上开一个新局面来,这是我敢断言的哩。

十三　中国人对于世界文明之大责任

以上十二段我都是信手拈来没有什么排列组织;但我觉得我们因此反省自己从前的缺点,振奋自己往后的精神,循着这条大路把国家挽救建设起来,决非难事。我们的责任这样就算尽了吗? 我以为还不止此,人生最大的目的是要向人类全体有所贡献。为什么呢? 因为人类全体才是"自我"的极量,我要发展"自我"就须向这条路努力前进。为什么要有国家? 因为有个国家,才容易把这国家以内一群人的文化力聚拢起来,继续起来,增长起来,好加入人类全体中助他发展。所以建设国家是人类全体进化的一种手段。就像市府乡村的自治结合是国家成立的一个手段。就此说来,一个人不是把自己的国家弄到富强便了,却是要叫自己国家有功于人类全体。不然那国家便算白设了。明白这道理自然知道我们的国家有个绝大责任横在前途。什么责任呢?是拿西洋的文明来扩充我的文明,又拿我的文明去补助西洋的文明,叫他化合起来成一种新文明。我在巴黎曾会着大哲学家蒲陀罗(Boutrenx,柏格森之师)他告诉我说:"一个国民最要紧的是把本国文化发挥光大。好像子孙袭了祖父遗产,就要保住他而且叫他发生功用。就算很浅薄的文化发挥出来都是好的。因为他总有他的特质,把他的特质和别人的特质化合自然会产出第三种更好的特质来。你们中国着实可爱可敬,我们祖宗裹块鹿皮拿石刀在野林里打猎的时候,你们不知已出了几多哲人了。我近来读些译本的中国哲学书,总觉得他精深博大。可惜老了不能学中国文,我望中国人总不要失掉这分家当才好。"我听着他这番话觉得登时有几百斤重的担子加在我肩上。又有一回和几位社会党名士闲谈,我说起孔子的"四海之内皆兄弟""不患寡而患不均"。跟着又讲到井田制度,又讲些墨子的"兼爱""寝兵"。他们都跳起说道:"你们家里有这些宝贝,却藏起来不分点给我们,真是对不起人啊!"我想我们还彀不上说对不起外人,先自对不起祖宗罢了。近来西洋学者许多都想输入些东方文明令他们得些调剂。我仔细想来我们实在有这个资格。何以故呢?从前西洋文明总不免将理想实际分为两橛,唯心唯物各走极端。宗教家偏重来生,唯心派哲学高谈玄妙,离人生问题都是很远。科学一个反动,唯物派席卷天下,把高的理想又丢掉了。所以我从前说道:"顶时髦的社会主义结果也不过抢面包吃。"这算得人类最高目的吗? 所以最近提倡的实用哲学、创化哲学都是要把理想纳到实际里头,图个心物调和。我们先秦学术正是从这条路上发展出来。孔老墨三位大圣虽然学派各殊,"求理想与实用一致"却是他们共同的归着点。如孔子的"尽性赞化""自强不息"、老子的"各归其根"、墨子的"上同于天"都是看出有个"大的自我"、"灵的自我"和这"小的自我"、"肉的自我"同体。想要因小通大、推肉合灵。我们若是跟着三圣所走的路,求"现代的理想与实用一致",我想不知有多少境界可以辟得出来哩! 又佛教虽创自印度,而实盛于中国。现在大乘各派五印全绝,正法一脉全在支那。欧人研究佛学日盛一日,梵文所有经典差不多都翻出来。但向梵文里头求大乘能得多少? 我们自创的宗派更不必论了。像我们的禅宗真可以算得应用的佛教、世间的佛教,的确是要印度以外才能发生,的确是表现中国人特质。叫出世法和世法并行不悖。现在柏格森、倭铿等辈就是想走这条路还没走通。我常想他们若能读唯识宗的书,他的成就一定不止一样。他们若能理解禅宗,成就更不止这样。你想先秦诸哲隋唐诸师岂不都是我们仁慈圣善的祖宗,积得好几大宗遗产给我们吗? 我们不肖不会享用,如今倒要闹学问饥荒了! 就是文学、美术各方面我们又何尝让人。一部译本的李太白集开他们无限理想,一幅王石谷到伦敦画苑,新派风景画就开拓出来了。国中那些老辈故见自封,说什么西学都是中国所固有诚然可笑。那沉醉西风的把中国什么东西都说得一钱不值,好像我们几千年来就像土蛮部落一无所有,岂不更可笑吗？须知凡一种思想总是拿他的时代来做背景,我们要学的是学那思想的根本精神,不是学他派生的条件。因为一落到条件就没有不受时代支配的。譬如孔子说了许多贵族性的伦理,在今日诚然不适用,却不能因此菲薄了孔子。柏拉图说奴隶制度要保存,难道因此就把柏拉图抹杀吗？明白这一点,那么研究中国旧学就可以得公平的判断,去取不至谬误了。却还有很要紧的一件事,要发挥我们的文化,非借他们的文化做途径不可。因为他们研究的方法实在精密,所谓"欲善其事必先利其器"。不然,从前的中国人哪一个不读孔夫子,哪一个不读李太白？为什么没有人得着他的好处呢？所以我希望我们可爱的青年:第一步要人人存一个尊重爱护本国文化的诚意。第二步要用那西洋人研究学问的方法去研究他,得他的真相。第三步把自己的文化综合起来,还拿别人的来补助他,叫他起一种化合作用,成了一个新文化系统。第四步把这新系统往外国扩充,叫人类全体都得着他好处。我们人数居全世界人口四分之一,我们对于人类全体的幸福该负四分之一的责任。不尽这责任就是对不起祖宗,对不起同时的人类,其实是对不起自己。我们可爱的青年啊！——立正！——开步走！——大海对岸那边有好几万万人愁着物质文明破产,哀哀欲绝的喊救命,等着你来超拔他哩！我们在天的祖宗、三大圣和许多前辈,眼巴巴盼望你完成他的事业,正在拿他的精神来加佑你哩！

屠正叔先生答论希伯来思想书

希伯来思想对于欧化之影响,日昨匆匆未获畅谭,甚以为歉。

再辱下询,心滋愧悚。惟念先生雅量,既不以愚陋见弃,敢不贡其
刍荛,以答盛意。诚知肤浅之谈,不值识者一笑,然抛砖引玉,世
所恒有。倘荷指其偾谬,惠而教之,固实所求之不得者也。兹谨
就鄙见所及,为先生约略陈之。

　　从来言欧化者其着目之点常在物质方面,以为欧洲近代之文
明,完全得力于战胜自然之思想,证之事实,此说诚不为无见。顾
物质文明不过欧化中之一端,若以此概其全相,未免有疏陋之病。
鄙意以为观察欧化应从道德、社会、知识三方面入手,庶几全相了
然,本质可睹。试就欧化发达之历史观之,约可分为四期(从来
历史家皆采三期之说,即分为上古中古近代三期。兹因叙述之便,区为
四期,是否有当,尚希明教):第一期希腊文明。第二期拉丁文
明,第三期教会文明即希伯来文明,第四期日耳曼文明即条顿民
族之文明。前三期之文明各有特长,其能调和三者蔚为近代之欧
化者,则条顿民族之功也。希腊文明富于自由活泼之精神,视宇
宙全体为优美之调和,注重现世界具体之事物,欧洲近代关于哲
学、科学、美术之思想大抵以得益于希腊文明者为多。拉丁民族
夙以沉雄阔大著称,虽想像推理之力不若希腊人之敏捷精细,然
于政治法律方面颇有特长,故能统辖诸国,地兼三洲,欧美诸国近
代国家制度之设施及社会事业之组织,盖皆师罗马之遗法而为之
者也。至于陶养人性以赴事功,而与欧洲人以道德上之内生活
者,厥惟希伯来文明。说者云欧化之兴,兴于反抗希伯来思想,固
亦事实。然此不过欧化发达之一动机,而非其中枢要素也。耶教
流行欧土约千余年,在史家所称之中古期中,教权极盛,除神学及
经典之研究外,其余学科几无人过问,即偶有聪哲之士,独舒机

轴,创立新说,亦往往以不容于教会之故,横罹祸害。思想言论之自由剥夺殆尽。故教权时代不论其为哲学、为文学、为美术,举无足观,至于自然科学尤无论矣。及土耳其攻克君士坦丁,掩有东罗马帝国之地,希腊学者多抱其古哲之残缺,避难于伊大利,伊之人士始知教典以外,尚有种种学说,足资研究者,而文艺复兴之运动于是起焉。其后北欧诸国,亦受其影响,渐知脱离教会之束缚,从事于独立之思考,各种学术乃始有再苏之意。是固反抗希伯来思想之明效也。虽然,试考欧化发达之本末及其精神之所在,乃知希伯来之思想,不独不为学术进步之阻碍,且实有助长之大功焉。何以言之?曰希腊文化极于丕里克黎时代,自亚黎斯朵德尔氏以后,其风渐衰,迄于今不能复振。盖土狭而民寡,适逢际会,战胜强邻,人心发皇,遂臻极盛,及时移运迁,国势寖弱,而人民之独创能力亦不觉随之销沉矣。希腊既衰,罗马代兴,其势力亦颇能震耀一时,及属地既多,物质饶益,人习偷惰,流于奢淫,往时勤俭豪迈之风荡焉无存。道德堕落达于极点。基督教适以此时兴于东方,渐及西土,挽狂澜于既倒,救人心于已靡。古代文明赖其保障,得以不坠。盖北方野蛮民族乘罗马之衰,屡次南侵,所过城郭残夷,人民涂炭,当时罗马之政权武力既不足以控御远近,若无教会以承其乏,集离散之人民,为精神之结合,搜遗书于煨烬,戢北族之凶威,则罗马希腊必先后入于野人之手,其不为渤海茵卡者几希矣。尚安能休养生息整理残编以待文艺复兴之盛运耶!且条顿民族居北方苦寒之地,往来森林中,恃渔猎剽劫为生,虽有果敢强毅之风,而凶残嗜杀,性情粗暴,初非适于文明之生活者。及受基督教之薰陶,气质始因之稍变,于武健刚毅之中兼寓谦和之德,观中古骑士之风即基督教感化北族之确证也。又教士所之,学校随兴,于讲习经典之外,兼教读书识字。虽其初旨原不过欲人了解经义,正其信心,然神学家言往往借重哲学为说明之具,哲学之思想遂于不知不识之间流传北方。条顿民族至是始知运思求学之方法,渐能以精密之思维,研究事物,近代自然科学之勃兴未始非教士之繁琐哲学有以植其基也。说者或以为自然科学之发达由于欧人之爱重知识,科学主于理性,宗教主于信仰,信仰以安心立命为归,而理性以穷理致知为务,两者之间本无若何关系;或且以信仰过强之故致生蔑视理性之倾向,而碍科学之发达者。反之吾人解决一切问题,若含模糊影响之谈而专用理性,则宗教应无存立之余地。故基督教与近代之欧美文明实难相容。此说在今日之思想界中颇占势力,评论欧化者常采用之,顾亦一偏之见,实未足以说明欧化之真相也。盖为知求知之主义,虽尝风行欧土,而不久即就衰歇。何者? 一切知识若以其本身为唯一之目的,与吾人生活毫不相涉,则无论其若何精妙若何透辟,亦将失其价值,不复有真实之意义。纵能动人于一时,必难持之于久远。盖人事日繁已不暇给自,非至愚肯以有用之光阴掷之无益之虚牝者。此理至明无待深辩。故知近代欧化决非专尚理性之结果。此_实所敢断言者也。且理性信仰二者用之过偏,诚足相妨,若适当其分,亦未始不足以相成。盖信仰所向为绝对无限之境界,而理性之效不出有穷现象之范围。以理正信,以信辅理,而后所谓生活者乃始真实之意义,进取之精神,明了之内容,具体之表现,欧化之精髓实在于此。证之欧美近代之哲学文学可以概见。至于西土之伦理则所受希伯来思想之影响尤重且巨。彼中学者讲论道德,自少数之唯物论者及实证论者外(即创实证哲学之孔德亦未能完全脱却基督之影响观,其晚年主张人道教时亟称基督之模仿一诗可以知之),辄以神为最后之根据。故博爱及正义二概念在欧美之伦理学中常占主要之位置。是固基督教之精旨,而欧美道德思想之中枢也。基督论万物之主宰,称为正义之神,以为神之本质与罪恶绝对不相容,而世间万有皆神所造,本非甚恶,故神之天国初不在远,但举世间一不道德不合理之部分摧陷而廓清之,则此五浊世界立可变为神圣庄严之清洁乐土,彼罗马教会即承此旨创立者也。又其所谓正义者并非严冷之律法,而为温和之爱情,以为虽为恶之人,上帝仍悯念之,故人当爱其亲友,兼当爱其仇敌。其说不独能起人希望之念,促其进取力行,并能使人忘诸嗔恨,乐善不疲。故欧洲近代之物质文明虽极发达,人生之享用较之罗马盛时殆尤过之,而其人能免极端之淫佚,进步不已者,即此基督教所涵养之道德心有以维持之耳。又基督之说,以为凡属生民,莫不以背神之故负有罪戾,非敬天行善,力求自赎,决不足以超出泥涂,上承天休,此种思想与博爱之概念相合实开近代社会运动之端。(托尔斯泰即其最著之代表也)盖以博爱为旨,广植善行,诚莫如献身为人力谋社会大多数之福利也。

以上所论,仅就感想所得,拉杂书之,聊应尊嘱。(下略)

与印度泰谷尔谈话

《新潮》第三卷第一号

冯友兰

▲东西文明之比较观

我自从到美国以来,看见一个外国事物,总好拿他来同中国的比较一下。起头不过是拿具体的、个体的事物比较，后来渐及于抽象的、普遍的事物；最后这些比较结晶为一大问题，就是东西洋文明的比较。这个大问题。现在世上也不知有能解答他的人没有。前两天到的《北京大学日刊》上面，登有梁漱溟先生的"东西洋文明及其哲学"的讲演；可惜只登出绪论，尚未见正文。幸喜印度泰谷尔先生到纽约来了；他在现在总算是东方的一个第一流人物，对于这个问题，总有可以代表一大部分东方人的意见。所以我于十一月三十日到栈房里去见他，问他这个问题。现在将当日问答情形写在下面，顶格写的是他的话，低一点写的是我的话。

中国是几千年的文明国家，为我素所敬爱。我从前到日本没到中国，至今以为遗憾。后有一日本朋友，请我再到日本；我想我要再到日本，可要往中国去，而不幸那位朋友，现在死了；然而我终究必要到中国去一次的。我自到纽约，还没有看见一个中国人；你前天来信，说要来见我，我很觉得喜欢。

现在中国人民的知识欲望，非常发达；你要能到中国一行，自然要大受欢迎。中国古代文明，固然很有可观；但现在很不适时。自近年以来，我们有一种新运动，想把中国的旧东西哲学、文学、美术，以及一切社会组织，都从新改造；以适应现在的世界……

适应么？那自然是不可缓的。我现在先说我这次来美国的用意。我们亚洲文明，可分两派：东亚洲中国、印度、日本为一派，西亚洲波斯、亚拉伯等为一派；今但说东亚洲。中国印度的哲学，虽不无小异,而大同之处很多。西洋文明,所以盛者,因为他的势力,是集中的。试到伦敦巴黎一看,西洋文明全体,可以一目了然;即美国哈佛大学,也有此气象。我们东方诸国,却如一盘散沙,不互相研究,不互相团结;所以东方文明,一天衰败一天了。我此次来美就是想募款,建一大学;把东方文明,聚在一处来研究。什么该存,什么该废,我们要用我们自己的眼光来研究,来决定;不可听西人模糊影响的话。我们的文明,也许错了;但是不研究怎么知道呢?

我近来心中常有一问题,就是:东西洋文明的差异,是等级的差异(Difference of Degree),是种类的差异(Difference of Kind)?

此问题我能答之:他是种类的差异。西方的人生目的是"活动"(Activity),东方的人生目的是"实现"(Realization)。西方讲活动进步而其前无一定目标,所以活动渐渐失其均衡。现只讲增加富力,各事但求"量"之增进;所以各国自私自利,互相冲突。依东方之说,人人都已自己有真理了,不过现有所蔽;去其蔽而真自实现。

中国老子有句话是:"为学日益,为道日损。"西方文明是"日益",东方文明是"日损",是不是?

是。

但是东方人生,失于太静(Passive)。是吃"日损"的亏不是?

太静固然。但是也是真理（Truth）。真理有动（Active）、静（Passive）两方面。譬如声音是静，歌唱是动；足力是静，走路是动。动常变而静不变；譬如我自小孩以至现在，变的很多，而我泰谷尔仍是泰谷尔这是不变的。东方文明，譬如声音；西方文明，譬如歌唱。两样都不能偏废。有静无动，则成为"惰性"（Inertia）；有动无静，则如建楼阁于沙上。现在东方所能济西方的是"知慧"（Wisdom），西方所能济东方的是"活动"（Activity）。

　　那么静就是所谓体（Capacity），动就是所谓用（Action）了。

是。

　　如你所说，吾人仍应于现在之世界上讨生活。何以佛说，现在世界，是无明所现，所以不要现在世界？

这是你误信西洋人所讲的佛教了。西人不懂佛教，即英之达维思夫人（Mrs. Rys Davids），尚须到印度学几年才行。佛说不要现在世界者，是说：人为物质的身体所束缚，所以一切不真；若要一切皆真，则须先消极的将内欲去尽，然后真心现其大用，而真正完全之爱出，爱就是真。佛教有二派：一小乘（Hna-yana），专从消极一方面说；一大乘（Maha-yana），专从积极一方面说。佛教以爱为主，试问若不积极，怎样能施其爱？古来许多僧徒，牺牲一切以传教，试问他们不积极能如此么？没有爱能如此么？

　　依你所说：东方以为真正完全之爱，非俟人欲净尽不能出；所以先"日损"而后"日益"。西方却想于人欲中求爱，起首就"日益"了。是不是？

是。

　　然则现在之世界，是好是坏？

也好也坏。我说他好者，因为他能助心创造（Creation）；我说他坏者，因为他能为心之阻碍（Obstruction）。如一块顽石，足为人之阻碍；若制成器具，则足为人用。又如学一语言，未学会时，见许多生字，足为阻碍；而一学会时，就可利用之以做文章了。

　　依你所说：则物为心创造之材料，是不是？

是，心物二者，缺一不能创造。

　　我尚有一疑问，佛教既不弃现世，则废除男女关系，是何用意？

此点我未研究，不能答。或者是一种学者习气，亦未可知。

　　依你所说，则东西文明，将来固可调和；但现在两相冲突之际，我们东方，应该怎样改变，以求适应？从前中国初变法之时，托尔斯泰曾给我们一信，劝我们不可变法。现在你怎样指教我们？

现在西方对我们是取攻势（Aggressive），我们也该取攻势。我只有一句话劝中国，就是："快学科学！"东方所缺而急需的，就是科学。现在中国派许多留学生到西洋，应该好好的学科学。这事并不甚难。中国历来出过许多发明家，这种伟大民族，我十分相信，他能学科学，并且发明科学的。东方民族，决不会灭亡，不必害怕。只看日本，他只学了几十年的科学，也就强了；不过他太自私，行侵略主义，把东方的好处失了；这是他的错处。

你所筹办的大学,现在我们能怎样帮忙?

这层我不能说,这要人人各尽其力的。中国随便什么事——捐款,捐书,送教员,送学生——都可帮助这个大学的。现在我们最要紧的,是大家联络起来,互相友爱;要知道我们大家都是兄弟!

谈到这里,已经是一个钟头过去;我就起身告辞了。泰谷尔先生的意见对不对,是另一问题;不过现在东方第一流人物对于东西文明的见解是如此,这是我们应该知道的。我还要预先警告大家一句,就是:泰谷尔的话,初看似乎同从前中国中学为体、西学为用之说,有点相像;而其实不同。中国旧说,是把中学当个桌子,西学当个椅子;要想以桌子为体,椅子为用。这自然是不但行不通,而且说不通了。泰谷尔先生的意思,是说:真理只有一个,不过他有两方面,东方讲静的方面多一点,西方讲动的方面多一点,就是了。换句话说:泰谷尔讲的是一元论,中国旧说是二元论。

我现在觉得东方文明,无论怎样,总该研究:为甚?因为他是事实。无论什么科学,只能根据事实,不能变更事实。我们把事实研究之后,用系统的方法去记述他,想道理去解说他,这记述和解说,就是科学。记述和解说自然事实的,就是自然科学;记述和解说社会事实的,就是社会科学。我们的记述解说会错,事实不会错。譬如孔学,要把他当成一种道理看,他会错会不错;要把他当成事实看——中国从前看这个道理,并且得大数人的信仰,这是个事实。——他也不会错,也不会不错。他只是"是"如此,谁也没法子想。去年同刘叔和谈,他问我:中国对于世界的贡献是甚么? 我说:别的我不敢说,但是我们四千年的历史——哲学、文学、美术、制度……都在内——无论怎样,总可做社会科学、社会哲学的研究资料。所以东方文明,不但东方人要研究,西方人也要研究;因为他是宇宙间的事实的一部分。说个譬喻:假使中国要有一块石头,不受地的吸力,纽顿的吸力律,就会打破,纽顿会错,中国的石头不会错! 本志二卷四号所载熊子真先生的信,上面的话,我都很佩服;但是不许所谓新人物研究旧学问,我却不敢赞成。因为空谈理论,不管事实,正是东方的病根,为科学精神所不许的。中国现在空讲些西方道理,德摩克拉西、布尔色维克,说的天花乱坠;至于怎样叫中国变成那两样东西,却谈的人很少。这和八股策论,有何区别? 我们要研究事实而发明道理去控制他,这正是西洋的近代精神! 民国九年十二月六日作于纽约。

这篇文章做成之后,就寄给志希看,志希来信,说:"研究旧东西一段,可否说明以新方法来研究旧东西? ……泰氏说的(Realization)一段,我不懂……既然是一件事的两面,就无所谓体,无所为用;与他自己所说的也有出入。"

我答应说:要是把中国的旧东西当事实来研究,所用的方法,自然是科学方法了。中国的旧方法,据我所知,很少把东西放在一个纯粹客观的地位来研究的;没有把道理当作事实研究的。中国人只知道理是道理,不知他一方面也是事实。现在要把历史上的东西,一律看作事实,把他们放在纯粹客观的地位,来供我们研究;只此就是一条新方法。不过要免误会起见,多说一两句,自然更清楚。

泰谷尔所谓"实现"一段,据我的意见,是说:西洋人生,没有一定目的,只是往前走;东方却以为人人本已有其真理,只把他"实现"出来就是。如宋儒之所谓去人欲,复天理,就是这个意思。

志希说:"既是一件事的两面,就无所谓体,无所谓用……"我说:惟其有所谓体,有所谓用;所以才是一件事的两面。体用二字,在中国很滥了,但实在他们是有确切意思的。宋儒的书,自然还没人翻;印度的书,他们翻的时候"体""用"翻成英文的那两个字,我还不知道。那天晚上,只是随便抓了一两个英文字就是。此外如心理学上所谓 organ,function;伦理学上所谓 character,action;都可举为体用之例。体与用是相对的字眼,如以 organ 为体,则 function 便是用;如以 function 为体,则 action 便是用。没有 organ,就没有 function;没有 function,organ 也就死了。所以两个只一个东西的两面。宋儒讲体用一源,就是为此。九年十二月十日再记。

漱溟按:以上各篇当以屠先生答书为最妥当幸读者注意并谨声谢屠先生　漱溟谨志

著者告白一

　　兹列次漱溟所作及所欲作各书于下,并注明出版情形,告白读者诸君知道,也好拿来互资参证;如是,我的意思庶可多得大家的谅解:

　　一　东西文化及其哲学　此次一面在北京印刷,一面托上海商务印书馆付印,以后当由彼出版发行;唯初版仓卒发表颇多缺憾,再版当有增订。

　　二　唯识述义　前曾有第一册出版,托各书坊代售;唯以后续作将改正名称,因为其间要有好多只算我的意见,非是唯识家原有的说话,不当用述义为名,滥以己意冒充是古人之意。此大约亦托由商务印书馆出版。

　　三　孔家哲学　尚在预备,一时不能出版。以上三部书是我数年来早打算作的,凡我的思想概具于是,拟汇订为"梁氏三种";此外将不再作什么书,即有,亦不大相干的。

　　四　印度哲学概论　前在商务印书馆出版,里边有几处不妥,总未暇改订,现已停止不印,当俟改订后再印行。

五 漱冥卅前文录 这是我自二十四岁到三十岁所作单篇文字的汇印本,打算到明年三十岁时出版;因为从前作的如《究元决疑论》等篇很有人要看而寻不到,就是得到,那内容好多错误,也易误人,所以要自己批注明白,再印给大家看。

我实在是从没想要有什么著述,而卒有这些个书出版和一些将出未出的书,回头一想,自己真也莫明其妙,并且觉得这是我没出息的一个表征!我很愿意我拿我的人同大家相见,不愿意只拿我的书同大家相见!

著者告白二

我在本书结论里认定我们现在应当再创宋明讲学之风，我想就从我来试作。我不过初有志于学，不敢说什么讲学，但我想或者这样得些朋友，于人于己都很有益的。又我想最好是让社会上人人都有求学的机会，不要单限于什么学校什么年级的学生，像这两年来就有好许多人常来通信或过访于我，我虽信无不答，访无不见，但总不如明白开放的接纳所有不耻下问的朋友而相与共学。因此我今日告白大家知道：凡我所知所能都愿贡献给人，如来共学，我即尽力帮忙；不拘程度年岁，亦不分科目，不订年限；大家对我自由纳费，不规定数目，即不纳亦无不可；先以北京崇文门缨子胡同我寓所为通信处，如果人渐多再另觅讲习集会地方。

一九二一，双十节，漱冥

1980年著者跋记

　　1920年我初次以"东西文化及其哲学"为题,在北京大学作课外讲演,由同学陈仲瑜(政)任笔录。次年1921年暑假应山东教育界暑期讲演会之聘再次以同题为公开讲演(地点在济南第一中学校,其时校长为完颜祥卿,教务主任为范予遂),则由同学罗莘田(常培)任笔录,随讲随记随时付印刷,但记录印刷不逮口讲之速。暑假期满,莘田应南开中学之聘,不能终其事,故尔此书末一章实由我自己执笔写出者。

　　现者黄河清同志以此抄本见示,回首往事忽忽不觉六十年于兹矣。自愧当年识见浅稚,于儒家孔门之学妄尔摭拾"本能"、"直觉"等等近代西方所用名词术语以为阐说,实属根本地严重错误,不可不于此注明。

　　附此注明者:我于1917年承蔡先生(元培)邀入北大任哲学系讲席,而熟识如仲瑜则德文系学生,如莘田则为国文系学生,却均不在哲学系。我与诸同学年齿皆相若,彼此友好,固所谓教学相长也。

1980年7月　梁漱冥

附　录

《东西文化及其哲学》导言

自序——这个问题的现状——这个问题的真际——这个问题的解决将在何人

自　序

我这个人生性孤拙,原不能在现在的学问界去讲学问——现在的学问界,不同东方式的学者可以闭户自精、闭户著书的,但我心里又不自觉的总爱关心种种问题,萦回胸抱的思求他。自己很不愿意轻率发言,而终久閟不住,不自禁的慨然有作——这也可以算西方式,因为西方式的学者略有所见,就自鸣一说,不尚深稳的。就现前这事而说,标出来的这个"东西文化及其哲学"的问题,可谓绝重大的问题,而我并未曾读过专讲文化的书。近来欧美人日本人对这问题的论文著作听说书报杂志上很多,亦未去搜取,偶然遇见一二,恐尚不足百分之一。至于谈到西方哲学界的趋势,我也未能搜罗什么新出的书,见闻真是陋的很,论理哪有我发议论的地方! 但我对这个问题却实在萦回已久。大家未注意的时候,我早看到这个问题逼到眼前,直到现在当真逼来,急待取决,大家还是不顾,或敷衍搪塞过去便了。据我所见,欧美人、日本人、中国人论到这个问题的无一人能下解决,简直说无人真了解"如何是西方化"、"如何是东方化"(本文有时以文化包哲学说,有时单提出说,此处包着说)。即我所未见的,我也敢下一个非常的武断。欧美人其号称通东方学的尚在隔膜的很,大约限于机会,不见得能了解东方化,所以不能下解决。日本人虽然是东方人,但据所已知的而推他,一样的不解东方化,虽或颇领纳西方化,但亦只片面的了解,因此也不见得可以解决这个问题。至于中国人在两文化的争战中,大多数都尚不了解西方化,少数了解的也只片面,又都于东方化主脑的佛化孔化虽是自家故物,也还不了解,无人能下解决似乎可以放言的。问题如此的重大迫切,而应付问题的人都如此不济事,我这不能在现在学问界里发言的人且姑妄言之了。

这个问题的现状

这个问题自是世界的问题,欧美人、日本人、中国人都当研究解决的。而直逼得刀临头顶,火灼肌肤,呼吸之间就要身丧命倾的,却独在中国人。因为现在并不是两文化对全的激战,实实在在是东方化存亡的问题。**现在的世界东方化不是已经临到绝地了么?** 形势如此,是用不着讳言的。请放眼一看,世界上哪一块不是西方化的领土！凡秉用东方化的国民，若日本、暹罗、印度、安南、缅甸、高丽之类，不是改从西方化，便为西方化所强据。改了可以图存，不改立就覆亡。东方化的唯一根据地的中国数十年来为这种大潮流所冲动，一天比一天紧迫，到现在已经撞进门来，而这为东方化浸润最深的国民，不同凡众，要他领纳西方化大是不易。逼得急了，只肯截取一二，总不肯整个的承受。起初的时候，惊于火炮铁甲之利，声光化电之妙，想着不得不学他的。大约咸丰末同治初以迄光绪二十几年，都是这个思想。大家试去检看那个时候的名臣奏议、通人著述、书院文课、试场闱墨及一切号为时务书的无非是此。所以曾文正、李文忠的大施设就是上海制造局、马尾的船厂、北洋的海军，以为西洋所长、中国所短不过这些东西而已，但把他学来便了。**曾不晓得这些东西有他的来历**（西方化）**，不是可以截蔓摘果就挪到自己家里来的，而实与自家遗传的教化**（东方化）**大有冲突之点，轻轻一改，已经失了故步。**到甲午海军覆没，始又种下观念变更的动机。慢慢觉悟得问题所争尚不在此，把眼光挪到学术、教育、种种实业与政治制度上去，而尤归本政治制度之改革，较前可以算得一大进步。大约光绪二十年以后到宣统末年、民国初年都是这个思想。所以当时最盛的就是兴学论、立宪论与革命论，而所有的大成绩无过于废科举、办学堂、日本留学、师范法政之盈千累万，宣诏预备立宪，设资政院、谘议局，二十二省代表请开国会与辛亥的革命成功。在大家心目中都以为但能如其所求，便不难接武日本、抗跻欧美，**曾不留意这种制度**（代议制度、民主制度）**是什么样精神产生的，与这东方化夙养的国民是何等的凿枘不入。并且不待远求，就是他们那立宪**

家、革命家的头脑,试去解剖他,仍旧什九东方式,并未领会到西方化是什么东西(这种实例极多,容后细论)。八年以来闹得天翻地覆,乃看出这种活剥生吞的改革的无功又且贻祸,而后晓得既不是什么坚甲利兵的问题,也不是什么政治制度的问题,实实在在是两文化根本不同的问题,方始有人注意到改革思想,把西方化为根本的引入。这是最近一二年的新倾向。差不多六十年工夫才渐渐寻到这个根本上来,把六十年支支节节的问题一齐揭过,直向咽喉处着刀,逼问到东方化的应存应废。若以往事相例,六十年间西方化对于东方化已经是节节进逼、节节斩伐,到现在岂不是就要绝其根株了么? 这种形势明明逼来,我们真无从闪避,要赶快谋应付之方。

一、倘然东方化与西方化果真不并立又无可通,到今日是要绝根株了,那我们须要自觉的如何彻底的改革,赶快应付上去,不要与东方化同归于尽。

二、倘然东方化为西方化的压迫不必虑,东方化却要翻身的,那与今日的局面如何求其通,也须有真实的解决,积极的做去,不要做梦发呆卒致倾覆。

三、倘然东方化与西方化果有调和融通之道,那也一定不是现在这种"参用西法"可以算数的,须要赶快有个清楚明白的解决,好打开一条活路。

总而言之,这种险恶的形势想要模模糊糊混过去,是断乎不行。乃不料逼到眼前的难关,大家竟自无人看见;偶然有人谈到,总模模糊糊过去便了。上边的三条道曾无人敢下决断,决断的中理不中理更无从说起了。古语说的"盲人骑瞎马,夜半临深池",

真有那种情景。就论到什么知识阶级,也大多数都是身在两文化的交战中,而心目中全无这个问题,或是若有若无,置之不问。这种人知觉太钝,所以无所感触。其次便是能感觉西方化的压迫而表示反对的,这所谓旧派,为数也不少,甚至于为东方化盲目的积极发挥的也有,便很希见。这统是数千年旧化的潜势力,他们并非能看到这东西化的问题,而去作解答,不过一种反射运动罢了。又其次便是能感觉西方化的美点而力谋推行的,这所谓新派,为数不多,自是被世界西方化的潮流所鼓动。这般人在我看去有似受了药力的兴奋,也并非看到这东西文化的问题,有一番解决而后出之的。本来六十年的革新家都是不了解两文化就作主张的,他那动作好似机械的,没有自觉的,直到现在也未能有胜于前,而那旧派自然更是盲动。两派乱撞起来,互相激荡,上哪里去觅解决!数十年来混战不已,才弄得水深火热,糜烂不堪,非等到由盲动入了自觉,留意到东西文化问题不能少解。非等到东西文化问题有个解决,豁开一条道路,不能有向上的生机。独叹无人留意到此,可为奈何!我所看见的只有我朋友李守常对于这个题目曾略用一番心,就是他所作的《东西文明根本之异点》。现在我把他附在我的书后。他也是论而不断,不过猜度着将来结果必然是两文化的调和。至于两文化如何调和,他不能说。似乎事业太大,俟诸未来的样子。对于今日中国的国民,只勉励大家竭力容受西洋动的文明以救济静的文明之穷。如此看来,他仍旧不认得题目,他把逼到眼前的题目看作未来的事业,而应付这险恶形势的仍旧是空空洞洞的一句泛常话。以外研究这个问题的论文似乎还没有,或者我耳目不周也未可知。我想我们要处理我们的生活,解决现实的问题,知识阶级去研究而解决的,固然不能立时指导国民的趋向,但是知识阶级对于问题若没有个解决,那国民一定是无所措手足而乱投手足了!那就危险得很。李君于此说得颇好:

> 苟不将静止的精神根本的扫荡,或将物质的生活一切屏绝,长此沉延在此矛盾现象中以为生活,其结果必蹈于自杀。盖以半死不活之人驾飞行艇,使发昏带醉之徒御摩托车,人固死于艇车之下,艇车亦毁于其人之手。以英雄政治、贤人政治之理想施行民主政治,以肃静无哗、唯诺一致之心理希望代议政治,以万世一系、一成不变之观念运用自由宪法,其国之政治固以杌隍不宁,此种政治之妙用亦必毁于若而国中。总之,守静的态度、持静的观念以临动的生活,必至人身与器物、国家与制度都归于粉碎,世间最可怖之事莫过于斯矣。

我们作东方化的生活好几千年了,现在引进许多的西方的生活样法,却又于东方化没个解决,简直无处措手,而生活这件事又不是可以暂搁一旁的,便胡乱的生活去,听着"都归粉碎"!这并非故作危词,你看现在立宪制度在哪里?中国国家有命几何?所以我说这个问题于中国国民最急迫,呼吸之间就要身丧命倾的。

这个问题的真际

现在的世界东方化不是已经临到绝地了么?形势如此,是用不着讳言的,却无人爽爽快快的说这句话。即如李君说东洋文明的短处大约有数端,头一端便是"厌世的人生观不适于宇宙进化之理",已把印度化一笔勾销。又说须要把静止的精神根本扫荡,而李君所以诠释东方文明的就是"静的文明"四字,那么与根本扫荡东方文明何异?李君却还要说"东西文明互有短长,不宜妄为轩轾",岂不太客套了么?现在的新思想家虽不像李君这样的谦和,也都不吐露东方化就要灭绝的一句话。然而你看他的议论,哪一点不是东方化要灭绝的意向呢?这种意向是他比从前的时务家维新家的长处。从前维新家的头脑是中西合璧的,是矛盾不通的,东方化就容留下了。现在新思想家很能领会西方化——这也因为问题渐渐问到文化的原故——他的主张要一贯的,要彻底的,哪里能容东方化呢?所以西化输入多少年都没人主张孔化的应废。到陈君独秀才大声的说道:

> 倘吾人以中国之法、孔子之道足以组织吾之国家,支配吾之社会,使适于今日世界之生存,则凡十余年来之变法维新、流血革命、设国会、改法律及一切新政治、新教育无一非多事,应悉废罢。**万一欲建设新国家、新社会,则对于此新国家、新社会不可相容之孔教,不可不有彻底之觉悟,勇猛之决心,否则不塞不流,不止不行。**

东方化的两大文化,一是印度化,一是中国化,此外无可数的。试问印度化是可以在现在的世界行得去的么?中国化是可以推行于现在世界的么?倘若这两种东西定绝于世界,那东方化不是绝了是什么!或说东方化的政治制度及社会一面的种种东西同其物质生活,今世已不能适用,是要废绝的,至于讲到精神一面是他的长处,不致同废。这个话是大多数人心里有的。我要反问一句:**现在不是已经由物质生活政治制度的问题看到根本的文化问题了么? 现在的争点不是在根本的思想么? 更明白的说,不就是哲学的问题么? 现在不是要改革思想,更新哲学么? 怎么反倒说他讲到精神生活一面又可以不废呢? 并且我们试看现在的哲学界的形势,印度化的根本的印度哲学、中国化的根本的中国哲学,能挤上去争个地位么? 恐怕没有余地以着此君呢!** 胡君适之的《中国哲学史大纲》上说:

> 世界上的哲学大概可分为东西两支。东支又分印度、中国两系。西支也分希腊、犹太两系。初起的时候,这四系都可算独立发生的。到汉以后犹太系加入希腊系,成了欧洲中古的哲学。印度系加入中国系,成了中国中古的哲学。到了近代印度系的势力渐衰,儒家复起,遂产生了中国近世的哲学,历宋、元、明、清直到如今。欧洲思想渐渐脱离犹太系的势力,遂产生了欧洲的近古哲学。到了今日这两大支的哲学互相接触互相影响,五十年后一百年后或竟能发生一种世界的哲学也未可知。

胡君这个话说的何等堂皇,与李君的"东西文明未可轩轾"正是一样的好听。然而我们去翻他书后边所讲的中国哲学如老子的、孔子的、墨子的、庄子的……倘然像他所讲的那个样子,除了供现代的大哲把玩解闷以外,可有这"两大支哲学互相接触互相影响发生一种世界哲学"的价值、身分、势力么? 胡君的中世史、近世史还未编出,他于印度系哲学、宋明哲学怎样讲法我们固然不得而知,然而他的论调我略闻一二的,从他的论调推去,几乎要疑这互相影响发生世界哲学的话是故相揶揄呢! 大家都说现在的新思想家于固有的文化太不留余地,其实我看是格外优容了。**还有一层,大家要注意特别看清楚,比上边所说的话都要紧的,就是东方化东方哲学是一成不变的,历久如一的,所有几千年后的文化还是几千年前的文化,所有几千年后的哲学还是几千年前的哲学。一切今人所有都是古人之遗,一切后人所作都是古人之余。**你要问我东方化,我举出答你的不但不是十九、二十世纪的东西,并不是十六、七、八世纪的东西,实实是西历纪元以前的东西,如于印度举佛陀,于中国举孔子,离开这古化别无东方化。**然则东方化就是个古化。**西方化便不然。思想逐日的翻新、文化随世辟创,你要问我西方化,我不但不能拿千年来的东西作答,并不能拿十八、九世纪的东西作答,直须把去年今年的东西告诉你才可,离了这今化不算西方化。**然则西方化就是个今化。**如此说来,东西文化实在就是古今文化,不能看作一东一西平列的。如果你说东方化在今日的世界还是不废的,那就是承认古化能行于今,能行于未来。因为今日的世界已经孕藏着未来的世界,天天往未来那边去发长,古化倘然能行于今,那就是不违逆这种发长的方向或叫作潮流。现在既不违逆这种发长的方向,自然未来是行得通的了。但是你能承认古化能行于今行于未来么? 你倘然是不承认的或是不敢承认,那你就可以直截了当断言东方化的必废必绝,不用吞吞吐吐模模糊糊。

我上边全都是说从世界大势看去东方化是要废绝的。那么我这东西文化问题就此已经解决了么? 还没有。**我不过指示大**

家,请大家认明这个问题的真际。所谓东西文化问题的不是讨论什么东西文化的异同优劣,是问在这西方化的世界已经临到绝地的东方化究竟废绝不废绝呢？但是所谓不废绝,不是像现在的东方化在西方化的太阳没有晒到的幽暗所在去偷生可以算作不废绝的,须要从临绝处开生机从新发展方可。所以这东方化废绝不废绝问题的真际就是问东方化能复兴不能复兴。能像西方化发展到世界上去不能。一种文化总有他那一种的思想做前驱,才见诸事实。东方化不知道能复兴不能？如果能复兴,自然得要东方哲学去复兴他。**然则这东西文化问题推得后来就要问东方哲学能复兴不能**？大家须要把问题看真切,不要乱发无当的议论。

这个问题解决将在何人

其次有些相连的事我也附说几句在此。就是李君的文内叙及美德加父的演说说:"中国于人类进步已尝有伟大之贡献……今犹能卷土重来以为第二次之大贡献于世界之进步乎？世间固尚未有一国民能于世界之进步为第二次伟大之贡献者。"又加潘特《文明之起源及其救济》的文中说:"指陈曾经极盛时代民族中文明疾病之路径,谓此等文明之疾病大抵皆有其相同之预兆时期,寖假而达于最高之度,寖假而贻其民族以永世削弱之运焉,世界史中尚未见有回春复活之民族重为世界之强国也。"李君对此极承认中国民族今后之问题实为复活与否之问题,而"深信中国民族可以复活,可以于世界的文明为第二次之大贡献。"记得黄君郛著的《欧战之教训与中国之将来》说:"世界文明发达最早者莫如吾国。今日世界列强既公认文明为一种势力之代表,则最初势力之出动实为吾国。唯当时航海之术未昌,故其出动方向不向东而向西。自张骞、班超通西域,吾国秦汉以前之文明遂越帕米尔高原以西,造纸术、印刷术、指南针均于该时流入欧洲。自成吉思汗席卷欧陆,吾国秦汉以后之文明如火药如鸟枪等利器又流入欧洲。欧洲历史最初有希腊雅典之富强,其次有罗马之强盛,再其次则有西班牙常胜军之出现,**盖其力皆逐步西进也**。同时此势力延及西北以促荷兰之海外发展,而拿门豆人种亦于此时越海以达英伦。其后英国以新旧教徒之冲突,新教徒不胜旧教徒之压迫相率渡大西洋,上陆于北美之鲍斯顿而自辟新天地。至糖茶两税之问题起,于是华盛顿遂抗英而独立。然其初不过密西西批河以东十三洲而已,嗣后逐渐西进,不数十年竟达太平洋岸之旧金山。复又合并檀香山,占领菲律宾。在此时期中更派配鲁提督(按事在 1854 年。又朝鲜之开放亦出于美人,事在 1882 年)率舰炮击浦贺港以求开国通商,而日本锁国政策之迷梦为其唤醒。从此发愤图雄,三十年维新之功,国力逐渐膨胀。欲西进以窥朝鲜,酿成甲午中日之役。其时吾国午睡正酣,受此一挫遂亦力求自振,禁缠足,戒鸦片,废八股,编练新军,考察宪政。今虽风雨飘摇国基未固,而数千年前出动之一势力已绕地球而归还故乡。第一周之运动已终,第二周之运动必然开始。果尔,则吾国中兴之运其至矣。……盖战后之中国非中兴即绝灭二途而已矣。"新近美国杜威博士在北京的演说也说:"现在东方旧文化带些新文化回到老家,所以二十世纪可以算是文化绕地球旅行一周的时候。现在文化的新问题不是往前走去环绕地球的问题,是东西文化怎样互相接近、怎样互相影响的问题。"李君文后翻译的日本北聆吉教授所作《论东西文化之融合》也说东西文化融和之必要,而以为具备成就这桩事业资格的,在欧为德国国民,在亚为日本国民。他说:"世间固有之文化,大抵因其民族之特质与其被置之境遇多少皆有所偏局。必有民族焉,于是等文化不认其中之一为绝对,而悉摄容之与以一定之位置与关系,始具产出新文化之资格。若尔民族于欧则有德意志,于亚则有日本。德人之天才不在能别创新文化之要素,而在能综合从来一切之文化的要素,日本人之天才亦正在此处。"这几家的话里边约有几个问题:

一、现在是不是东西文化互相影响彼此融合的问题?

二、这桩文化融合的事业将成就于哪个民族?

三、今后的中国民族是不是复活的问题?

四、这中国民族的复活是否可望?

在第一个问题几家的意向都倾向在融合论。然而我细看他们对于东方化的讲法,**我总寻不着他们以什么见地把东方化抬到与西方化互相影响彼此融合的地位与那融合之道在那里**。我并且武断,假使我当面请问他们,他们除了几句空空洞洞的话外,也没得可说。所以现在是不是东西文化融合的问题未必这样容易的出口,这个问题属在本书的大问题内,此处且不必谈。第二个问题在大家的意向不一。有不专属望一个民族,以为在世界大众的,有以为在中国国民的,有以为在德国国民与日本国民的。这本来不必去研究,不过我臆度着应当在中国国民。并不是说什么天才独胜,**大凡一个问题的解决总在那急须解决的人**。因为一切事情都是应于要求才成的,不可不知这东西化的问题虽是世界的问题,我已经说过实在是专成了东方化兴亡的问题,直向着东方

人逼讨个解决之道。西方并没有这样的需要,那么这桩事是应当
成于东方人而不在西方了。东方人里边,为文化发源地的有中国
人同印度人,此外便是善于摹取文化的日本人,其余大约无可数。
现在的印度以东化国民受统治于西化国民,两化相接十分紧凑,
应当生出一种解决。只是事实上有种种缺憾不能成功。头一样
是印度化与西方化太相违远了,无法觅解决。第二样是佛化在印
度差不多已绝,所余的印度化都没有很高价值。第三样是印度化
没有孔化这样东西。第二、第三合说就是印度现在竟没有东方化
可说,拿什么去解决? 三样之中有一样便不能说到融合东西化,
何况三样俱备呢? 还有最重要的原因就是这个问题在印度国民
差不多是不解决之解决,没有那迫切的要求了。一个民族因图他
的生活才有文化,假使他这民族已受统治于一个别的民族,差不
多"图他的生活"这桩事由别人代谋了,他自己的文化适不适全
然不觉知得,哪里还有应于要求而产生的文化呢? 可惜我不及到
印度去看看,我想他们一定是受西化的受西化,守旧化的守旧化,
尽可自行其是,两不相干。所以至今不闻有于东西思想开一条道
路的哲学出来,将来怕也是无望的。至于日本人,诚如北聆吉氏
所说性质无所偏局,确有采用两方文化的才能。但是我们所为致
疑的就是在此。他以东化国民采用西化而不感受两文化的冲突,
不须待什么调和融通已经在那里两化并用,是不是天资浅薄于两
文化都未领会到呢? 不感受两文化冲突的痛苦,不须待什么调和
融通已经两化并用,他还有所谓应于要求而解决的事业么? 你看
我们所谓被逼无路的他竟同局外人了呢! 几十年没成就的而夸
说后此可以成就,我不甚相信(此处对于日本的批评须参看后面

论东方化处方更明白）。现在偏偏留得一个中国国民既没有像日本那样善于摹取别家文化,登了日进无疆之途,东西化问题竟成了不急之务,又不像印度那样统治于西化国民之下成了不解决之解决,却要他自己去应付这危险迫切的形势,去图他的生活。我想但使中国民族不致绝亡,他一定会对于这新化、故化有一番解决,有一番成就。又恰好这东方化的中坚,孔化是本地出产,佛化是为他独得。倘然东方化不值一钱固不必论,万一有些参酌之处,那材料不于中国而谁求。材料齐备,问题逼来,似乎此事应当有成,这是我的观察。至于果真有望与否却不敢断言。举目一看,东西文化接触多少年,到今日西方学术思想输入的几何？固有的东方学术思想发挥者何人？能不令人气短心灰！难道那上海书店里几本教科书也可以代表西学？那《国故杂志》同什么古文家的大札也可以算作东方思么？真遗笑天下了！尤其可惊的我们所谓迫切的问题,中国国民并没有看到,然则所设想中国国民应有的要求,中国国民自己竟没有这样要求,除横冲直撞的新思想家就是不知死活的旧头脑,所谓应于要求的解决何从希望呢？这真是不能不令人伤叹的了。第三个问题今后的中国民族一定是复活不复活的问题,大家意思相同,没有可说的。第四个问题李君深信中国国民的复活,我却不知道他何所见而敢说这句话。据我看去加潘特的话所谓"永世削弱"有些难免。因为中国国民受东方化的病太深,简直不会营现代的生活,不能与日本相比（日本人居然会学着营现代的生活有他的原故,容我后边论东方化再讲）。你要教他会营现代的生活非切实有一番文化运动辟造文化不可。那要看大家努力不努力。工程很大,前途希望不得而知,我且尽我一点薄力罢了。

　　这篇文字气味恶劣的很,简直要不得,当时自己不觉。去年暑假后开学那天,恰逢杜威博士有"我们大学应当为新化、故化做媒"的演说,听了欢喜,当日便匆匆抄与蔡先生入《大学月刊》。后来感于李守常先生几句话(赠四川某报之文,大意谓近来新文学里充满嫉忌、轻薄、恔慢、傲狠种种气味,实在危险。我此文用白话,因预拟三种书是相连的,唯识既要白话所以都用白话,其实我并非要做新文学的文字,且实在不会做,但李君的话我很感动),提醒我,连忙索回,决意毁稿另做。不料仍复在这里发表出来,真非我本意。这做于六、七月间,其中的意思在当时尚少有人说,文化运动四字当时自疑杜撰,今才六个月功夫竟成腐语滥套。总算社会的猛晋,可为欢喜。虽只是片面的发展(新化输入),似乎也非由此不能把故化真面目开发出来呢。

　　　　　　　　　　　　　　　　　　漱冥附记

东西文化及其哲学讲演录[①]

梁漱溟　讲　　　陈政　记

> 此件承陈君替我纪录,颇有条理。但还有同我本意不融洽密符的地方,现在也不及修正,先以发表,俟讲完印订成书时再斟酌。漱溟志。九·十·四。

我讲这样功课的方法,就是要按着我自己的经历,叙述给大家听,不说一句离开问题的话。

这个问题自然是无论东方人或西方人都应一加解决的。但是现在的问题已经不是像从前那样把东方化西方化平等看待,简直就是东方化还要得要不得的问题了。因为看现在的形势,好像东方化已经到了不能再要的地步。你看东方民族,如日本、安南、缅甸、朝鲜等,只要能够领收一点西方化的,便可以存立,否则就

---

① 此文刊登在 1920 年 10 月至 1921 年 1 月的《北京大学日刊》,为著者于 1920 年的讲演,由陈政记录。它与日后出版之《东西文化及其哲学》一书颇多出入,故仍收录于此,供参考。——编者

站不住脚,还要受那已经领受西方化的东方民族之侵凌霸占。即如中国现在也是处处采用西方化,如政治改革已经全是西化,所以吾人的日常生活几乎完全充满了西方化。照此看来,现在的形势已经不是东西对垒开战,而是东方化尚能存在与否的问题,是很明白的。

这件事情虽说是东西人士都应考究一下,但是按实上说起来,在别国的人差不多可以说是不成什么问题。西方人固然可以按照现在的样子生活下去,这个问题不过只看作一种消闲的考据;就是领受西方化较深的日本人也可以不很着急;而朝鲜、安南、缅甸等人,连他们自己的生活由别人处理,说不上着急的资格;所以竟都不成问题。那么我们最后就要看中国了,看在中国成不成问题;如其在中国不成问题,那就简直不成问题了。像在中国既然还是一个独立国,一切政治法律都还要自家想法子来处理,与朝鲜安南等大不相同,那么这件事当然是成问题了。

这个问题,在中国输入西方化以后,其实早就有了。我们且看历来国人的对付方法。

最初是明末清初那西方教士传点最浅近的西方科学进来。明人还译过一些几何、数学、物理、化学的书,清朝康熙年间也输入些西方的数理,都是直接收受,不生冲突。因为这些都是理智方面的,所以像是没有问题。到了五六十年前,才觉得大成问题。当时的人看着他们的炮火铁甲舰那样凶猛,以为我们只要学会了他们的制造法,我们也有了炮火铁甲舰,这问题就解决了。所以曾国藩李鸿章在上海办制造局,马尾造船厂,北洋练海军,以为这样就可以对付过去。但这却仍不是东西商量而产生一个第三者,还是让步的容受,而在西方化却是跨进了一步。曾李以为只要把现有的东西搬过来就好了,全不考究这东西的来历。这就是不知道他们文化。有什么样的文化,才产生什么样的结果。我们不理会他的前半截,只搬取了他的结果,又不知道是与吾固有文化相反对,这样胡乱一来,向前生活的步骤便是大乱,这就是文化根本不同的缘故。用这种的对付,过了好多年,到后来才觉得不大对了。其中的重要关键就是甲午之役。练了好久的海军,一战而全军覆没。这才觉得仅仅搬运是不中用的,不是如此即了的。从此也渐渐晓得西方的东西不只是这点坚甲利兵,必须这点以前的东西也拿过来。于是兴学校、废科举、造铁路诸说大盛。又酝酿了好久,到庚子就发生变法之论,这就是他们想接受他们当时所见到的西方文化。但这些提倡兴学变法的人,也实在是看了日本人而变计,这是不必讳言的。到光绪之末宣统之初是主张改政最烈时代,差不多当时关心时势的人,都以政治问题是最重要的;只要政治一改,便什么都改了。这个眼光已经是很进步了。当时最盛的两派,就是立宪派与革命派,其间很有一番争执。当时进行的手续,如宣诏预备立宪,设资政院及咨议局,虽然不算很大的改革,然其为采用西方化则不能否认。到了革命事起,更是一个极显著的对于西方化的接受,同时也是对于自己文化的改革。虽然西方化的真正精神,已否得到还是问题,然而其为东方化的直截了当的让步,却是很明显的。

这样的专在政治问题上做工夫,又好多年,一心一意地以为只要把政治问题解决了,便一切都好了。他们以为东西文化冲突的原因,就在这一点,虽然比从前专门搬坚甲利兵的稍为进步,但照我们看起来,还是过于简单。所以他们弄了许久,革命也革了,西方也总算接受了,但终是东碰西磕,道路不通,没有法子顺顺当当地走下去。这个时候有人知道了,以为这问题还在后边。我们须从那儿着手,就是从思想——真正的文化——上下手。知道政治制度并非文化的根本,只是一点枝叶;我们不懂得根本,如何能运用枝叶。这才明白了文化的全部,要改革就得索性另走一条路,才可以追求着真的问题所在。这是近两年人的眼光方才看到的,以为要改非统改不可,枝枝节节是不能成功的。这种思想发生的时间,要很清楚的划分却不容易,但我们可以大约说从陈仲甫等几位起的。因为以前的人都不曾说过中国的道德、风俗、思想等等的弊端,无论是立宪派或革命派,从没有一个人敢与中国文化开战的,就有也不敢十分坚决。到了陈仲甫他们几位,才直截了当从这个地方说起。那是民国五年的事,到现在不过三四年,居〔然〕把大家的意思统统改变了。他的势力也竟有从前变法论盛行的时那样普遍,引起全国人都注意文化的改革。政治问题在现时的被看轻,实为从前所不及料。就是当初所最注意政治的立宪论者,如新学会人——也都改变方向了。他们的宣言,正给我们一个很好的参证材料。

但是,路虽算是向那边去了,解决却还说不到。按以前的经过,来推演未来:就是从西方化节节的前进斩伐,东方化节节退让。现在就要研究东方化是不是已经到了要拔根时候。现在已经不是东西激战的问题,只是东方化能否存在的问题。要说到这件事体的本身,当然是在中国人身上。但我觉得大家都不甚理会。领受西方化的人,很简单的以为如此下去,就可以了。墨守东方化的人也以为他所固有的最得味,别的可以不管。像这样太径直的往前盲撞,决不会走出一条路来的。而两方面又无法分离,还一定要在一处生活。那末,到什么时候这路才可以走得下去呢? 这一定要到两方对于其对面的意思都能互相理会参酌而共谋解决时候。总而言之,去掉成见,择善而从,方可找出一个共同的方向。现在旧派遇到受新派攻击,只不过发生一点反射运动,回攻一下,事过即了;新对于旧也只是偏于意气的攻击,都没有审慎的考究。我们要考究出一条路来,决不应该在未曾考究以前,就贸然说"我们只须如此走去便好了"。

现在这个问题已经逼到我们头上,再不容迟疑不答。我想解决的方法大约不外下列三条:

(一)如果东西文化的确根本不同,不能并存,无可通融,而东方化又已经的确到了绝地了;那末,我们就痛痛快快把东方化丢掉。因为向前走路只可以取一个方向的,到改方向的时候,一定要先舍了这个方向,才能走那个方向。不然,我们明知东方化无法再存,而还是死抱不放,岂不是要与他同归于尽吗?

(二)现在东方化受极重大的压迫,是不能否认的。但我们如果看得清楚,他目下虽然受窘,将来一定有翻身的一天,自然对于现状可以不必顾虑。但是我们必须有一种颠扑不破的理由,还须找出如何向"重复昌明"走去的路。因为我们必须继续不断地向前走的,不能停在半路上,老等着他自然光明起来。

(三)如果认为东西文化确有调和融通之道,那就必须指得出解决以后可以给我们走的一条明显的活路。像现在这种"东西杂处"的样子,不会有解决的。

现在对于这三条解决方法，竟没有一个人敢直截了当的认定一条，就因为他们不加理会，不加研究。新的只晓得尽力推行西方化，没有敢说要将东方化完全铲除的；不过简单的把他领受所得的拿出来罢了，何尝想到解决。旧的更不把这放在心上，只晓得有人攻击我，我便胡抵抗一阵就是了。

据我的见闻所及，觉留心这个问题的人，实在是不多。只有李守常先生曾经论到这个问题，且有很好的话告诉我们。他这篇文章的题目是《东西文化根本之异点》，大意说现在东西化杂用的现象之可怕。他说他去研究东方化为何物及西方化为何物之结果，觉得东方化是静的文明，西方化是动的文明，二者同时并用，有很大的危险。他并且提出了种种的证明。他又说如果不将静的文明根本扫荡了，又不将动的文明完全拒绝，永远任其在此矛盾现象中杂糅并存，其结果必将自杀；或且将其所运用的文明的本身，亦弄得乱七八糟，尽失其真。文中还有几句最警切的话，就是："守静的态度、持静的观念以临动的生活必致人身与器物、国家与制度俱归粉碎。"

这也似乎要急求解决的样子，但他的结论却很奇怪。结论说，他相信东西文明是不能妄加轩轾的，将来还是必要调和的；并且这调和事业很大，现在我们还不能做。他明知必将粉碎而又不求解决，留待将来，是很不对的。他又希望竭力容受西方的动的文明，以济东方的静的文明之穷，却也没有说出应当如何容受，容受至何程度为止，也不能使人满意。总看起来，他的话是不错的，只可惜没有解决。但这"论而不断"的态度，也是近来所谓新派的人所通有的，不能单怪李君。所以大家虽然都看见东方化已到拔根之时,却是没有人敢公然说出口来。李君的意思,是偏向西方化的。他说"印度厌世的人生观,不适于现在的时代",这明明要排开东方化,却只不肯说决断语。但是比从前那些以变法练海军等等观念而主张西方化的人,却看得较远了,也比较的彻底而且一贯,所以有"东方化势难再存"的意向。只因对于这个我们所说的问题没有研究,所以没有断语。

很有些人以为东方的物质的文明虽然必归粉碎,而道德等等精神的文明却不致同归于尽。这话是很不对的。我们要问,我们不是已将"以物质观西方化"的眼光移到文化根本——思想——即精神方面的异点上吗?不是大家大说要改革思想吗?不是说将求更新我们东方化的哲学吗?何以还说固有的精神文明可以保留呢?我们要知道,文化无论东西,物质方面与精神方面总是一贯的,而且精神方面尤为根本:决没有彼方面必亡而此方面可存的道理。所以应当说:要改革就从根本上改革起。

(附白)总论后半还很多,并且因已录入《唯识述义》的前卷。所以现在梁先生为节省时间起见,略去不讲。请诸君接读《唯识述义》的前录。以后就直接讲这个问题的本身。又,此系纪录草底,尚未经讲演者之订正。

记者志

第二章　如何是东方化、如何是西方化?（上）

现在我们到了本题,就是要问:究竟西方化是什么东西,东方化是什么东西? 我们单以好知的意思去求他们的究竟,所以就先直截了当的问："西方化究竟是什么东西。"但是以此问人，必有人仓卒不能即答。或者有答得上来的，也不过随便列举些个西方的制度学问。无论他不能周到；即使周到了，也是愈周到愈使人迷乱。我们想要的答案，不是这种零碎的列举。是希望有人把许多乱七八糟的西方东西，弄成一个很有意思的东西，跃然现于吾人心目之中。如此才能使人明白知道什么是西方化。要做这个工夫，无论是谁，必须沉心静气的考虑一番才行。严格去求这种答案，固然难得合格的；但是放宽些去求，无论何人，多少总有点意见。记得王壬秋在《中国学报》上仿佛说过："西方文化者，工商之为耳。"在他的眼光看来以为不过如此。同光间曾李诸人以为只是坚甲利兵；光宣间以为只是政治制度。无论他们的眼光对不对，总可以算对于我们这个问题的答案。大体说来，虽不十分明确真切，却总可以算是对的，因为他总有一点是我们所谓正确周全之西方化的观念一个影子。并且我们笑他们不对，反面看来，却又有谁对呢？据我所见，所谓东西的大学教授和学者对于西方化的眼光，其实不过如此，与王壬秋也差不到那里去。我们现且把所晓得的一一加以批评。要看不出别人的不对，就说不出自己的对。

中国在日本的留学生组织的"丙辰学会"曾请哲学教授金子马治演讲"东西文明之比较"，由屠孝实君纪录，登在《学艺》杂志。这是我所看见的第一篇。他对于我们这问题有扼要的答语："西洋之文明为势能之文明"（势能原文为 power）。他说，他十年前游欧，得一很有兴味的经验。他在这次欧游以前，从未出国门一步。这次上了船向西行。到香港一停，他就下船游览。看见了一切与在日本的大不相同,很觉惊异。有一个中国人同他说,香港本是一个多石的小岛,中国人以为是废物,不去理会他。后来英人着意经营成了一个很好的良港,一切天然的障碍都用人力改造好了。他所最奇怪的,就是日本良港都是天然的略加人工,而香港则完全是人工,更无一点天然的样子。英国人起初辟草莱,去岩石,固然是极其困难,但是他们坚忍不挠的精神,终究助他们成功。回想在日本时,一点驯习的自然都看不见,才信西人征服自然,东人放任自然之说,果为不妄。以上是他文中第一段的话。第二段又说,假使他的话不错,欧洲文明确是征服自然的文明,而其武器又确是科学,那末,我们就不忘了希腊,因为其地多山,自然环境很不方便,求食须到小亚细亚去,不能不竭力想方法来利用自然或驾驭自然,这就是欧式文明的起点。他还有很多的话,无非阐明此说,以为征服自然是由于地理的关系,不能不发生一利用自然的科学,以为利用厚生之资。他因为这种征服的面貌,所以叫他做势能的文明。这话错是不错的,征服自然是西方的特色。还有一个金子马治同处的哲学教授北聆吉,李守常讨论东西文化时曾译过他的文章一大段,这是我第二次所见的。北聆吉也只是这个意思。我一留神,觉得好多人都如此说,但可惜不曾都记得。《时事新报》《学灯》栏张士章所译《社会进步论》(著者姓名忘了)中,引了英国历史家布克尔氏(Buckle)所著《英国文化史》上的一段,说是:"欧洲地理的形势适宜于人的控制天然,这就是欧洲文明发展的主因。"金子马治文中又有"果为不妄"的语气。可见这种论调的普遍而久成定论了。到后来又遇见一说,就是杜威先生在大学哲学研究会欢迎席上的谈话,稍稍涉及东西文化不同之问题。当时的演词,因为无人纪录,不能详记,大意也同上述的差不多。他说西方人是征服自然的,东方人是与自然较为融洽的。除此以外,也没有说出别的见解。金子马治又引过米久教授的话也是如此。

我们并不是否认这些话,这明明是不可掩的事实。但是觉得他们对于西方化终竟有很大的忽略,不配当我们的答案。

西方化中有最特别易见而却为人所忽视的东西,就是他们社会中的特殊色采,每个"个人"都有相当的自由,团体里边也都平等。这种色采假使令十数年前的中国人看见,岂不要诧为异事吗?这可以包括在"征服自然"中吗?仅仅看见灿烂的物质,以为就是西方化的中心,而蔑视其社会生活的法则,其眼光将与同光间坚甲利兵之见相差几许?况且我们又看见,文化的通性本是征服自然的。只是那薙草伐木,开山辟路,即已足为征服自然,何况东方化尚不止此。可见东方化也并非不征服自然,只是程度差些罢了。那末,我们就要问,只是程度之差,便足表明东西文化的特别差异吗?如其不然,便须另外找路!

金子马治那种说法,在学问上是站不住的。他的说话太笨,全不十分留意于东西之征服自然只是程度之差,虽然一面自己说"日本的良港略施人工,而香港则全属人工"。北聆吉做东西文化之融合,即较有见长之处。他说东西文化有两方根本不同的差别;其文分为五段,都表示两异相对之点。现在照录于下:

第一段:"西洋文化为征服自然之文化,不能融合其自我于自然之中,以与自然相游乐。"

第二段:"凡东洋诸民族皆有一共同与西洋民族不同之

点,即不欲制取自然征服自然,而欲与自然融合,与自然游乐者也。"

第三段:"东西文化之差别,可云一为积极的,一为消极的。"

第四段:"自然之制服,境遇之改造,为消极的。"

第四段:"自然之制服,境遇之改造,为西洋人努力所向之方向;与自然融合,对与所与之境遇之满足,为东洋人人优游之境地:此二者皆为人间文化意志所向之标的。"

第五段:"吾人一面须努力于境遇之制服与改造,一面亦须努力于自己精神之修养。单向前者以努力,则人类将成一劳动机械;仅以后者为能事,则亦不能自立于生存竞争之场中。"

但是他这话里,也有错误之点。就如东洋民族尽数归入与自然融合之类,而不知留意于最重要的印度民族;印度人对于自然,全非融合游乐之态。然而他将两异的精神总算表白得很清楚。金子马治以为,如吾人欲求东方与西方势能文明相对待之物,即为顺自然与爱和平,就不对。因为只说"顺自然"不能表出特质,且亦非文化之本质。北聆吉〔注〕意到思想之异,就伦理哲学等方面着眼,说出两方的精神不同。所以"征服自然说"到他手中,就果然成为西方的特质,因为他不仅在物质的成就上说。但还算不得周全正确,所以也还当不得我们的答案。

现在再另找一说,是吾心所固有而后见之他处的。我前年就很想说我的话,想征求几个同样要研究东西化是什么的朋友。在大学研究所会提出孔子的研究,提出几个问题,请大家去读孔书。

后因大家不甚注意,我又有别的事情,就无形停顿了。他们都不懂得我的意思;其实我是先看清对面,方定主意来返〔求?〕自己的。记得有一次问张申府先生,对于我有何意见,其中最〔重〕要的话是:"我视西方化有二特长:第一是科学方法,第二是人的个性申展,而同时社会性也发达。我以为是西方化所有的特长都尽于此,其余更无别的;我对于这两个特长完全承认容许。前者表现西人学术思想上与吾人相异的特点,后者表现于社会上相异之点。我认为东方全不如此;我所要拿出来讲的,既非与此反对的东西,也非与此相同的。"同他说了,他没有什么表示,好像听着无甚意味;但我却愈〔觉〕得只是独知了。过了几天,李守常先生借给我一本《东西文明论》。这书是美国诺克司(George William Knox)著的,日本人若宫卯之助译的。这书很旧,他想要讨论东方化,但结果不过略叙情形,并无一句说到东方化的精神。但他最末一章,题目又是"东西文明之融合"(大家都如此说,但都说不出如何融合),其中颇有一大段,说西方人的精神有二:一科学,二自由。他说,近世文明发达到现在的样子,与欧美的所以进步,甚至于日本人的所以胜利(指日俄之战),无非是因这两个的关系。后来我又看见《新青年》6卷1号上陈仲甫先生《本志宣言》里说,西方的文明只是德谟克拉西(民主主义)与赛恩斯(科学)两位先生;而可以救治现在的中国者,也就是他们两位。这话是与吾说相冲突的。从来西方化的胸中所有见解都是支支节节的,没有能贯通奥窍的。到近来始稍稍见有进步。像陈仲甫这话,就是其看通的窍,指给大家看。他这见解在今日已经大概是"所见略同",但是就拿来做吾人的答案,虽比征服自然说较为周全,却还有两个重要不惬心的点。这话怎么讲呢？第一,我们已将东西文化对照着看过,"征服自然"自是西方化的特色,但在他这答案里却未十分表明出来。他虽然说科学,却只是科学方法的精神之表现于学术思想上者,而非表现于物质的生活上者。第二疑问就是:此二物有否联属的关系？可否算作一个精神？我们思量许多,很不容易说出他们的从属关系,也不能当他们作一个精神看。既然如此,那末我们要说到西方化,非同时并举二者不可,否则即为遗漏。必须二物并举,〔否则〕便是考究未曾到家。所以我们还须要求一个圆满的,就是求出其有否共同源泉的,更深澈更明醒的答案,方可满意。因为我们当初要求的本是要将零零碎碎的看成一个很有意思的东西。

那末,看见现在,究竟有人说过这样话么？李守常先生静动之说,倒像是这样。那文中的首就说"东西文明有根本不同之点,即东洋文明主静,西洋文明主动是也"。这话初看像很能笼罩一切,但若采用以为答案,却是总嫌不妥,因为他太浑脱,很难使人在心目中很清楚的晓得。所以他于根本异点之外,列举了许多以外的异点,以补其意之不足;其实恐怕他自己也尚未十分了然。他所列举的就是:

东方化是：　　　　　西方化是：

　自然的,　　　　　人为的;

　安息的,　　　　　战争的;

　消极的,　　　　　积极的;

　依赖的,　　　　　独立的;

　苟安的,　　　　　突进的;

因袭的,	创造的;
保守的,	进步的;
直觉的,	理智的;
空想的,	体验的,
艺术的,	科学的;
精神的,	物质的;
灵 的,	肉 的;
向天的,	立地的;
自然支配人间的,	人间征服自然的。

都是对待着说,使人体认为两方之不同。他又于此段以外,枚举许多饮食嗜好及起居什器之不同,又于思想伦理宗教政治等各方面,一一观其异点。我们对于他这样平列的开示与大家看,很不满意。因为这种讲法,不能有因果相属的说明,在许多不同之中,提出一条线索来。他有显豁的指点,而无深刻的探讨,没有告诉我们这些面目来由;所以他那"动的文明说"不能当我们所要求的"西方文化之共同源泉"。并且他那列举表中,也只前七事可为动的精神,第七事以后的,都很难直截了当的替他们分出动静的区别来。

批评可以到此终止了。以下要说自家的话了。我向来是先有一付自己的见解,遇见问题,便用他去解答。这见解是一个通盘整的佛家见解。我除了这个更不能说些别的。现在遇见这个问题,我还是用他。

对于这件事,从我的见解上先立一个求答案的方法,就是:先要去看文化是什么。要去求一家文化的根源,必须先将此层弄清,方知何从着手。我以为文化不过是那一民族生活的样法罢了。但生活又是什么呢？生活就是没尽的意欲和那不断的满足与不满足罢了。通是个民族,通是个生活,何以他那表现出来的生活样法成了两异的采色？不过是那为生活样法最初本因的意欲分出两异的方向,所以发挥出来的便两样罢了。然则你要去求一家文化根本或源泉,你只要去看文化的根源的意欲,这家的方向如何与他家的不同。你要去寻这方向的如何不同,你只要从已知的特异采色,推他那原出发点,自可一目了然。

　　特异的采色,就是眼前面目。就如看西方化,在学术上随在可以看出科学的精神,在个人及社会上随在可以看出德莫克拉西的精神。所有一切无论哪方面的东西,都出于一个源泉;不是支支节节的,是整个的。我以为求答案的方法便是如此。至于这方法的使用,到第二章再详细说明。现在先说我的答案,如何是西方化。我以为:"西方化是以意欲向前要求为其根本精神的。"或者这话意思太少,也可以说:"西方化是由意欲向前要求的精神中产出赛恩斯与德莫克拉西两大异彩的文化。"这样说可以多表出一点意思。其实应如首说,一个民族的文化是有趋往的活东西,不是摆定的呆东西。我这个说法,就是想表示其为活东西的形势。如李守常先生说的"静"固是呆的,就是他所说的"动",也只是时计式的动,其实也是呆的。我们要讲动,即应说出他的从来及趋往。这是一层。还有一层尤紧要的,就是:一个民族的文化是在全人类的纵横文化中占了一位置的,并非与其他文化隔离独立而无关系的。我这答案已经表出西方化在全人类文化中的位置、价值及前途。李君则只表出其与东方化对待的关系。

　　现在要讲这答〔案〕就是接我当初找寻的经历来讲,就是先从许多杂乱的西方东西里边找出与我们特异的采色,其次再找他的源泉,其次再以所得源泉去看事实是否确如此来的,最后再分开来看,是否每事的每方面都是如此来的。这样分四层说明的答案,差不多可以说明西方化是什么。

　　所谓特异采色,即是在彼通是那样而在吾则全不那样的采色。这实在是最容易看见的,因为我们全不那样,当然一见就觉刺目。西方化之最初惊吾人耳目的是坚甲利兵、机械巧匠,以及一切精奇的日用器物;没有一样不与我们固有的大相悬殊。我们于此五光十色之中找他的唯一精神就是征服自然。如电话、航空、千里镜、摄术、留声器等,都极易见,可不细说。再进一步,看那些东西的制法同我们的比较一下,就知原来方法大不相同。我们的制造都仗着工匠心心传授的手艺,西方人则专靠以一样样比较确实的道理所造成的科学。他们并且把这科学继续向前探讨,同手艺完全分离,就用他去解决一切事物。如牧羊养鸡,我们视为琐事的,他们都以科学之理将他组织一种学问。中国人则一切事物,都任当事的个人随便对付,成功的良否即以各人手艺的工拙为标准。像所谓老农老圃等等世袭的本事都是此类。我们去看东西文化的区别,总常常是手艺与科学对峙。譬如医药,中医就只能算是手艺,西医方可算是科学。西医对于一定的病,差不多都有一定的药,因为重在诊断,所以于药品无大出入;而中医的高手,则多重在运才使巧于开药方上,常有同一病症,十个医生开十张不同的药方,甚者或大相悬殊。被医者的病与治病之药,都无客观的标准;既不考究病灶所在,只凭主观的对于病情之观测;

又不详察药物的性质及作用,徒以温凉热等字来品定他,并且还常有意见不同的时候。科学的精神就是要求一个公认的客观的确凭实据。中国人这样崇尚天才,竞争巧妙,只是一种艺术的精神。有许多必须成为科学的东西,到中国人手里便艺术化了;有该应可以成为艺术的,一到西方人手里,也便科学化了。这两条路完全不同,结果当然是一面全艺术化,一面全科学化。

科学要求公认及证实。前人所已有的,都可很详确的记载下来,留给后人,所以贵在前人所未有的新发明。而又因为他是一步一步踏着实地向前走,走得愈久,步数就愈增加,结果自然是今胜于古。艺术则不然,重在天才的秘巧,前人的造诣常为后人所不及;所贵在祖传秘诀,所以结果不免有今不逮古之叹。而且艺术家的师弟传授,到后来总是分立门户,把老师父的秘诀弄得乱七八糟,渐失其真;或者不幸"道统中绝",那就立刻完事了。所以这条路是步步没有踏实,走了多少日子也走不出多远去,其"今不逮古"也自然是可能的。明白了科学与艺术的分途,那就对于西方人的喜新而事实亦日新,与东方人的所以好古而事实亦真无进步,便不觉得奇怪而且视为当然了。所以要看西方化,就找他最新的为代表;要看中国的文化——假使中国的东西是可贵的——还是往古代去找代表:因为西方化是科学的进步,而东方化是艺术的成就。

东西人的本能与智慧本来不相悬殊,他们所以互异的原因即在所走的路。西方人已经走上科学这条路,事事都用科学去组织;起初自然只在物质上,后来就渐渐把人事——国家、社会、政治、法律等等——都用科学方法组织成为学问。他们因为已经养成那种头脑,所以常常有先事的研究,一遇问题,即有准备,不像中国只任当局者当时主观的意见与手腕。他们总要求公认的道理及预备的方法。中国向来好像读透经书,即可万能;虽然那些书本上亦有些学问,但都是零碎的偶然想到随记的道理,没有将一个问题单独理〔解〕的意思。其所说道理多为应用而发,绝无在问题之先纯粹求知的意思,这就是零碎的缘故。因为这样不以好知之意组成片段,句句都带应用的意味,所以只成艺术,不成科学。因此中国学问可以说都是艺术,或者说是学术不分。除了《群芳谱》等书而外,没有植物学;除了方书而外,无所谓病理学。这与西人的"学"独立于术之外者完全不同。所以甚而言之,就说中国完全无学,亦不为过——其实也真不是贬词,因为惟有方法才可算"学",虽不必限定科学的方法才算学问的方法,但一说到方法实在就是科学的流风而非艺术的味趣。大体说来,中国学问是没有方法的,只是秉承艺术意趣,当然不能产生任何一种学问。无论多大事情,如法律社会等等,只要全凭当局者的意思与手段去办好了。结果弄得学问固然没有,艺也不发达,因为艺术也要由学问里产出,方才妥当。如医术必须根据生理学、解剖学、病理学,否则全不中用。虽然临床的经验也可积累许多诀窍,到底总嫌无根,而中医则正是大都如此。我们借用一句成语来批中国学问,可说是"不学无术"。讲到政治上,中国尚人治,西方尚法治,虽然还有别的原因,也可说两个流派之别。

我们现在再拿中国人的同西方人的知识本身来看,两者何以不同。同一病症,中医叫做中风,西医叫做脑出血;中医叫做伤风,西医叫做肠窒伏斯。何以如此互异呢?就因为他们知识的来历完全不同,所以结果所说的话也不一样。来历之异,就是说中西人同时观察一事,所操的方法全不相同。西方人的来历怎样呢?就是解剖开了脑子或肠子,找得病灶所在而后定名立说。中医的来历及方法,就是看病人忽然倒地不语,似乎为风所中,或是发冷发烧,就好像为寒所伤:只是看外表的形似。吾人要是与以严刻的恶谥,就是"猜想",往好的一点说就是"直观"。西方人要检查实验是科学的方法;这种猜想或直观是玄学的方法。不但中国,西方古代也是如此。至于究竟玄学方法应否如此,另外再讲。

这两个方法有很多不同之点。第一须注意的就是:玄学总是不变现状的看法,囫囵着看,整个儿看,就拿那东西当那东西看;科学是变现状看,换样子看,解析开来看,不拿东西当那东西看,拿别的东西当他来看。譬如病人,中医只就现状看;西医以为如此看不出什么来,一定要变更现状,打开来看。这就是东西人能否走上科学的路重要区别。中医不研究病灶所在,因为他看这是整个的人病了,由于全体的关系;西医以为只是某处一部分的器官病了,只要医他好了。这种两异的态度,无论何时总是秉承一贯,长久不变;即因既开了路,当然总向着他走去。不但诊断如此,即看用药也都这样。中国都用天然的原物,如人参、白术、当归、红花等,其性质及作用如何,都像很难辨认;就是问医生,他也好像很不容易剖说,好像性质是奥秘不测,作用是百治皆效的。同是一个人参,或说温的,要上火;或说阴寒。就是大家都以为很看得清楚的大黄,都晓得是攻利之品,但在中医说来,便又麻烦不清了。其所以如此,即认整个东西,而不认为某种化学成分所构成。像西医的注重部分的有效成分,所以西医用整物很少,即有亦必成分简单而效用明确的。中医专管囫囵,所以极不简单。这分明是,西人是注重打碎而一别检定,中国人是囫囵整吞,所以态度不同。中国虽在医学上比别种学问研究得较深,也用过一番心,出过好多书,但很少可认为科学知识的。没有别的,就是方法不对,用心的路走错了。拿中国这种方法——玄学的——去求知识所说的话,与用科学方法去求知识所说的话,完全不可同时而语。后者可得知识;前者绝对不能,其所求得至多是"主观的意见"绝非知识;与知识竟是二物。我当初看医书时,觉得都是一个人,中西医治病之物也不相差到那里,以为总可觅路相通,不致十分绝望。后来多读一点,始知绝对不能,因为他们绝对不同。竟毫无接近的机缘,实在无从下手。如果一定要两下里参考斟酌,非将自己的固有学说根本动摇不可,因为两方都是整个的东西。

我们再去看,中国人无论讲什么,总喜以"阴阳消长"、"五行生克"来说。我们稍微去探求一点中国学问的根据所在,都是如此。医家对于病理药性,尤其是全盘根据这个。如以五行与五脏相配合,《灵枢》《素问》里还有以五方五色五味五声五谷五数五畜等相配合。这些东西由我们看来,好像是谈资文料,实际上似乎用不着的;但竟想不到他们居然拿来运之实用。看见面色白润,就说肺经无病,因为肺属金,金色以白为常;所以色不变常,是肺无病。姜若炮黑了用,就说可以入肾,因为肾属水,水色黑,所以姜黑了便可入肾。诸如此类,非常之多。这种最奇怪的推理,异样的逻辑,在西方绝对不能容身的,在中国竟拿来治了数千年的病。西方人研究学术,都是脚踏实地,于论理一毫不苟;而中国则贵在"神乎其神",以诡秘不可理论为能事。

以上陈述事实,现在要说其异点。初次以中同西比看,固是理论的缺乏。然实际尚不止此,还有一件要因,就是从反面看,非理论的精神太发达了。非论理的精神即是玄学的精神。如果只是论理的精神缺乏,一定只是消极的背谬没有价值;而非论理的精神发达,就还要积极的尽力向反面去做。从论理来的是科学知识;从非论理来的竟完全不是知识,勉强上个尊号,也只是"玄学的玄谈"(这还须往下说明,方可清楚)。现在仍旧说医做例,来看他们的不同。要看这根本差异;不要单单看他那些东扯西拉,联想比附及论理乖违,须晓得他所说那话,及话中的名词,还有其思想中的概念,竟是完全与西方人的截然二物。如西医说血、气、痰,都老老实实,不疑不惑的说他本来的东西;若被中医一说,血、气、痰,便都失其本真了;甚至于说较实在的心、肝、脾、肺,都要说得他全不是那个东西。总之中医所指,必非复具体的原物,而变成某种意义的现象。还有一个毛病,就是不能下界说。譬如说肝经有病,就不一定真肝的本身有病,他只是别指某种现象而名之曰肝病罢了。你想,这种极明白具体的东西,他能使之变成如此流动抽象,能够说他只是头脑的错乱而非出乎一种特别精神吗?决不是的。他的来历即以阴阳五行为根本原理;而所谓阴阳五行都是玄学上的流动抽象的表号,因此将别的东西通也随着变化了。但是玄学何以要用这种观念呢?因其所讲与科学所讲并非一物。科学所讲是多而且固定的现象,决不说到变化;玄学所讲是单一而且变动的本体。平常大家用的多是前一项的观念;或者说,观念的本性即为表示前一项而用的。照这样说,一便不能变化,变化便不能一。(这话后再详讲。或参考柏格森之玄学绪论上讲玄学方法与科学方法之不同。)可是一到玄学上来,便非破除此等观念的成规不可。破除规念的成规与观念制作的不精纯,看似相仿而实不同。中国人这种样子不是制作不精纯,是有意不要清楚,向别方面走。应当晓得,中国人"有所指而无定实"的观念是玄学态度;西方人的明白确定是科学方法。中国人既无论何时都喜以阴阳五行来讲,所以结果一切皆玄学化;有玄学而无科学。(这种玄学后来再讲。)西方从自然科学兴盛以来,一切皆科学化,结果有科学而无玄学。(只有近时柏格森一流才大大的排斥科学概念,道路已经变换了。)中西知识方面的不同,大概都可作如是观。

现在再就两方的思想来看。思想是什么?就是知识的进一步,多走上一了;就是从已知的对于所未及知的而抱的意见及态度。思想大概没有不具态度的,并且拿他做重要中心。现在我们所要观察的,就是意见一方面,而不是态度;就是理智方面,而非感情方面。思想既是根据已知的事物而生,中国人与西方人所根据的已知差得太远,当然其思想也是绝不相同;所以中国人于知识方面特别无成就,而西方人则特别有成就。中国人闻雷而思雷公,见风而思风姨,还有什么种种的神,几以为宇宙中一切莫不有神主宰。即人事婚姻祸福寿夭穷达,无不有冥冥前定;天灾人祸都因众生命该遭劫,或是天降恶魔。西方人对于这些事物的起源都极清楚,所以都有解释。中国没有知识的成就,所思想的底子不免为初民的遗留,而其素养总是对于尚未考验之物,与以十分之肯定,所以进一步就造成疑神疑鬼的知识。西方人看出因果必至之理,鄙薄初民思想,其习惯又不肯对于不能与人共见共闻之物;轻易相信,所以进一步就造成无神无鬼的思想。两方同是进一步,只因前者是非科学的素养,所以造成中国人的思想;后者即科学的习惯,所以造成西方人的思想。所谓宗教,可说是具一种特别态度思想,就是超越现实世界的信仰。思想而不合一种信仰态度,或不是超越现实世界的,即不得为宗教(其详后谈)。因为宗教是如此,所以西方人势必对于一切宗教都反抗;因为从科学看来,必须反抗现实世界的超越。我们看,自然科学发达以后的自然派哲学家就本不承认现实世界的超越。于是发生"宗教将终归毁灭"的推想,一面又有"非宗教"的宗教之创设,如赫克耳的一元教及孔德晚年的学说都是。可巧他们西方人的基督教又为极呆笨的宗教,崇拜一个有人格的上帝,在今日西方人的理性方面实在不能容身。不过因为人类不只有理性,还有感情,所以尚可勉强维持。中国人向来未曾如西方人那样诚信宗教,把宗教看得很平常,没有兴味。但却不曾不信上帝,你看他们说"人是天生的","灾荒是天意","天实为之,谓之何哉"。为什么西方人从前那样信宗教而现在居然大变,中国向无宗教而有这种思想?这就是有科学与否的区别。

大凡思想之能首尾衔贯,自成一家言的,就可算为哲学。东方的哲学没有科学精神,西方的就有。记得杜威先生在哲学研究会欢迎席上曾说"差不多的哲学家都很愿意将其哲学组成科学的哲学"。怎样叫科学的哲学?我们宽格着讲,凡是西方的哲学都不妨叫做科学的哲学。如罗素的数理哲学固然是,即反对科学的柏格森,虽然大家公认他的哲学与东方哲学接近,但其所接近的是东方较带科学意味的印度哲学,所以他的哲学也可算是科学的。哲学的问题当另章详说。就是社会方面的思想在西方也很受科学的影响，其详亦待后谈。

以上虽讲西方化也带讲一点东方化，因对照着看容易体认。但专讲东方化尚待后来。现在将以上的话稍为结束一下：

"西方的学术思想所以与我们的这样悬殊，就是因为科学的精神。"

杜威先生的教育讲演中有很长一段，论科〔学〕的影响于西方化而未及于东方化，其结论谓"东西文化的区别即在于此"。虽然我尚不以为"即在于此"，然也可见科学的影响总是此中一个大条件了。

以上讲西方化的一个特异采色。以下说另作一个采色。

西方的学术思想既已如此特别，而其生活上更有一种更特别样法，可使中国人视之而瞠目结舌的。不过近数十年来，中国人已与之渐相驯习，所以惊怪的程度已经差减。假使吾人设身为十余年前的纯正中国人，就是看现在的中国，已可惊异不置。偌大一个中国而没有皇帝！若不是亲眼看见，一定不信天地间有这等事。就说目前，没有皇帝可以立国已经八九年了，然真正确信此事——无君——为可能的，就没有几个人！他们都——十分之九——以为中国这样大而没人做主，岂有不闹哄之理？闹哄起来谁来管呢？闹哄如何可以无人管呢？所以他们对于这样闹哄不已的中国，总想抬出一位大皇帝来管管。所以我说复辟或帝制并非少数党人的私意，实在是他们于向来所走的路之外，想不出一条别的路来。

这种人的生活所走的路与别人完全不同。他们要让一个人拿主意,且是无限的主意;大家就来服从,且是无限的服从:就这样下去,度其生活。我这所谓别的路,就是大家同拿主意,并且拿有制限的主意;大家都要听话,并且听有制限的话。这两条都是路;凡是大家共同生活总不外此两途,或是斟酌其间,但这〔两〕途的意向却是恰恰相反。前者是奴隶的、专制的;后者是立宪的、共和的。前者是中国向有的;后者是西人的方法,吾人欲学步而尚未能的。因为这两途太相悬绝,很难沟通,所以忽然使后者舍故从新,总觉有些为难。他们看着西人没有一个高高在上的主宰,社会上没有什么尊卑上下,觉得很奇怪,因为他们觉得天地间自然界中有尊卑上下,所以推到人事方面,以为亦应如此。不但这个,因为他们的人事也实非如此不可,所以他们疑惑没有尊卑上下,就不能安生。这种疑怪之意与疑怪西人的无主宰相同。他们以为若是谁也不是卑下,那就无所谓治者与被治者之别,这样而能不乱,是想像不到的。中国从来所以维持社会安宁,全仗这种观念。无尊卑上下的社会,实非所能梦见。原来他们把拿主意的人与听话的人分作两起;而在西人则拿主意的与听话的都就是大家。中国有治者与被治之别,走他那条路实在也是必要;西人同时一身兼二者,自然用不着什么尊卑上下等严格的名分。这种名分的内容,就是权利的不平等;所谓平等,其问题即在权利。就许多人比较着看,有平等与否的问题;就个人看,即只有自由与否的问题。照中国式的路走,虽然原意只是将大家向前过活之事交与一人去拿主意,但其势所趋必至各个人的私生活也都受这一人支配。虽然在事实上尽有很自由的地方,却只是那人不管;他要管,就什么都管得着。若是拿主意者不拿无限的主意,听话者不听无限的话,

这就要不通,所以不能不如此。我们看这个须注意二事:

(一)有权与无权者打开两层;

(二)有权者无限有权,无权者无限无权。

这"无限"二字很要紧。中国人从来不懂所谓"限"。从来不理会他,权利自由等等观念自然是莫明其妙;甚至于到现在懂的人还很少。中国向来所谓"权"都是威权的"权",是我能把人怎么样的"权"。西人所谓权利自由,原所以严定这"限"字,谁想这种字样,到中国便变成"不限"、"出限"。因此对于要求自由,有二种态度:

(一)淡漠;要他干什么?

(二)吃惊;如〔此〕岂不乱天下?

因为他们曾经的过活确是用不着这个;并且一这样,便也当真要把他们那条路破坏,所以不能不怕。西方人所以走这条路,也是因为他们要求,才能开辟出来;等到一走上这路,也自然必须守他们那种态度,否则也要发生问题。他们各个人都不愿别人干犯自己的分内,结果自然是各不相犯。这也可以分两层说。

(一)人人对于公共事情都有参与作主之权;

(二)个人自由谁都不得侵犯。

中国人看西方的事情总觉不十分亲切;西方人看着中国人何以如此看轻自由,也是不解。这又可分为两方说,一方是放弃自由,一方是爱重自由。这又是外表上两异的样子。

我们再进一层,他们何以如此互异?原来因两方的观念不同。中国人不当自己是立身天地间正正经经的一个"人",从根本上就自视为皇帝的臣子,皇帝对于我有生杀予夺之权。一身且非我的所有,何论自由? 皇帝对于臣民有随便没为奴妾的权。他们不懂得什么是人,什么是自己,所以不晓得什么是自由。西方人的观念,以为彼此都是人,谁也非谁所属有之物;公共事就大家拿主意同办;个人私事就由各个人自办,别人不能妨害。所谓共和、平等、自由等等,实在不过如此,别无深义。但这是就面目而论,关于历〔史〕上的来历自然很重要,且等后来再说。

我们看西方化的种种奇怪,其归根就因他们认识了自己,有了"人"的观念,所以才使得他们去争自由,要求个人权利,才不致于埋没在别的从属关系之下;这就叫"个性的申展"。这五个字可以概括西方化一切的面目。中国人未受西方化的,便都个性屈抑,西方人就没有。

照方才就人类社会生活的看法,我们知道,只要个性申展,人都各个独立,由此推到种种事情,都可以此表明。所有的问题不过在此。西方人无处不是个性申展,中国就不然。但中国人自接触西方化以后,也个个人要求申展,所以渐渐也都注重到政治、社会、家庭、男女间种种制度的改革。老辈先生觉得改革总不好过。即因有不求个性申展。这是西方化中最特别的东西,觉得比上述的科学尤为精辟,因为他直接切于吾人的生活。其所以使纯正的中国人起反感恶感,亦即因此。

照上面这种说法我们可以再进一步。就是我们留意西方的情〔况〕,不可仅仅看作个性伸展,一方还有社会性也同时发达。这两方面我们看来差不多是一事,虽然个性伸展最易使吾人刺目,而社会发达亦即由此,同属重要,不可偏忽。差不多人类的群的生活走到接近西化的时候,就要变动。这变动只是一事;个性申展与社会性发达不过是他的两面罢了。比方拿国家说，一方要求种种个人的权利，就是个性申展；但同时还要要求国家的生活，就是社会性发达。只有个性而没有社会性，就不会有国家社会等等制度。就"自己出头作主"看，是个性发展；但单是这个不能成国家的生活，还须同时大家共谋组织。非如此不能走出这条西洋式的新路来。总括起来，所谓个性申展即指社会不失个性而言；而社会性发达亦即个性不失的社会组织。这意思就是组织的分子虽各个独立而社会不散，且更较为有机。最显而见易的就是中国人受西方化后也渐受此种影响。但还有许多做不来的，如国家的组织即是。这就因为我们国民的组织能力和社会性都不发达。尚有一点，中国自受西方化以后发生了许多的事情，如社会党俱乐部等等，也算是个性申展后发生的社会性。这也可以帮助我们认识社会性是什么东西。

总括西方化的奇处就是两句话：个性伸展，社会性发达。就历史观〔察〕，像是以前西方化所走的路顺着"个性伸展"，而现在则似顺着"社会性发达"而走。但在我仍认为一事，其说后详。

就西方化的几方面看，固然不外乎此。我意这就是德莫克拉西。所以西方化的特异色采就是科学与德谟克拉西两大精神。实在说来，社会同学术都是互受影响的，所以科学同德莫克拉西也可说是"二而一"的。

关于这两事的面目，恐怕人人皆知，可不必说；说也不能尽，所以暂止于此。以后仍作讨论的话。此二事人人看到，且都说之不已。但我以为，何故只在面目上反复去说，而不进一步去问："他何以成功如此？""我们中国何以不如此？中国何以产生不出此二者?"这问很重要。因为答只将西方的面目,不管青红皂白,强拉进来而不一深究由来,必要有削足而不能适履的结果。只赞许固是无用,只摹仿人家成功的结果也不行,必须从根本上找到他的来路去学,方可着手。须知此二事只是西方化逐渐开发出来的面目,并非西方化所从来的路向。我们要学,虽不必死依原路照走一遍,却必须持他的路向。况且西方化之所以为西方化全在他的路向,面目不过是末节罢了。要晓得,西方化非发掘到根不能定我们的取舍;否则应学与否尚不宜说,更不必说学得到学不得到了。

以上第二章完。论的是西方化的面目及其路向。重在路向。面目只是其所走成之结果。所以一定要探索到底,方可下手批评而定取舍。以前的人,连面目都未看,何论批评。

追述第二章目次:

如何是西方化、如何是东方化?

我们所要求是答案

西方化问题的答案(一)

西方化问题的答案(二)

西方化问题的答案(三)

西方化问题的答案(四)

我求这答案方法:

我对西方化问题的答案

西方化问题答案的问题(甲)之一:科学的精神;(甲)之二:人的个性伸展与社会性发达;(甲)之总结:西方化之面目如此。

附录　东西文化及其哲学讲演录　**363**

第三章　如何是西方化、如何是东方化？（下）

比方问：科学及德莫克拉西何以独为西人所得？或问：何以西人独得科学及德莫克拉西？据我所知的答案多主张是客观的原因。前次所举英国史家布克尔说："欧洲文明因于地理形势。"金子马治说："尝试考之，自然科学独成于英人手中者何故？何以不兴于东方？据余所知，希腊人虽为天才之民族，其发明自然科学应尚别有原因。盖希腊国小山多，土地硗瘠，食物不丰……以勤劳为生活：欧式文明实肇于此。"金子马治又尝以此问其先辈久米博士，久米说："中国地大物博，无发生自然科学之必要，所以就不产生。"还有主张唯物史观的，以为一切文物皆随经济状态而变迁。陈君启修即述说此义有云："唯物史家主张人类文化史非由人类之精神，由其外之万物即物质的境遇所造成。"李君守常也曾很恳切的忠告我，以为若讨论东西文化应留意其客观的原因，如茅原山人的《人间生活史》亦是客观的说法。守常作的《东西文明之异点》，后又作《由经济上解释中国近代思想变迁之原因》，亦都注重客观。胡君适之亦有同样的告戒。我心领他们的好意，但觉有成竹在胸。

这种客观的说法，我并不全然否认。我固然是释迦慈氏之徒；不认客观，亦固其所；但却不像诸位所想像的那样不认客观。但是如布克尔及金子马治那种人文地理的说法究竟太觉简单。像陈启修君所述那种唯物史观似也不妥。（李与陈差不多，胡似不同。）他们都当人类是被动的，人类文化只是被动于环境时的反射，全不承认创造的活动和意志的趋往。其实文化一物，在在俱是天才的创作,偶然的奇想;只有前前后后的缘,却并没有所谓因。这话在素习于科学——旧式的科学——的人不敢说的。他们守着科学讲习因果的夙习,总要求因;而且所谓因总是客观的因。因为主观的因,更无他因,更不能往上再求,所以不合他们的意思,结果必为客观之说。其实他们所谓的因本来没有,岂能硬去派定。恐怕真正的谨慎的科学家或者比他们慎重一点,不能像他们这样说法。这种说法在今日已是说不出去的了,他们却还在那里说。照我们的意思,只认主观的因,其余都是缘。我们所谓缘,即是诸位大家所指为因的。却是我们所谓的因,是没有多大讲头的。一切问题都只在缘,故非求缘不可。所以我们求缘的心正不减于诸君所谓求因的心。换句话说,我们的留意客观——缘——初不异于大家的留意客观,不过观念稍变罢了。

听说后来持唯物史观者,已与马克司时代不同了。顾孟余君的《马克司学说》一文就这样说。文中还有批评唯物史观的话。从前原来的唯物史观家说,假使经济一变,旧社会表层的组织也必要改变。顾君原文里说:

> 但是他所说的"旧社会秩序必要自己废除"这"必要"究竟是什么意思呢?马克司自己说这个必要是论理的必要。因为社会的冲突,是社会里头一个否认(Negation)。这个否认一定要产出另一个"否认"来。这是与黑格儿所说的"人类历史之思辨性质"相称的。

> 但是马氏以后"唯物历史观"的代表,却不用这种黑格儿的名词了。他们也不说论理的必要了。他们只说这个必要是一种天然现象的因果关系。

以上两种意见,都未认清社会科学的认识条件。社会科学里研究的社会现象,不是别的;乃是在一种秩序之下的共同动作。这种共同动作是组织的有纪律的有意志的。所以"唯物的历史观"所说的"旧社会秩序必要废除",这"必要"既不是论理必要,又不是天然现象因果的必要,乃是宗旨的必要。因为社会秩序是方法,社会生活是宗旨。如果社会秩序与社会生活有冲突的时候,他的宗旨全失了。人要达到这个宗旨,所以起来改革社会秩序。换一句话说,改革与否并如何改革,这是视人的意志而定的,并不是机械的被动的。

他这意思很与吾人相近,根本的将唯物史家的观念变过了。因为我们本意要在社会中生活,而现状使我们的生活发生问题,与我们本意相反,所以要去改革社会秩序,以适应经济状况,既非论理的必要又非天然科学因果的必要;而且这必要还须视吾人意志而定。这差不多竟是不唯物了。

在金子教授久米博士以"食物不丰勤劳为活"说明科学的产生,自觉很合科学家说话的态度,其实只是不忠于事实的极粗浅的臆说。我虽不曾研究过科学史,但大约情形是可以看得见的。科学的初兴并非图谋生活切于日需的学问,都是抽象的科学,如天文几何等。这不独古代希腊如此,即文艺复兴以后亦不过天文、算学、力学等等。与"食物不丰,勤劳为活"有什么关系?文明史专家马尔文说,科学之前进由于数目形体等等抽象的概念进而至于具体的物象,如物理学等。又王抚五君的科学方法论也说:"希腊古科学所以中绝,即由他们在所谓理性的非功利的学术上面做工夫,与人类生活太不相关。(这与金子太相反了。）……我们现在所研究的科学,是在文艺复兴以后重新出世的。……那时代的科学完全以求正确的知识为目的。自文艺复兴后算起,一直过好几百年,科学在应用方面没有若何的关系。所以有人说科学原于求知而不原于应用。"照这说来,科学的初生不因应用,但后来的日益发达,则应用与理论并进。他还有一篇《科学的起源和效果》也是此意。还有一个小杂志上说:"科学的发生,初为应用,后乃渐有求知的好尚",颠倒着说,是不对的。现在我说两句简单的断语:"迫促的境遇不是适宜于科学产生的一个缘法,倒要从容一点才能产生。"还有一句:"单为应用而不含求知之意,其结果只能产生"手艺""技术"而不能产生科学。"（中国就是很好的例,从来没有离开应用问题而以求知来经营学问的意思。）但是王君的话只是泛论人类心理上之科学的基础,本来不是为解答"欧人何以能产生科学"这问题而发的。所以这个答案还须让我到后边去说。

现在为便利计,缩小范围单就生活的表层去说。所以我们就说:生活是"事"的相续（即一范围内之事;其范围后论）。事是什么呢? 就是一问一答,即唯识家所谓一见分,一相分,即为一事（或一聚事）。一事又一事接续的涌出不已,即为相续。但是为什么如此涌出不已呢? 即因问之不已,或云追寻不已;一问就有一答,此答亦即自己所做的,并非他人所为。问不已,答不已,故事亦涌出不已。这个问或追寻的工具,其数有六:就是眼、耳、鼻、舌、身、意六根。凡是刹那间的感觉或微念,都是由一问一答所成的事。在这些工具之后有个为这些工具所自产,而又用这些工具以去追寻——问——的东西,或者叫他做大潜力,或者叫做无尽的意欲。当这些工具之前的,又有差不多成定局而在一期间(一生)内不更换的,虽仍"相续而转"而看似顽钝呆滞的一个宇宙,这就是"真异熟果"。我们现在所谓生活就是无尽的意欲对于差不多成定局的宇宙之努力。从此努力上,乃有由这些工具居二者间的活动所接续发生出来的事。所以我们开口就说,生活是事的相续。——上一段说,尽宇宙是一生活,是统宇宙而言;这一段将宇宙划开作为对象,范围就缩小了许多。

这个差不多成定局的宇宙——真异熟果——是由我们自己前此的生活而成功这样的。故此物差不多可名为"前此的我";因此现在"我的意欲"即是现在的我。所以现在所谓小范围的生活,可说是此时的自己与前此的自己之奋斗——这是唯识家的话。

从讲生活那段起似乎偏于叙述及抽象,不像批评具体问题的有味,然实在很重要,是全篇的中心。我们批评的方法即因对于生活的见解而与人不同。差不多成定局的宇宙——"真异熟果"是前此的自己,或已成的我;当下的意欲是现在的我。只有这一点向前的活动,是现在的我;其他都是前此的我;生活即现我与前我的奋斗。因为凡是意欲都要向前活动,即都有"前我"在彼为碍,必须奋力,才能动得了,才能如意。所谓奋斗就指这个努力。就是至微极细,不能体认的东西也都如此。现在举一个比较大而容易说的例:比如立得倦了,想搬个凳子来坐坐,这一搬即是奋斗。这看似不是"为碍",然而只要凳子不在股下,或凳虽在股下而我尚未坐,这就都是"碍"。搬凳或坐下时的用力一动,即是与前我奋斗。坐久觉倦,起来走走,也是如此。没有不用力而可以达意欲的,这一用力即是奋斗。用别的话来解释,奋斗就是解决问题应付困难。差不多一切生物都是如此,不仅是人类。一切生物为什么一定要长成他们那般模样,都为的是应付困难。这都是在我们意识以前的,到意识以后也是如此,都是因为要如何如何,而费力以求达到。虽然有的生物只用本能,却也不外这个样子。

这样解释生活,是很亲切真确的说法。但这话还须有几层的修订,方才妥贴:

(一)为碍的不仅是前此的自己——已成的我——就是不仅差不多成定局的宇宙,就是不仅物质世界,还有一个另外的东西,就是其他的有情。如食兽或剥兽皮,虽是对于其他有情的根身,却实在还是同自己奋斗;因为有情的根身实即我们的器界。这话还不根本。又如,要利用别人的心意,比方争论时,要求你们的意见同我一致,或是要求别人见爱,这时候的为碍的不是你的或他的"已成的我",而是你的或他的"现在的我"。此时在你的"现在的意欲"全非物质了;在唯识叫做"他心",是在我的宇宙以外的。

(二)还有最深隐为人所不留意的,却实又很平常的一样东西,既非差不多成定局的宇宙,又非"他心",乃是我自己所必须遵循而不能避免的"因果律"。这很抽象。比如我愿意活而不愿老死的时候,这为碍就是"既生活必须老死"的定律。

(三)人类的生活常不能一律视为奋斗。自然由至微到至大无不是奋斗,但时也有例外。如乐极而歌,兴来而舞,乃至一切的音乐歌舞诗文绘画等等情感的活动,游艺的作品,差不多都是潜力的抒写,全非应付困难和解决问题,所以亦即全非奋斗。我们说这些事与奋斗不同,不只是因为他们是自然的流露——不先浮现于意识之上而去活动的,也有些是奋斗——也因为其本性及态度全变过了。

这样一个根本说法,三个修订大体已经妥帖了。虽然每事都有答,却不是每要求都满足。大约满足与否,即如下列各条:

(一)可满足者:即对于已成的我之奋斗,只有力量不及时,才不能满足,但是总可设法解决的。

(二)不可定的满足:如为碍在其他有情的"他心",这全在我自己范围之外,没有把握可定的。

(三)不能满足的:即自己所遵循不可避免的因果律,竟是完全无法可想的。

以上三条是顺着前面来的。还有一条:

(四)像是无所谓满足与否,及做得到与否的问题。这是最特异的生活,就是歌舞美术等等的自然发挥。生活大致如此。所谓文化就是怎样生活的法子,文化与文明稍异,文明是生活中的制作品,但差不多还是一事的两面。生活本来都是差不多一样的,何以文化各不相同?就是说生活的样法何以各异:文明的不同,是用力所在的不同,即某民族对于某方面成功多或少。文化的不同则纯是抽象的样法,即解决问题的方法之不同。问题的解决——即生活法子有好几种:

(一)本来的法子:即奋力取得所要之物,即设法满足所要求,即是奋斗。遇到问题,对于前面的东西去下手,这种下手就是改造局面。

(二)遇到问题不去排开改造,就在这种境地上求我自己的满足。眼睛不向前看,可以说是向旁边者。不改造局面而留恋现状,变换自己的意志以求满足。

(三)有问题,有要求,怎么样可以解决或满足呢? 就是我自己取销这问题,或这要求。既不改造局面,也不变换己意,而根本取销这个问题。这也是一个应付困难的法子,但是最违背生活的本性。

所有生活大约不出这三个样法:(一)向前看;(二)停顿在道旁;(三)向后转。这是三个不同的路向。如吾人观察文化以这些话为根据,这就可以告一段落。

我们有这见解,观察文化的方法即与人不同:

(一)他人以客观的物质世界为文化之因,如地理形势等等。我们以为真正的"因"在"此时的我";客观的物质世界只是"缘"。"因"是不一定的,所以在事前去问将来的如何全看"此时的我"。如回头观已成的文化,"因"即无可讲;所有的讲明都只是"缘"。观念虽异,此点却同,不过名称不同罢了。可见我们全不像他们所揣度那样的不承认客界。

(二)"因"可以观一事的成就;"缘"固很重要,但最重要,还是因。要看一个民族的文化,须看其最有力的创作。这创作是由于这民族中的天才所偶然造出的。偶然造得如何,便可使此民族的文化如何;是没有一定的。到此地,我们当初所说的观察文化的方法那些话可以明白了。生活的根本在意欲,全宇宙都成于此。文化也是如此,意欲的方向是以已成的面目求其特异采色而得的。因此我们看见西方文化的特异采色是德莫克拉西及科学,便可一望而知他所走的是第一条路向。他是向前的,所以说他是以其意欲向前要求为根本精神的文化。所谓征服自然就是同差不多已成定局的宇宙去奋斗。这是去生活本来当走的路。所以任何文化都是征服自然的。本来说西方文化有三件要事，就是征服自然、德莫克拉西及科学。我们已经看见征服自然是这样。等到去看德莫克拉西及科学，亦复无异（此待后详）。现在要问，现在的西方文化总体是否也由此来？不错，现在的西方文化谁都知道其来历所在就是文艺复兴。所谓文艺复兴时代的人的"我"——意欲的方向——确是第一条的路向。这是西方文化根本所在。但真说到此处者亦甚少。近来只有一个人说到此处，可谓较觉悟到现在所谓新文化的根本所在，就是蒋梦麟先生。他在新教育《改变人生的态度》文中说：

> 我在这个世界对于我的生活必有一个态度；我的能力就从那方面用。人类有自觉心后就生这个态度。这个态度变迁，人类用力的方向也就变迁。
>
> 希腊时代，那半岛的人民抱美感生活的态度。……所以产生许多美术品和美的哲学，希腊文明就成了近世西洋文明的基础。
>
> 罗马时代，人民对于生活抱造成伟业的态度，所以建雄伟的国家，统一法律，宏壮的建筑，广阔的道路。凡读史的人哪个不仰慕罗马人的伟业呢？

后面又说：

> 西洋人民自文艺复兴时代改变态度以后，向从那方面走——从发展人类的本性和自然科学的方面走——愈演愈大，酿成十六世纪的大改革、十八世纪的大光明、十九世纪的

科学时代、二十世纪的平民主义。

底下又说:

> 我要问一句:活泼泼的人到哪里去了? 你有感情,为何
> 不解放? 你有思想,为何不解放? 你所具的人类本性的权
> 利,放弃了,为何不要求?

> 这回五四运动就是解放的起点,改变你做人的态度,造
> 成中国的文运复兴,解放感情,解放思想,要求人类本性的权
> 利。这样做去,我心目中见那活泼泼的青年,具丰富的红血
> 轮,优美和乐的感情,敏捷锋利的思想,勇往直前,把中国萎
> 靡不振的社会,糊糊涂涂的思想,畏畏缩缩的感情,都一一扫
> 除。凡此等等若非从基本上改变生活的态度做起,东补烂
> 壁,西糊破窗,愈补愈烂,愈糊愈破,怎样得了?

他才真看见了西方文化的根本所在。若不如此着眼,便都全不相
干。要采用他,就须从采用他的态度起。

西方经过希腊时代以后,重要的时〔代〕就是希伯来宗教时
代。往后是黑暗时代。再往后就是文艺复兴时代。黑暗时代的
态度都是面向背后的,倾向神界的,竟是无意于人生。到文艺复
兴时代,就将向后的脸转过来了。这才开出新面目来。所谓文艺
复兴,就是指着希腊人向前的态度——与好美同属重要的态
度——不过至此重复提出罢了。这重复二字须注意,是批评的自
觉的拿出来;并非不自知的偶然如此,像希腊人原来一般。这是
一种经过一时的商榷研究而来的态度,并且是非到这种态度不能
保持的时候决不会失掉的。那末,可以说西方化的真根本即在批

评的自觉的将向前要求的态度拿出来。是经过理智的选择而出之的。杜威以为在科学,我以为在此。说到此处,还有一说可以参证。记得胡适之先生在《新思潮是什么》文中也说重在批评的态度。很对。这实在是最重要的两个条件。我们趁这个说西人有此态度而成其文化的机会,将东方化的答案也顺便提出。中国的文化姑且说是以意欲的调和为其根本精神的,是第二条路向。不前不后。屈己相就以谋妥协。印度的文化是以意欲反过来向后要求为其根本精神的。这两个答案还须补明几句,就是:两家的态度是未经批评而取的,是无意中走上去而又可于无意中失去的。趁此再将最后的断案拿出,就是对于东西文化的解决:

我们对于西方化要全盘承受,却是要根本改造。再接一句话,就是:现在的我们——不只中国人,全人类都在内——所应该持而且非持不可的态度,就是:由批评经过自觉的中国人的旧态度。质而言之,现在全不是西方化的时代了。因为他们的最根本的一点要改变了,所以才有这个断语的。承受是对于已成的东西说;改造是对于以后说的。

我们再分着讲。德莫克拉西及科学是否也由此路出来?先讲科学。这须注意其如何产生。金子马治所说的为困难而生,是不对的。他产生的第一条件,就是他喜住此世,又有优游的闲暇,可以对于世界持分析态度去看。文艺复兴时代的科学确是如此。还有一件,即持改造局面的态度的生活法,这也是产生科学的要件。西人常说知识即势力;可以改造世界的就是这个。持这种生活法,才可以发生具体的自然科学。由培根这个意思起,才是自然科学产生的起点。那个时代应用与理论双方并进,过了这个时代,还有一个条件方可使科学大大的发展——事实是如此。这个在事实上就是资本主义;可以说是与科学互相发达的。其根本即在持取得的态度。实在持这个态度也是资本主义的必要。这也是第一条路向。种种机械等奇怪东西都是由此态度产生的。所以事实上科学的来历就是:(一)善住此世而又有闲暇可以分析的去看这世界;(二)持改造局面的态度的生活法;(三)取得的态度;可谓完全是出于第一条路向。

现在再说德莫克拉西。我以为就只是个性伸展同社会性发达,这出于什么呢? 我以为其所以做到如此面目,全是出于人的向前要求。如主张个人权利就是对于以前的把持者要求解放,去不答应他,去反抗他。这种态度是中国人向所不取的;也是属于第一条路。西方现在的种种制度,没有一样不是因各个人的要求而来。由此态度即直接有产生个性伸展的形势。间接还有一个更有力的,即经济生活的变迁。这是出于物质生活的欲求;其所以向此欲求,即因要此世的美满生活。其结果当然是生产力发展,经济现象变迁,而社会组织也不得不变。按事实上说,当初是个人主义与资本主义打成一起,方有今日;十八世纪及十九世纪还都如此,因以促成欧人的个性主义。但这个性主义与资本主义同出于这个态度则甚显著。还有一个更上的总条件,就是先承认有我,然后再向前要求,这就是人类的自觉。对人要求个人权利,对宇宙取征服态度。这样看法再明白没有了;总起来看是如此,分开来看也如此。至于他的出于征服自然,当然也很重要,不消说得。

从前忘了一段重要的话,现在补说,就是将以前所说西方化的话重看一下。西方化是完全站在理智上头的;从头起就先认识自己肯定自己。什么时候觉得有自己了,这便是理智时代。情感盛的时候就相反,不顾自己,不顾利害。西方化就全由理智发端;他的把希腊文化批评的拿过来,就是因为理智的活动,在这时候别的作用都像是退避了。科学固然全由理智,就是其别的学术,也都立在理智概念上面。中国人就全然相反,前已说过。在西方则智理作用竟可压倒一切——直觉及现量。我们再看他们的生活,似乎西方化是起源于宗教的反抗。希腊因为纵欲、腐败,希伯来教就侵入。但希伯来教亦腐败,后来几乎弄到“天下之恶皆归”的地步,于是引起对于宗教的反抗。此时的人渐渐有自我意见的活动及判断,是为理智活动的开始。从以此后,才有政治的改革。总而言之,统是反抗前面,卫护自己。从此而个人的自由始渐确定。固然也因为一方面物质的要求十分发达。到十八世纪发生自竞争之说,人人各不相干,各谋个人的发展自由,以为这是最高的生活,后来不久便施之实行。做这种生活即全需要理智,都要用算帐的工夫来确定各个人间的权利关系,就是家人父子,亦所不免;就是对于机械,也是计算他们的效用以定取舍。这样一直向前做,进步固然很快,但是结果也只仅仅落下一个快。他们一直到现在,还是那样飞快的跑。就是从前的哲人也都以幸福功利快乐诏人,使人向前要求算帐,就是鼓励人向前跑。但是这个方向,现在已经变了。试看,中国人的感受西方化的,即与西人同一步骤,现在也变了。看头几卷《新青年》上,都是鼓吹人生应求快乐,应向前要求,应以个人为本位等说;还是有人说:“我们只是顾自己的,与慈惠主义相反的”,如高一涵、李亦民、陈仲甫诸君都是。现在他们却不这样说了,就因为方向已经变了。讲西方化至此为止,以下说中国化。

看中国化,亦是先面目而后来历。征服自然的无甚成就,是我们消极面目;对于生活问题纯用目前个人的手艺,种种东西都是艺术学的玄学的,这是积极的面目。还有社会生活方面,西方化无论是什么资本主义等等不好的东西,不能否认其与独裁专制的精神是两样,不过只是他们主张自由竞争的时候少留意了一层罢了。中国人就大大相反,总是一个人支配大众,没有什么个人自由的问题。中国化有这种面目。我们承认的是无进化的文化。现在就要问中国化是否单是比西方化少走了一截路呢?还是走到别的路上去了呢?大家都以为少走了一截路,但是对于何以少走,是否走得慢,都不加考察。若只是尚未走到,究竟还有走到时候;若是走了别的路,就不见得再走到此点。昨天看见《国民》杂志里常乃德有一篇文章,说东西文化不能对讲,东方化是第二期的文化,西方化是第三期的文化。我以为还不止此。照我们观西方化的方法看来,中国化不是向前要求的,是设法求满足于现局面之下的,不是向前,是向旁的;非向人要求的,是自己向自己的。其不进步是当然的,其社会生活当然不能到个性伸展社会性发达的地步。他只是苟安现状,不顾打开去看,所以也不能产生科学。文化是由人类的努力创造出来的,其源多出于最大的发动力,就是天才,而非现在局面的。中国化即由于几个天才的创造而得大家的风从的。如孔老即是。他们都教人以自求满足,而不说以求物来满足自己;这就是完全是中国式的。墨子就不是中国式的,是主张算帐的。中国人几千年来多持孔老二派的态度——尚且不是其真——当然不会进步。他并与西方化的路向完全不同；无论何时都不能走到的。这话就是说，中国式的态度无法产生西方式的文化。大家都不问西方化何以不生于中国及能否产于中国。我以为若是西方化不来，就是走一万年也不会有。这就是因为根本上态度不同。但他却有一种成就为西方化所没有的。就物质生活看，不只简单的无征服自然的成功。他对于任何境遇都安乐，能以精神的愉快代替物质的满足。这就是他征服物质界的特别方法。像中国所谓高人隐士，西方是没有。从前中国读书的人都有厌弃好的物质生活的习气。可见他们并非委曲求全于困苦的物质境遇之下，而另有一种特别的精神，以为这样反很快乐。就社会生活方面说，自然是不但是反德莫克拉西——因为那样态度本就无法反抗那些制度——还要设法毁灭自己，不要自己。他那生活全是讲情。比如孝道很要紧的来历就要否认自己，不要自己；所谓为亲忘身，就是为他人牺牲自己。反过来说，做父母的也是如此。他们的向前生活只靠情感及直觉，毫无权利义务的见解，更不知法律为何物。再就国家说，因无法改革局面，以为人民与政府除了钱粮以外别无关系，几乎把国家的生活全都忘了。再就知识思想方面来说，他这种玄学的东西实在不止是进步未到科学的玄学。西方古代哲学上的问题，多为中国古代哲学家所不问的，可见他们下手就不相同。中国的五行与印度所谓四大也全不同，他只讲抽象的变化而不究宇宙的本原。因此可见中国古代的玄学没有西方古代的玄学那些错误。西方古代那些问题到科学发达以后，才晓得都是不能问的东西。但是中国的没有这种错误，却不是因为这种见解。

西方自理性经验两说大争以后,才有知识的研究,才有玄学的顿挫。中国人却本来不问具体问题,只做抽象的说话。如易经之类,可以纯演绎的方法去经营成一种玄学,不生西方古代玄学那种问题,所以是站得住的。但这话非一言可了,后来再详。我认中国化不出于客观的原因,其态度完全出于几个天才的创造。天才的所以创造即根据其纯演绎式的抽象说话,而后使大家从风及模仿。所以差不多中国化的根本或即精粹都在其形而上学(玄学),而不在别处。

由此看来,中国的东西不单是够不上西方化路,并且是走到别的路上去了。他的物质生活、社会生活、学术思想三者都各有其与西方化不同的路。单就他的不成功说,无征服自然的成就,无个人的自由,无科学的精神,固然是不及西方化。但是拿他那安于境遇的特别精神与西方的征服自然相比较,就未必一定有什么胜负。因为西方化只顾拼命的永远向前快跑,是全无受用的。西方已经有人说:"西方近代文化是狼吞虎咽地往快追里去做;我们现在的人生观是要享受一点现有的东西。"至于社会生活方面,用西人的算帐主义来同中国的尚情份而不较利害的主义来比,的确亦难骤定短长。还有学术思想方面,西方科学的好当然毫无疑义,但中国式的玄学也并非站不住脚。由此三层看来,中国化不单是不及西方化,却还有他的别的成就。照我看,按着最近的人生观,恐怕到中国东西有重新提出的必要——却是要注意"重新"二字;就是要免去以前中国人所有的错误,而批评的拿出来。

我们说过西方化是理智作用最盛。现在来看中国化是无论何物全靠直觉的。就学术思想说西方的最后底子都是由理智出来的概念;中国则非但是概念制作的不精纯,并且是破坏概念的成规。他主张体认即直觉,如最根本的阴阳即全非理智方面的东西。又如西方(面)的科学化、东方的艺术化,亦即理智与直觉的区别。又如社会生活方面,西方权利义务的界限与东方专制尚情分的直觉,亦因这二者的区别。所以西方化是理智的文化,东方化是直觉的文化。而中国文化的价值亦即在其天才所创造的玄学(这个后来再专讲)。

我们再来看印度的东西。印度的东西本来无甚可说,不过因有以前许多话映对着,也可看出印度人的特异采色。印度的东西固然与西方的不同,与中国的亦异。但有些中国人常常将印度的与中国的分不清楚,总好比附。如章太炎、马夷初、陈钟凡诸君都是如此。实在说起来,在中国无论如何生不出唯识学来,在印度也无论如何生不出中国东西来,因为态度完全不同。印度人不要物质生活及社会生活,没有法子可与西方的或中国的相比较。他的最大的成就都在宗教及形而上学,除此更无他物。其特异采色,即要解脱这个生活,既不像西人的要求安乐,也不像中国人的苟安现状,他是努力于如何脱去生活。既非向前,又非持中,乃是向后。好多的家数——外道——统统如此。他们要想解脱生活种种方法都用到了。最普通的就是饿,裸露,躺在地上待车来轧死,上山找老虎。更奇怪的,还有"牛狗外道"的吃牛粪装狗形。虽然是很可笑,但可见他们厌弃生活的那种精神。其最后的完成自然是佛家,但也是基于这种态度的。现在要问他这态度怎么样来的呢? 最初自然也有几个天才的创造,却也有一点的境遇的关系。在印度以外的人看他们以为是无法征服自然,而后出此不要生活的下策,其实他们物质生活并不困难。假使困难,他们也许专顾要求物质生活,反把这问题忘了。他这问题是无法解决的,一开口就问:我们看见人死而悲痛,怎么样可以使人不老? 怎样可以使花不落? 想到此处即不觉忘寝食以谋解决。然而结果终于不能解决。对于花的凋落,人的老死,终是无可下手。没有法子,只可反过来将我自己取销,对我自己下手:并不是达观,乃是要灭绝自己的生。这种问题实在是人类最高也最后的问题。我们对于物质生活可以改造;对于"他心"有时也可以有结果;等到对于必须遵循的因果律,就丝毫没有办法,就是除非情感不到家,不动心之外,没有别的办法,只有翻回身来。詹姆士所说的印度人胆小是不对的。印度人实是极有勇气的,他们那样不怕苦难,积极去做,何尝不是奋斗,不过方向不同罢了。在我们意思,以为人类必定会有一天问到印度人所问的问题上来的。到了那个时候恐怕谁也不免有印度人的态度了。总而言之,这三层问题恐怕都是要走到的。我想最近的将来须把中国的东西拿出来;最后的将来须把印度的东西拿出来。解决了一层问题与其说是脱去了一层困难,不如说引进了一层困难。

　　上次将印度人的情形,已经大略说了一下。在讲印度哲学及唯识哲学之前,先讲这个东西,就是使大家了解印度人的作法,知道他不是胡闹。因为不知道印度人为什么这样的,实在太多了。知了这个,大家就可以稍为承认一点印度人的态度。他所以持这种态度,实在是他那问题使他不得不然;别人不注意这种问题所以也没有这种态度。至于有此问题与否,全系情感的关系而非知识。但是虽然已经告诉大家,大家也已经明白,却是一定还有人以为他们何必如此。这也是情感不同的缘故。必有同一的情感,方能有同一的态度。所以这种情感是很难对不喻的人说的。我们没有印度人的情感,所以只可就普人类的问题来说。或者可以略明印度文化的由来。文化分为三个时期:西方化是第一期的,中国化是第二期的,印度化是第三期的,这都是世界的文化,无人可以自外的。稍为承认印度人的态度,方可略说他的成就,不然就无从说起。

中国同印度各有他的成就。印度就在这种宗教和哲学方面。中国虽然无甚显著的成就,但是可以根据其特别的玄学而来。

录自《北京大学日刊》,1920 年 10 月 7 日—1921 年 1 月 8 日。

《东西文化及其哲学》扉页照片题记^①

这是我同我三个顶好的朋友叶麐、朱谦之、黄庆的照像,他们都是北大的学生,却四人年纪皆在二十几岁,差不许多。我们相与并无所谓先生和学生,只是朋友,而且是小孩子般的朋友。四人性格思想见解并不相同,几乎一个人是一个样子,所以议论每多不合,但是总觉得彼此相对是第一乐事。当我们相熟半年多后,就是今年四五月间,我有翻然改变态度的事,决定要作孔家的生活,而把这些年来预备要作佛家生活的心愿断然放弃,于是辞脱大学讲席,要离开北京到山东滨县乡间去住一年半年。最先就同他们发表这个意思,适其时朱谦之要到西湖去,叶麐便约我们同照一像,即这个像片。照像之后,我就出京到山东去了,因此这个像片要算我改变态度的一个纪念。现在这本书是我改变态度的宣言,所以我郑重的把它印在这书的前面。十年九月漱溟记。

---

① 《东西文化及其哲学》于民国十年十月由财政部印刷局印行,第一次出版时曾在扉页上印有四人合影,并有此题记。次年改由商务印书馆出版,合影及题记均删除。——编者

就《东西文化及其哲学》致胡适[①]

（一）

　　顷奉手示，并《读书杂志》见教一文，敬诵悉。往者此书出版曾奉一册请正，未见诲答。兹承批评，敢不拜嘉？独惜限于篇幅，指示犹嫌疏略，于漱溟论文化转变处，未能剀切相诲；倘更辱评论其致误之由，而曲喻其所未达，则蒙益者，宁独一漱冥乎？至尊文间或语近刻薄，颇失雅度；原无嫌怨，曷为如此？愿复省之。……勿复

适之先生

漱冥手复
四月一日

---

① 二信写于 1923 年。——编者

（二）

适之先生：

　　承教甚愧！早在涵容，犹未自知也。冥迩来服膺阳明，往时态度，深悔之矣。

　　复谢。顺候

起居

漱冥顿首

四月四日

录自胡适《读梁漱溟先生的〈东西文化及其哲学〉》附录

梁漱溟启事

　　我因为常常有许多朋友拿下列的问题问我,现在预备在下列的时间地点为一种公开的讲演。同学或校外人均可枉教。

　　(一)答胡适之先生评《东西文化及其哲学》

　　(二)评胡适之先生的人生态度并自述我的人生态度

　　以上在二十八日(星期日)早九时半,地点在本校第三院大礼堂。

　　(三)评所谓玄学科学之争

　　以上时间在下月四日(星期日)早九时半,地点同上。

　　录自《北京大学日刊》第1323期,1923年10月25日。

答胡评《东西文化及其哲学》①

梁漱溟讲　　陈政笔记

我的《东西文化及其哲学》讲演稿自民国十年发表以来，承许多位先生的不弃加以批评，这无论如何都是应当感谢的，但我一概没有置答，这在此书第三版自序中已声说过的了。适之先生的批评差不多是最后的一篇，我也一样不想置答——从他的文章披露到今天整半年了，一直没有答。今天要来作答是因为最近的一点事触动起来的。

最近《努力》停刊，适之先生在他《一年半的回顾》一文中说从某期以后，《努力》的同人是朝着思想革新的方面作去，所有前后许多政论都不如这时批评梁漱溟、张君劢的文章有价值！又陈仲甫先生在《前锋》中说梁漱溟、张君劢被适之教训一顿，开口不得，是思想的一线曙光！照这样说来，然则我是他们的障碍物了！

---

① 1923 年 10 月 28 日在北京大学的讲演，由陈政笔记。——编者

我是障碍他们思想革新运动的了！这我如何当得起？这岂是我愿意的？这令我很难过。我不觉得我反对他们的运动！我不觉得我是他们的敌人，他们是我的敌人。我是没有敌人的！我不看见现在思想不同的几派——如陈，如胡……有哪一派是与我相冲突的，相阻碍的。他们觉得我是敌人，我却没有这种意思。在这时候，天下肯干的人都是好朋友！我们都是一伙子！此刻天下只有两种人：一种是积极努力的，一种是苟偷卑劣只想抢便宜的。苟偷卑劣只想抢便宜的弥满中国，我们同胡适之、陈独秀都是难得遇着的好朋友呀！我总觉得你们所作的都对，都是好极的，你们在前努力，我来吃喝助声鼓励你们！因为，你们要领导着大家走的路难道不是我愿领大家走的么？我们意思原来是差不多的。这是说我们同的一面。

翻过来说，我们是不同的，我们的确是根本不同。我知道我有我的精神，你们有你们的价值。然而凡成为一派思想的，均有其特殊面目，特殊精神——这是由他倾全力于一点，抱着一点意思去发挥，而后才能行的。当**他倾全力于一点的时候，左边，右边，东面，西面，当然顾不到。然他的价值正出于此，要他面面图到，顾得周全，结果一无所就，不会再成有价值的东西。却是各人抱各自那一点去发挥，其对于社会的尽力，在最后的成功上还是相成的——正是相需的。**我并不要打倒陈仲甫、胡适之而后我才得成功；陈仲甫、胡适之的成功便也是我的成功。所以就不同一面去说，我们还是不相为碍的，而是朋友。

论他同的一面既如彼，不同一面又是如此了。更进而言，不管他同不同，**天下人自己都会找对的路。只怕不求，求则得之。**

不对也好,总会对的。天下人原都是聪明的,哪个地方弄错误了,他自己会发觉。错误哪里会长久!天下原都是好人,哪个是对,他会点头;哪个不该,终究不合适;都是自然的谋向对的路走去。对不对我都看得不打紧,**凡是肯走路的,我都笑脸相迎。**

现在说到本题了。我读胡先生的文和其他各位的批评都有同一的感想——感觉着大家的心理与我相反。我总觉得对面人比我聪明;我总觉得对面人知识见闻比我广——我是不知道什么的。对方的意思如有与我违异处,其所以不相合,其间一定有道理——是他聪明,才跟我不一样,是他凭藉材料(见闻)比我多,才跟我不一样。在大家则不然。大家似乎都看旁人比他笨,比他糊涂,甚至于是头脑错乱的。他自己似乎都懂得,没有什么不知道的。因此我最喜欢求与我不同的意思,想明白他所以与我不合的原故,而大家则否。对方人的意思在他像是不屑理会,不需理会的样子——意若曰:"这都是些糊涂见解!没有什么道理!"大家读我的书,大概都像看北京《晨报》一样,匆匆五分钟便看完了。作者确曾下过一番心的地方,他并没有在心里过一道,就在这五分钟后便提笔下批评。这种批评叫我如何答!实在不高兴作答。如果他有一天想到这个问题(东西文化问题),想要来考究考究了,自然会再找我这书去看。果然着意看了,自然会明白。所以我全然不置答。现在一定要我答,我也没有别的答法,只有指出原书请他俯察罢了。

胡先生批评的全文共分三大段,现在依次作答。

头一段中驳我不应该说:

> 东方化还是要连根拔去,还是可以翻身呢?此处所谓翻

身不仅说中国人仍旧使用东方化而已；大约假使东方化可翻身亦是同西方化一样成为一种世界的文化——现在西方化所谓科学和德谟克拉西的精神是无论世界上哪一地方人皆不能自外的。所以此刻的问题直接了当的就是：东方化可否翻身成为一种世界文化？如果不能成为世界文化则根本不能存在。若仍可以存在，当然不能仅只使用于中国而须成为世界文化。

他说：

> 这种逻辑是很可惊异的。世界是一个很大的东西，文化是一个很复杂的东西。依梁先生自己的分析，一家文化是一个民族生活的种种方面。他总括为三方面：精神生活、社会生活、物质生活。这样多方面的文化在这个大而复杂的世界上不能没有时间上和空间上的个性的区别。在一国里尚且有南北之分，古今之异，何况偌大的世界？（**中略**）若明白了民族生活的时间和空间的区别，那么一种文化不必须成为世界文化而自有他存在的余地。米饭不必成为世界化，而我们正不妨吃米饭；筷子不必成为世界化，而我们正不妨用筷子；中国话不必成为世界语，而我们正不妨说中国话。

适之先生根据的意思是："文化不能没有时间上和空间上的个性区别"，现在我们要反问一句。请教：科学和德谟克拉西这两个东西是有没有时间上和空间上的个性区别呢？有没有"南北之分古今之异"呢？照我们的见解，**这是有绝对价值的，有普遍价值的**，不但在此地是真理，掉换个地方还是真理，不但今天是真理,明天还是真理,不但不能商量此间合用彼处合用不合用,硬是我所说"现在所谓科学和德谟克拉西的精神是**无论世界上哪一地方人所不能自外的**"。中国人想要拒绝科学和德谟克拉西,拒绝得了么?其所以然,就是因为"人心有同然"。讲到求知识,人心于科学方法有同然;讲到社会生活,人心于德谟克拉西有同然。一民族生活中之具体的工具或制度自是因地制宜,不足以成为世界化;**若其文化所藏真价值之一点**——如西方文化所藏之科学与德谟克拉西两精神,**则固不成为世界化不止也**。吾书旨意原甚明白,今更叙明于此,倘胡先生承认此层,则进而说下一层。

所谓下一层,即东方化必于"连根拔去"与"翻身成世界化"二途居其一,而不容他不死不活的存在。所谓东方化要"连根拔去"怎么讲呢?因为照现在世界情形看去有如此的形势。吾原书从粗细两层指点这种形势。先粗着看去,现在并不是什么东西文化对峙争衡的局面。你放开眼睛四外一望,那欧洲的一片土,美洲的半地球都是西方化的领域固不用说了;就是东方各国,凡能领受接纳西方化而又能运用的便能站的住——例如日本;凡不及或未能领受采用西方化的便为西方化的强力所占领——例如印度、朝鲜、安南、缅甸。诸如此类,不须细数,便是东方化的发源地的中国为西方化撞进门来,也使他不能不改变生活——几乎现在我们的生活无论精神方面、社会方面、物质方面,都充满了西方化。现在完全是一个西方化的世界,尚哪里有东方化的立足地?所以我们要问:东方化是不是从此绝根株了?

再细着看看,这东方化根据最深的中国是如何被西方化逐层的侵入?固有的文化是如何被西方化节节的斩伐,如剥笋一般,

已剥到最后的中心根上来？最初学些西洋的几何天文；这不影响
到里面。次则火炮铁甲声光化电的输入，如曾文正、李文忠等创
办上海制造局，在制造局内译书，在北洋练海军，马尾办船政，凡
当时的名臣奏议，通人著作，书院文课，以及所谓时务书的，都是
谈说这个；这影响已深一层而且影响的很大了；然而还在肤表。
再次便是甲午一败，海军覆没，知道单在火炮铁甲上着意是不行，
须要根本大改革从来的学术制度；于是废科举，兴学校，修铁路，
办实业，便成了中心问题，而又进入一层了。到第四次便是戊戌
变法不成，庚子受创，而政治制度之大改革又成中心问题了——
以为兴学校办实业都是枝节，非立宪共和不可。这自然是更进一
层，所入益深了。到第五次便是共和成功了，而十年之久，政象日
非，毫无头绪，于是大家乃有一个大觉悟，知道以前都是枝末，非
革新思想不可，非根本改革了中国的伦理思想——人生哲学——
不可，陈仲甫为这运动作先锋，便是近年的"新文化运动"了。吾
原书说道：

> 到了此时，已然问到两方文化的最后根本了。现在对于
> 东西方文化问题差不多是要问：西方化对东方化是否要连根
> 拔掉？中国人对西方化的输入，态度逐渐变迁，东方化对于
> 西方化步步的退让，西方化对于东方化节节的斩伐！到了最
> 后的问题，已是将枝叶撇开要向咽喉处着刀，将中国化根本
> 打倒！我们很欢迎此种问题，因为从前枝枝节节的作去实在
> 是徒劳无功，此时问到根本，正是要下个解决的时候；非有此
> 种解决，中国民族不会打出一条活路来！

　　试问在这种严重的形势之下,是**否能不死不活的存在？不死**
则活,不活则死耳。其万一不死而卒活,是必有"**不可磨灭**"者
在,有"**颠扑不破**"者在,有真能站得住者在——是即所谓真理,
故不随时代之移易,外势之变迁以俱成过去——是即有超时间区
别的价值,有绝对的价值,有普遍价值,如科学德谟克拉西于人心
有真根据。所谓"人心有同然",所谓"谁能出不由户",在这大交
通的世界上是固不成为世界化不止也。岂独东方人不能自外于
西方化而已哉(不指他具体的生活工具制度,指所含藏的原理)?
吾意如此,原书具明,自信未为不通不论;适之先生的驳论可曾驳
得有什么干系? 先生何妨前后多看看再下笔呢?

　　以上为胡文头一大段之前半截,次则引我书最后所提出之
"世界文化三期重现说"而谓云:

　　　　这样整齐好玩的一条线有什么根据呢? 原来完全用不
　　着根据,只须梁先生自己的思想就够了!

他接着又引我的话:

　　　　我并非有意把他们弄得这般整齐好玩,无奈人类生活中
　　问题实有这么三层次;其文化的路径就有这么三转折,而古
　　人又恰好把这三条路都已分别走过;所以事实上没法要他不
　　重走一遭。吾自有见而为此说,今人或未必见谅;然吾亦岂
　　求谅于今之人者!

他便说:

　　　　是的。这三条路古人曾分别走过,现在世界要走上一条
　　线了,既不能分别并存,只好轮班挨次重现一次了。这全凭

> 主观的文化轮回说是无法驳难的,因为梁先生说"吾自有见
> 而为此说,吾亦岂求谅于今人者!"

我真想不到适之先生是这样信口诬人,要一手掩尽天下目的!我
原书第五章对于西方化最近变迁的趋势分就几方面去指陈其非
变不可,而变化之所趋,恰是中国路子;如:

> 一、事实方面——即经济之变迁;
>
> 二、见解方面——即科学之变迁;
>
> 三、态度方面——即哲学之变迁;
>
> 并附第四,中国人秉持西洋思想的——即陈仲甫诸位——
> 亦有同样的变迁。

我在每一条项都举出多少客观事实,难道适之先生没有看见
么(此皆三期重现说之前文不能说不看见)?我从这许多事实
上,指点出所以要变到中国路上来之故,都是铁案如山,根据确
凿,声光震烁耳目;适之先生不是瞎子,难道看不见么?而居然以
"完全用不着根据,只须梁先生自己的思想就够了"、"这全凭主
观的文化轮回说"诬人,是何用意?

在指明西方化将变到中国路上来之后,又复就趋向之所指,
分精神方面、社会方面、物质方面,来推说世界未来之文化如何是
中国化,句句着实,无半点空论。而此中国化时代之后如何不能
不久于印度化,则原书 262 页等处说的很明。因为希腊的风气至
文艺复兴时期而复兴,中国化在最近未来将复兴,印度化在更远
未来将复兴,故谓之"三期重现"。我自己曾于此声明道:**"这话
不但你不信,就如我在未加推勘时亦万万不信"**(259 页)。适之

先生不信,则已耳;或有疑,则指出可耳;或确见其不然,则逐层逐项痛驳可耳——此最欢喜愿闻。乃既不能驳,而诬人以"无根据"、"全凭主观",是诚何为耶?

此下胡先生又引我的话:

> 这条路(淑世主义,胡先生所主张者)也就快完了。在未来世界,完全是乐天派的天下,淑世主义过去不提,这情势具在,你已不必辩,辩也无益。

他只讥诮我武断,仍是一句不驳。吾原书上文因已将这种人生态度的走到末运,从事实证明得铁案如山,故曰"情势具在"。胡先生如果看了不能驳则低头去好好体会研究可也。如确见其不然,则逐层逐项痛驳可也——如此岂不快人快事哉!乃徒以笑骂了之,露出不承认之意而不言其故,岂不令人闷气!如此文章,不太无聊乎!(以上答头一段)

第二大段则批评我两种公式:

> (一)西方化是向前的;中国化是持中的;印度化是向后的。

> (二)西方生活是直觉运理智的;中国生活是理智运直觉的;印度化是理智运现量的。

他于头一种公式——公式这个名字是胡先生给的——驳我两条:一条印度化是向前的,不应曰向后;一条中国化不能以调和持中去概括。

我从种种证明而认出三家文化出于三种根本不同的人生态度:一则肯定现实生活而向前逐求,西洋人是也;二则肯定现世生活而融融自得,且以向前逐求为戒的,中国人是也;三则否认现世生活而要求脱去此世界,取消此生命的,印度人是也。其"**向前**","**持中**","**向后**",不过所用简号符记,以表此三个跃然可睹之生活态度者,虽尽易之亦无碍也。胡先生若根本驳我三家文化出于三根本人生态度之说,此真切要之大驳论,然而胡先生未能(按后第三大段露有此意,而此处竟一字不及);或虽承认其出于根本人生态度之不同,而驳某家文化不出于我所指的态度,而别有在,则亦可以为有价值之讨论,然而胡先生未能。胡先生于印度人之人生态度,初不能异乎我所指"否认现世生活而求解脱"之态度,乃但就此态度上徒争其当云"向前",不当云"向后",不太无谓乎?况且一个肯定现世生活去求他,一个否认现世生活要解脱他,恰好相反;前者字之曰"向前",后者字之曰"向后",谁曰不宜?胡先生徒见其积极的奋往的精神以为非向后,抑知"向后"非"退后",吾原文明明曰"反身向后要求"(72页)则积极奋往之意何尝不昭然?同时亦将奋往之所向之不同表出无遗。吾以为适之先生摇笔为文有何见教之处,乃不图如此之无聊也!

至其驳我中国化不能以调和持中去概括,尤为无味。他说:

> 至于那"调和持中""随遇而安"的态度,更不能说哪一国文化的特性,这种境界乃是世界各种民族的常识里的一种理想境界,绝不限于一国或一民族。

> 梁先生难道不睁眼看看古往今来的多妻制度,娼妓制度,整千整万的提倡醉酒的诗,整千整万恭维婊子的诗……这种东西是不是代表一个知足安分寡欲摄生的民族的文化?

夫我诚糊涂极矣！我乃不知五洲大陆许多民族，其中也会有"持中调和""随遇而安"的态度的人，也会说"持中调和""随遇而安"的话；而竟认作是"限于中国一民族的"！我乃不知中国古往今来也有许多好酒好色贪物质享乐的人，也有许多歌咏酒色的诗曲；而竟认作都是"知足安分寡欲摄生"，遗漏了代表民族的"这种东西"！只可惜天下糊涂如我者众多，自东洋教授以迄西洋博士，自金子马治以迄杜威——都说西方化是征服自然的，东方化是与自然融洽优游自得的；他们竟不睁眼看看西方也有许多爱好自然优游自得的诗歌，而一以"征服自然"概之！他们竟不睁眼看看东方文化也有许多开辟荆棘征服自然的事实，而竟说征服自然是西方化所独有的！

　　呜呼！胡先生休矣！先生而根本不承认有所谓"一种风气"，"一种色采"，"一种精神"，"一种趋向"，而有为此言者皆属糊涂；则是天下人皆昏而公独智，亦谁能与先生争？先生万一犹承认有所谓"一种风气""一种色采"……者，则指某民族或某社会为某种风气的，照例不能于此风气下无例外，亦初不必限于此处不见于他方。虽有例外，虽或亦见于他方，而犹不失为此民族此社会之风气者，**大体上看去，对照看去，有其确然不可易者耳**。所谓"风气"，所谓"色采"，本来是这么个意思也。先生而根本不承认中国民族就大体上看去有他的风气，和西洋对照看去有他的色采，则我亦何敢与先生争？先生而犹承认中国民族有他的风气色采，则以我之糊涂固以为中国民族的风气在"寡欲知足""随遇而安"，而不在"提倡醉酒""恭维婊子"。夫我之所谓"向前改造局面"，亦犹夫杜威之所谓"征服自然"也；我之所谓"持中调和"

"随遇而安",亦犹夫杜威之所谓"与自然融洽优游自得"也。岂独我们为然,即以此征之天下,叫天下人看看,正自有确然不可易者。只恐胡先生又说天下人"不睁眼"耳!

以上答第二大段对于头一种公式的批评已竟。第二种公式的批评更无聊之极。在这公式里,我所用的"理智运直觉""直觉运理智"一类的话本来不妥,原文随即再三声明:

> 这话乍看似很不通,感觉、直觉、理智三者我们何时有用有不用呢?但我为表我的意思不得不说这种拙笨不通的话,(中略)识者幸善会其意,而无以词害意。

> (上略)这许多话很拙笨不通,但我不如此说,不能见我意。

这些话胡先生不应没有看见,然而胡先生费了若干笔墨,所以批评指摘我的,仍无外我自己先声明的"拙笨不通"四字;而且所谓不通的原故仍无外我自己先叙过的:

> 现量,理智,直觉,是构成知识的三种工具。一切知识都是由这三种作用而成,虽然各种知识所含的三种作用有成分轻重的不同,但是非要具备这三种作用不可;缺少一种就不能成功的。

试问作这种批评有什么意思呢?不过于此正看出胡先生自己的不好学罢了!人家一面声明所说话不通,一面又声明所以如此说,实含有意思,要读者体会,有不得已者在。在理应当用心体会作者这一番意思;体会不得,也应当阙疑,用不着拿人家自己声明的不通,再去责他不通。而胡先生则必要责人家不通,于人家再三声明不得已处却绝不理会。呜呼！这是学者的态度！

以上答第二大段已竟。第三大段文章很长，开头一节表示承认我说的生活就是对于宇宙的奋斗，奋斗的态度是遇到问题对前面下手……改造局面，使其可以满足我们的要求，是为生活根本的路向。此下他表示不承认我三家文化出于三种人生态度的话，他说：

> 但我们和梁先生携手同行到这里，就不能不分手了。梁先生走到这里，忽然根本否认他一向承认的一切有情都不能违背的生活本来路向！他忽然说中国人和印度人的生活是不走这"生活本来路向"的！他忽然很大度的把那条一切有情都是如此的生活本路让与西洋人去独霸！梁先生的根本错误就在此点。

一个"忽然"，又一个"忽然"，再一个"忽然"。呜呼！适之先生！人家说话都是这样"忽然"的么？只有先生有脑筋，人家都是没脑筋的么？幸亏先生还赐我"根本错误就在此点"的美谥——错误得有条理；否则，我尚以为我错的是乱七八糟呢！

胡先生把人看得这般糊涂，则糊涂人作的书，胡先生自然不屑再细看的；但我想对读者指出我那"忽然"的来由，请读者取原书看一看。请先看原书 65 页说生活就是奋斗之后的三层修订，次则看此下所叙"人生三问题"一段；再次则看此下所叙"人生三条路或三态度"一段。盖所谓"生活本来路向"是其中之一条路，而人生当头一问题之下非走头一条路不可；当第二问题之下非走第二条路不可；当第三问题之下非走第三条路不可；看 215 页以下最有具体的讲明。如是则必晓然于人生果有如是各别之三条路,而不容增减于其间的。至指证中国化为第二路则请看 83 页以下,197 页以下,各段;又 209 页以下处处以中国、西洋对照去说亦最易明白。至指证印度化为第三路则在 85 页以下暨 104 迄 148 页各段。

其实简单说去,所谓西洋化为第一路——向前改造局面的路者,仍不外杜威辈所谓"征服自然"之意;所谓中国化为第二路——持中调和,安于此局面的路者,仍不外杜威辈所谓"与自然融洽游乐"之意;至于所谓印度化为第三路——反身向后的路者,则因其否认现世生活而求解脱的态度,致其文化三方面于精神生活方面为特别畸形的发达,精神生活多方面中又为宗教的特别畸形发达,固已昭然背乎人生生活本来路向而驱也。总之,若稍肯取三方文化加以比较观察,则于吾言必有所会,似乎不是"忽然"耳!

此下胡先生便提出他的世界文化观。他说:我的出发点只是文化是民族生活的样法,而民族生活的样法是根本大同小异的。为什么呢? 因为生活只是生物对环境的适应,而人类生理的构造根本大致相同,故在大同小异的问题之下,解决的方法也不出那大同小异的几种。这个道理叫作"有限的可能说"。例如饥饿问题只有"吃"的解决,而吃的东西或是饭,或是面包,或是棒子面……而总不出植物与动物两种,决不会吃石头。

原文大意具此,总不外申明"有限的可能说",于物质生活如此,于社会生活也如此,于精神生活也如此,都一一说到,不具录。次下,他又申明这几种可能的办法,差不多一个民族,在他长久的

历史中都一一试过。盖不独限于大同小异的几种,即此小异的几种亦非各家文化分别所在,而实为各家文化史上都有的也。他说:

> 凡是有久长历史的民族,在那久长的历史上,往往因时代的变迁环境的不同而采用不同的解决样式。往往有一种民族而一一试过种种可能的办法的。

于是他举些事例证实其说,其间说到科学也是中国有的,譬如"自顾炎武……以至章炳麟,我们决不能不说是严刻的理智态度走科学的路"。他最后结束的说:

> 我们承认那"有限的可能说",所以对于各民族的文化不敢下笼统的公式。我们拿历史眼光去观察文化,只看见各种民族都在那"生活本来的路"上走,不过因环境有难易,问题有缓急,所以走路有迟速的不同,到的时候有先后不同。(中略)现在世界大通了,当初鞭策欧洲人的环境和问题,现在又来鞭策我们了;将来中国和印度的科学化和民治化是无可疑的。他们的落后,也不过是因为缺乏那些逼迫和鞭策的环境与问题,并不是因为他们生活方式上有什么持中向后的根本毛病。

胡先生的文化观要具于此,我们寻绎他的意见不出左列各点:

> (一)各民族都在生活本来路上走,即向前去解决环境上的问题;
> (二)问题是大同小异的——有限的;解决方法是大同小异的——有限的;

（三）各文化所以见出不同，不过是时间和环境问题暂尔不同的原故；待环境问题同了，时间到了，则文化也就同了。

其正面如此，其负面便是：

（一）根本不承认西洋、中国、印度三方文化各有其特殊的风气或色采；

（二）更不承认他们这种不同的文化，是出于他们主观上人生态度的不同。

我们先要说他这种文章的无聊，然后再驳诘他。胡先生要自己知道是在批评他人的说法，附带提出自家的说法，对于他人的说法是不应当作为看不见的，不应当不理会的；否则何所谓批评呢？胡先生的说法恰是与我相反，在我的说法没有驳倒时，胡先生的说法是拿不出来的；拿出便是无聊。我处处拿西洋、中国、印度三方对照着指为三特殊风气，胡先生并没有去驳倒；乃至我书中所引所有谈东西文化问题的人都是对照着认为整个不同的，如金子马治、杜威等的说法，胡先生也没有提出来否决，教训大家莫这样；而只顾自己去说他的"零碎观"，"大同小异观"。尤其是我把各家从客观原因说明文化来历的都一一否决了，然后提出我的文化出于人生态度不同说；胡先生竟一字不驳，还只顾说他客观原因的论调，又说不出所以然来！这譬如我指出某人非甲，更证明其是乙；而胡先生既不驳我非甲的话，也不驳我是乙的话，却只顾说"这不过是甲"、"这无非是甲"，又说不出所以是甲的原故来！且还要自命为批评我来了！呜呼！先生休矣！这种文章作他干什么?

以下我们要稍向胡先生的高见致驳诘了。胡先生以为各民族都在生活本来路向上走么? 胡先生以为"人类生理构造大致相同",问题也会同,解决也就差不多,"例如饥饿问题只有吃的解决"么? 偏偏印度人恰与此相反,饥饿竟不是他的问题;而"吃"——生活——是他的问题,"吃"不是他的解决,而饥饿是他的解决! 他竟全然不遵胡先生"有限可能说"的限而无限起来! 原来印度人是要解脱这个生命的,饥饿就成了他的方法,在古代简直是普遍的风气,所以释迦佛在成道之前受食,他的弟子就惊畏退转。胡先生说"只有吃的解决",只能吃几种什么东西,他偏有不吃的解决,他翻过来要解决这个"吃",这是"大同小异"呢? 还是根本反对呢? 这是与胡先生同在生活本来路上呢? 还是"背乎生活本来路向而驱"呢?

原来胡先生说我笼统,说我不该拿三方很复杂的文化纳入三个简单公式里去;他却比我更笼统,他却拿世界种种不同的文化纳入一个简单式子里去! 我正告胡先生,我实在不笼统,因我并不想什么纳入简单公式,我只是从其特著的色采指出他的根本所在——人生态度,便有例外也无干系。例如印度未尝没有"顺世外道"之反出世派;西洋未尝没有禁欲主义的旧教。然从西洋文化的特著色采看去,其根本自是出于向前要求现世生活的态度;从印度文化的特著色采看去,其根本自是出于反身要求解脱的态度,必不容移易,如是而已。若胡先生以"有限"去限人,结果限不了,乃真笼统耳。

我们尤其要诘问胡先生的:胡先生动辄说"环境逼迫"、"问

题鞭策",是文化的来由;不知像印度这种文化是什么环境逼迫
出来,什么问题鞭策出来的呢? 只怕胡先生说不出来! 只怕想捏
造都捏造不出来! 胡先生岂但对印度文化说不出来而已。高谈
西方化的胡先生连他自己所谈西方化,果如何从环境问题而来,
也是一样的说不出! 他原文虽以环境问题为文化的来由,但从无
一点具体的说明;他对西方化只说道:

> 至于欧洲文化今日的特色,科学与德谟克拉西,事事都
> 可用历史的事实来说明;我们只可以说欧洲民族在这三百年
> 中,受了环境的逼迫,赶上了几步,在征服环境方面的成绩,
> 比较其余民族确是大的多。(下文便转说到他面去了)

好个"我们只可以说欧洲民族在这三百年中,受了环境的逼迫赶
上了几步……"真会敷衍搪塞! 他还敢大胆说什么"科学与德谟
克拉西事事都可以用历史的事实来说明"! 好呀! 请先生说明!
先生如果能从历史上证明欧洲文化是环境逼出来的,科学是环境
逼出来的,我便斩头相谢!

　　我现在将我原书驳从客观环境说明欧洲文化来由的一段抄
录如下,请读者看看。其余各段,如论西方社会的"德谟克拉西"
和"唯物史观"的说法,如论"因""缘"之当分别——即我的主观
客观关系说,则请检原书,此不具陈。

> 若问"科学"与"德谟克拉西"是怎么被西洋人得到的?
> 或西方化怎么会成功这个样子? 据我所闻大家总是持客观
> 说法的多。例如巴克尔(Buckle)说的:"欧洲地理的形势是
> 适宜于人的控制天然,这是欧洲文明发展的主因"。又金子

马治说的:"尝试考之,自然科学独成于欧洲人之手者何故?何以不兴于东方? 据余所见希腊人虽为天才之民族,其发明自然科学应当有别一原因。盖希腊国小山多,土地硗瘠,食物不丰……以勤劳为生活;欧洲文明之源,实肇于此。"他又去请问米久博士,米久也说中国地大物博,无发明自然科学之必要,所以卒不能产生自然科学。(下略)

在金子马治教授、米久博士以什么"食物不丰,勤劳为活,所以要发明自然科学,征服自然"去说明科学的产生,觉得很合科学家说话的模样,其实是不忠于事实,极粗浅的臆说。我也没去研究科学史,然当初科学兴起并不是什么图谋生活,切在日需的学问,而是几何、天文、算术等抽象科学(Abstract Science),不是人所共见的么? 此不独古希腊为然,就是文艺复兴,科学再起,也还是天文、算学、力学等等。这与"食物不丰,勤劳为活"连辍得上么? 据文明史专家马尔文(Marvin)说:"科学之前进是由数目形体抽象的概念进到具体的物象,如物理学等的。"王星拱君《科学方法论》上说:"希腊的古科学所以中绝的原故,是因为他们单在他们所叫作理性的(Rational)非功利的(Disinterested)学术上做工夫,于人类生活太不相关(案与金子君的说话恰好相反)。至于我们现在所享受所研究的科学,是在文艺复兴时代重行出世的。……那个时代的科学,完全以求正确的知识为目的。自文艺复兴算起一直过好几百年,科学在应用方面都没有若何的关系。所以有人说,科学之发生源于求知,而不源于应用。"

胡先生可能从这"历史的事实"证明科学如胡先生所谓"环境逼迫,问题鞭策"出来的么? 希腊人之发明科学,实由其爱美,爱秩序,以玩赏现世界的态度,研究自然,来经营这些几何、数理、天文之类,差不多拿他作一种玩艺的。其后欧洲大陆又能继续这种研究的,也正因为到文艺复兴时代这种希腊的人生态度复兴的缘故。有了这种为自然科学之母的科学,而后英岛才产生经验科学,征服自然,增进物质幸福;也是这种人生态度的结果。读者请看我书 72 页以讫 80 页都是讲明这个。其间并引蒋梦麟先生在《新教育》中发表的《改变人生的态度》一文、蒋百里先生在他的《美洲文艺复兴史》中所作《导言》一篇,皆说明此理,昭然不疑。其实二蒋又皆本之于西洋人自己的话——如蒋梦麟本于霍夫丁(Höffding)的《近世哲学史》;盖亦人人共晓之义也。胡先生不以此义来说明西洋文化,自是别有高见,无如这个高见偏偏与历史事实不符! 我不是西洋留学生,西文又不好,自知对于西洋学术文化是个外行;原想从西洋留学生倡导西方化的领袖人物如胡先生者领些教益,却不料竟是个"冒充内行"的!

　　我真不知道胡先生究竟看了我的书没有? 你说他没有看,他却又能东一段西一段征引我的书文。你说他果然看了,他又何以对书中驳环境逼迫论的竟似没看见,对持人生态度根本论的竟似没看见? 人家驳环境逼迫论,他不还驳;人家建立人生态度根本论他也不推倒;而只顾去说些什么"不过是环境逼迫……"、"只可以说是环境逼迫……"! 唉! 胡先生! 这糊涂人作的书也许有"愚者千虑一得"之处,何妨虚心理会理会! 实在没有工夫看,丢下罢了! 若既不想加以理会,又且没工夫看,却偏要用点工夫拿他麻麻糊糊乱批评一阵,这为何来?岂欲欺蔽一世之人乎!

我本当将我的根本道理——"因""缘"分别论,主客关系论——讲明给读者,使大家了解文化来由的真相;但因为大家看原书也可以知道一些,并且下次关于玄学科学与人生观的讲演里也要谈到,所以此刻不说了。

录自《北京大学日刊》第 1329—1336 号,1923 年 11 月 1 日—9 日;《漱溟卅后文录》19—54 页,1930 年 7 月。